8° Lk⁴
2124 bis

MÉMOIRES
ET
DOCUMENTS
POUR SERVIR A L'HISTOIRE DES PAYS
QUI FORMENT AUJOURD'HUI
LE DÉPARTEMENT DE L'OISE

Ouvrages du même Auteur :

Mémoire sur l'Origine de la Ville et du Nom de Senlis. — Senlis, 1863. In-8°.

La Question de l'Enseignement des Langues classiques et des Langues vivantes. — Paris, 1866. — In-8°.

La Langue latine étudiée dans l'Unité Indo-Européenne. — *Histoire, Grammaire, Lexique.* — Paris, 1868. — 1 vol. in-8°.

La Grande Voie romaine de Senlis à Beauvais et l'emplacement de Litanobriga. — Senlis, 1873. — In-8°, 2 cartes.

Note sur un Temple romain découvert dans la forêt d'Halatte. — Paris, 1874. — In-12.

Indicateur de l'Archéologue et du Collectionneur (publié avec M. G. de Mortillet). — Paris, 1872-74. — 2 vol. in-8°, 280 fig.

Étude sur quelques monuments mégalithiques de la vallée de l'Oise. — Paris, 1875. — In-8°, 50 fig.

Le Musée archéologique, *Recueil illustré de monuments*, etc., publié avec la collaboration d'archéologues français et étrangers. — Paris, 1876-77. — 2 vol. grand in-8° avec fig.

Annuaire des Sciences historiques. — Paris, 1877. — 1 vol. in-12.

Les Pays Sud-Slaves de l'Austro-Hongrie (*Croatie, Slavonie, Bosnie, Herzégovine, Dalmatie*). — Paris, 1883. — In-18 jésus, 58 gravures.

Notice sur Hugues de Groot, suivie de lettres inédites. — Paris, 1884. — In-8°.

Les Intérêts français dans le Soudan Éthiopien. — Paris, 1884. — In-18 jésus, 3 cartes.

La France en Éthiopie : Histoire des Relations de la France avec l'Abyssinie chrétienne, sous les règnes de Louis XIII et de Louis XIV (1634-1706). — Paris, 1886, 1ʳᵉ édition. — In-18 jésus, avec carte. — Paris, 1892, 2ᵉ édition.

Recueil des Instructions données aux Ambassadeurs de France en Portugal, publié sous les auspices de la Commission des Archives Diplomatiques au Ministère des Affaires Étrangères. — Paris, 1886. — 1 vol. grand in-8°.

Arabes et Kabyles (Questions algériennes). — Paris, 1891. — In-18 jésus.

Études Coloniales: L'Insulinde (Indes Néerlandaises) et les nouveaux protectorats français. — Paris, 1892. — In-8°.

Causeries du Besacier. — Mélanges pour servir à l'histoire des pays qui forment aujourd'hui le département de l'Oise. — 1ʳᵉ série, Paris, 1892, in-18. — 2ᵉ série : Paris, 1895, in-18, fig.

Note sur quelques Lécythes blancs d'Érétrie (Extrait des *Mémoires des Antiquaires de France*. — Paris, 1893. — In-8°).

Notes et documents pour servir à l'histoire d'une famille Picarde au Moyen Âge (XI-XVIᵉ siècle): La maison de Caix, rameau mâle des Boves-Cuucy. — Paris, 1895. — In-8°, figures.

Anne de Russie, reine de France et Comtesse de Valois au XIᵉ siècle. — 1ʳᵉ édition, Paris, 1895. — 2ᵉ édition, Paris, 1896. — In-18, figures.

DOMINIQUE DE VIC
Premier Vicomte d'Ermenonville
Buste de marbre blanc par Guillaume Dupré (vers 1610).
(Musée du Louvre).

VICOMTE DE CAIX DE SAINT-AYMOUR

MÉMOIRES
ET
DOCUMENTS
POUR SERVIR A L'HISTOIRE DES PAYS

QUI FORMENT AUJOURD'HUI

LE DÉPARTEMENT DE L'OISE
(PICARDIE MÉRIDIONALE – NORD DE L'ILE DE FRANCE)

PARIS
H. CHAMPION, Libraire
9, QUAI VOLTAIRE, 9

1899

I

LES DE VIC
VICOMTES D'ERMENONVILLE

LES DE VIC
VICOMTES D'ERMENONVILLE

Bien que des documents produits par les de Vic au XVIIe siècle prétendent faire remonter la généalogie de cette famille au XIIIe siècle et la rattacher à une maison du même nom, qui joua dès cette époque un certain rôle à Viterbe et au royaume de Naples [1], il est plus que probable, comme le dit une note manuscrite du Cabinet d'Hozier (tome 332, p. 10) que leur origine fut beaucoup moins illustre et lointaine, et qu'il « faut s'en tenir toujours à Raimond de Vic, qui étoit médecin à Gimont en Languedoc » au XVIe siècle. Il était, croit-on, venu de Suisse, en passant par Rome où il épousa, en premières noces, une femme du pays, appelée Julie de Mercadantis dont il eut François de Vic, qui, né à Rome, fut obligé de se faire naturaliser français par lettres données à Toulouse où son père était venu se fixer, au mois de Février 1565. Après sa naturalisation, François de Vic fut homme d'armes des ordonnances du Roi sous la charge du seigneur de Terrides, de la maison de Lomagne dans le Bas Armagnac. C'est tout ce qu'on sait de lui.

Sa mère était morte jeune et c'est probablement à la suite de cette mort que son père Raimond était venu s'établir à Toulouse, attiré peut-être par le voisinage d'Auch où son

[1] Cette notice a été rédigée pour la plus grande partie d'après les manuscrits du Cabinet des Titres de la Bibliothèque Nationale, et notamment : *Pièces originales*, 2982; *Cabinet d'Hozier*, 332; *Dossiers Bleus*, 665; *Nouveau d'Hozier*, 331. Afin d'éviter des renvois continuels, nous donnons ici cette indication une fois pour toutes.

frère Méry était official, archidiacre et grand vicaire; et c'est sans doute sous les auspices de ce frère, qui était déjà un personnage, qu'il épousa la sœur d'un secrétaire du roi Henri III, alors seulement duc d'Anjou, Pierre de Sarred, et nièce d'un Président de Toulouse. Pierre de Sarred et sa sœur avaient pour père Girard de Sarred, lieutenant-général pour le roi en la province de Quercy. Cette famille était originaire de Gourdon, où elle avait son caveau de famille aux Cordeliers. La fille portait le prénom un peu prétentieux de Contesse et ce prénom donna lieu à un certain nombre de généalogistes, de le prendre pour un titre, erreur que contribua à accréditer l'importance que semblèrent donner ses deux fils au nom de famille de leur mère, sous lequel ils furent connus jusqu'à ce qu'ils aient illustré le leur propre, par des services éclatants.

Quoi qu'il en soit, « cet heureux mariage, comme le dit un de nos documents, rétablit les affaires de Raimond de Vic » et on assure que Charles IX le députa vers le pape Pie V pour obtenir de S. S. des secours contre les Calvinistes. Revenu en France, assurent les mêmes manuscrits, avec les troupes que le pape lui avait accordées, « il se trouva à la bataille de Jarnac en 1569, où il donna à la tête de ces mêmes troupes qu'il commandoit, des marques d'une valeur extraordinaire. Le Roy le renvoya à Rome présenter à Sa Sainteté douze drapeaux, gagnés dans cette bataille, et à son retour, Sa Majesté le fit capitaine de ses gardes. » Sans mettre en doute la valeur et l'intelligence de Raimond de Vic, nous trouvons cette histoire de ses hauts faits, écrite cent cinquante ans plus tard par un de ses descendants, quelque peu exagérée. Il est fort possible qu'ayant déjà séjourné à Rome et apparenté aux Sarred, bien en Cour, il ait été chargé de quelque mission auprès du Pape, mais le récit de son retour avec une troupe de soldats papalins et sa présence à leur tête à la bataille de Jarnac nous semble absolument apocryphe. Quant à sa nomination de capitaine des gardes, nous n'en avons trouvé trace nulle part ailleurs que dans ce mémoire intéressé.

Il est certain, néanmoins, que cette alliance avec les Sarred fut le point de départ de la fortune des de Vic. On vit bientôt Raimond en posture de pouvoir se qualifier seigneur de Camarde et de Tavers et ses deux fils trouvèrent chez leur oncle, à qui sa situation auprès de Henri III donnait du crédit, l'aide et la protection qui les aidèrent à faire valoir leurs mérites.

L'aîné de ces fils [1], Méry de Vic, fut d'abord maître des requêtes du duc d'Anjou, aux lieu et place de Jean Vétus, par lettres du 26 Novembre 1581. Il exerça cette charge jusqu'en 1597. Il fut fait alors conseiller d'Etat et président au Parlement de Toulouse. Devenu entre temps surintendant de la justice en Guyenne, il fut envoyé en 1602 par Henri IV en ambassade vers les « Ligues de Suisse et Grisons » pour un renouvellement de l'alliance de la France et des Cantons. Plus tard, en Octobre 1618, il fut encore envoyé comme ambassadeur extraordinaire « au comté du Neufchâtel ». Enfin après la mort de Guillaume du Vair, le roi Louis XIII, de passage à Bordeaux, le nomma Garde des sceaux, par lettres du 24 Décembre 1621, comme doyen des Conseillers d'Etat ; mais il ne jouit pas longtemps de cette charge, car ayant suivi le roi dans son voyage à Montpellier, il mourut le 2 Septembre 1622 au Pignan, près de Pézenas. Son corps fut rapporté à Ermenonville, dont il était devenu seigneur après son frère Dominique, comme nous le verrons plus loin, et où il fut enterré. Outre le titre de cette terre, Méry de Vic se qualifiait baron de Flennes en Boulonnais, seigneur des Bergeries, de Saint-Port et de Sainte-Assise, près de Corbeil.

Le second fils de Raimond de Vic et de Contesse de Sarred reçut le prénom de Dominique. Il fit ses premières armes sous le règne de Charles IX et se distingua en 1567 à la bataille de Saint-Denis parmi les enfants perdus qui engagèrent l'action sous les ordres du comte de Brissac. Il fut enseigne, puis capitaine aux gardes sous le nom de capitaine Sarred.

Le régiment dans lequel il servait ayant accompagné Charles de Lorraine, duc de Mayenne, dans sa campagne de Guyenne en 1585, Dominique de Vic se trouva le mercredi 10 Avril 1586 au siège de Sainte-Bazeille sur la Garonne, et s'étant logé avec

---

[1] Ils avaient une sœur, Denise, mariée d'abord à Antoine Chaudet, seigneur de Lassenay, secrétaire du chancelier de Cheverny, puis au seigneur de la Tullerie.

son régiment dans une église ruinée, il y fut grièvement blessé d'une arquebusade à la cuisse et à la jambe, et quelques mois après, il eut, en Dauphiné, le mollet emporté par un boulet.

Pendant trois ans, il fut obligé de renoncer à tout service pour se soigner au château de Mareil-sur-Mauldre dont il était seigneur et il y fut l'objet des faveurs et des libéralités de son souverain. Le 9 Septembre 1587, en effet, le roi Henri IV lui donna 12,000 écus « en considération des bons et signalés services qu'il a personnellement faicts au grand hazard et danger de sa vie, et de la blessure qu'il a eue et soufferte de naguère, estant en l'armée du Daulphiné, exploictant les Compagnies qu'il conduisoit pour son service, pour l'exécution du commandement qui luy estoit faict de la part de sadicte Majesté au siège de (le nom en blanc.) De laquelle blesseure il est en danger d'estre perpétuellement estropié; et ce pour lui ayder et donner moyen de vivre et supporter la dépense qu'il sera contrainct de faire d'autant plus grande que en parfaicte disposition pour scy se panser et médicamenter seullement... » Il est qualifié dans cette pièce de gentilhomme ordinaire de la Chambre du roi et maître de camp de quatre compagnies de gens de pied. (P. O. 2982, n° 7).

Comme il souffrait beaucoup, que le repos lui était insupportable et qu'il ne voyait pas la guérison venir, Dominique de Vic prit le parti héroïque, sur le conseil de son ami le Président de Thou, de couper le mal dans sa racine, et il se fit, en 1589, enlever le membre blessé. L'opération ayant réussi et se trouvant de nouveau valide, bien que mutilé, il reprit de suite du service, et dès le 14 Mars 1590, il put remplir les fonctions de sergent de bataille à la fameuse journée d'Ivry, où il rendit de grands services au roi Henri IV. Il fut ensuite, en 1591 (la première quittance de ses gages est du 14 Septembre. P.O. 2982, n° 13) gouverneur de Saint-Denis, à la place du marquis de Lavardin, et obtint en même temps la commission de lever une compagnie de 50 cuirassiers. C'est pendant qu'il commandait dans cette ville que le chevalier d'Aumale tenta de la prendre par surprise.

Le 2 janvier 1591, le prince ligueur, sachant la ville désertée par ses habitants et insuffisamment défendue par une garnison de 120 chevaux et 300 hommes d'infanterie, y arriva de nuit avec 1000 fantassins et 200 cavaliers, et « ayant fait planter quatre échelles du côté de l'abbaye, deux capitaines et 24 soldats y entrèrent et se rendirent maîtres de la porte la plus proche qu'ils abatirent ». Le chevalier d'Aumale y entra alors avec toute sa troupe et, gagnant la grande place, il se croyait maître de la ville. Mais Dominique de Vic, bien que surpris, n'était pas de ces hommes qui abandonnent facilement la partie ; il se précipita presque seul contre les assaillants, rallia sa garnison, fit sonner la charge par toutes ses trompettes pour cacher le petit nombre de ses hommes, prêcha d'exemple et se battit avec tant d'entrain et d'héroïsme qu'il obligea les parisiens à prendre la fuite, laissant plus de cent morts, sur le carreau et abandonnant leur chef qui y fut tué d'un coup d'estocade à la gorge.

Le 20 janvier 1591, le roi voulant essayer à son tour de surprendre Paris, Dominique de Vic se mit à la tête de 80 officiers déguisés en paysans amenant des farines à la porte Saint-Honoré ; Lavardin en conduisait cent autres et le baron de Biron les suivait à quelque distance avec cent arquebusiers. Mais les parisiens furent prévenus à temps et les agresseurs furent heureux de pouvoir se retirer sans dommages.

A la fin de cette même année, il défendit valeureusement Avranches contre le duc de Montpensier et ne rendit la place le 2 Février 1592, qu'après une résistance héroïque.

Le 2 Avril 1593, il fut un des députés choisis par le roi pour assister à la conférence de Suresnes.

Le 22 Mars 1594, la ville de Paris s'étant soumise au roi, de Vic alla le premier, à la tête de 400 hommes de sa garnison de Saint-Denis, occuper la rue Saint-Thomas-du-Louvre.

De Vic se distingua encore la même année au siège de Laon, puis à celui de Cambrai en 1595 ; le 24 Octobre 1594 il fut fait Conseiller d'Etat d'épée.

Le 12 Janvier 1596, il fut fait gouverneur de la Bastille, puis la même année, capitaine de Château-Porcien.

La même année encore, nous le trouvons à Montreuil, à la tête d'une Compagnie de chevau-légers, dans l'armée de Picardie, commandée par le duc de Bouillon.

Le 20 Septembre 1597, le roi lui donna le gouvernement

d'Amiens qu'il avait beaucoup contribué à reprendre, avec la qualité de Lieutenant-général de la province de Picardie. Il trouva Amiens peuplée de 800 habitants et moins d'un an après, il y en avait déjà 4.000. Ce fut lui qui fit construire la citadelle destinée à défendre et à maintenir cette turbulente cité.

En 1598, il fut successivement nommé vice-amiral de France, puis capitaine et gouverneur de Calais et Pays reconquis.

Il était à l'apogée de la gloire militaire et de la faveur quand il acheta, le 11 Décembre 1600, la terre d'Ermenonville, moyennant 30.000 écus. Trois ans après, le 13 Mars 1603, le roi érigea pour lui cette seigneurie en vicomté par lettres enregistrées au Parlement le même jour et à la Chambre des Comptes le 11 Avril suivant.

Au mois de février précédent, le roi, voulant donner un témoignage tout particulier de sa bienveillance à son fidèle serviteur, lui avait permis d'ajouter au milieu de ses armes, qui étaient de gueules à une foi d'argent en fasce, un petit écusson d'azur chargé d'une fleur de lys d'or.

Il avait épousé, par contrat du 2 Mai 1578, Jeanne de Morainvillers [1], veuve d'Oudart de Joigny, baron de Bellebrune, dont elle avait eu une fille, Jeanne de Joigny, mariée au seigneur d'Etampes. De son mariage, Dominique de Vic n'avait pas eu d'enfants quand il mourut le 14 Août 1610, âgé de 60 ans, peu de temps après l'assassinat de son maître par Ravaillac. Il avait servi 43 ans et reçu 27 blessures. Il fut enterré, suivant sa volonté, dans l'église d'Ermenonville et son cœur fut déposé à Notre-Dame de Calais.

Nous avons retrouvé son épitaphe conservée jusqu'à la Révolution dans l'église d'Ermenonville, et conçue en ces termes :

« Dans ce cercueil de plomb, gît le corps de feu Messire Dominique de Vic, conseiller du Roi en ses conseils d'Etat et privé, capitaine de 50 hommes d'armes des ordonnances, vicomte d'Ermenonville, seigneur de Moroil et de Montiville, gouverneur pour S. M. des villes et citadelles de Calais et Pays reconquis, et vice-amiral de France, lequel décéda à Paris à une heure après minuit entre le samedi 14 et le dimanche 15 d'août 1610. Comblé d'ennui et de tristesse du décès du feu Roi Henri IV,

---

[1] Fille de Charles de Morainvilliers, seigneur de Flacourt, et de Louise de Fresnoy.

Roi de France et de Navarre, son bon maître. Il étoit au 59ᵉ an de son âge, ayant servi 4 Rois savoir Charles IX sous lequel il fut portant l'arquebuze à la bataille de Saint-Denis au nombre des enfans perdus, commandés par M. le comte de Brissac, Colonel général de l'Infanterie françoise, lesquels commencèrent le combat, puis suivit l'armée à Arnai-le-Duc, d'où ayant été enseigne, puis lieutenant, il fut fait capitaine de gens de pied, etc. » (*Cabinet d'Hozier*, vol. 332).

Le même recueil nous a conservé l'inscription qui existait à Calais, à l'endroit où était inhumé le cœur du vicomte d'Ermenonville :

« Ci-gît le cœur de Messire Dominique de Vic, vicomte d'Ermenonville, Conseiller du Roi en ses Conseils d'Etat et privé, Gouverneur pour Sa Majesté à Calais et Pays reconquis et vice-amiral de France, lequel après avoir passé par tous les grades de sa profession, et en icelle avoir servi les rois Charles IX, Henri III et Henri IV l'espace de 43 ans continuels en tous les combats, rencontres, sièges de ville et batailles qui ont été faits ou donnés pendant ledit temps, reçu 27 blessures en toutes les parties de son corps et perdu la jambe droite, après avoir commandé ès-villes de Saint-Denis, de Bologne sur la mer, Amiens et Calais, et les avoir rendues en meilleur état qu'il ne les avoit reçues, ne pouvant survivre le feu Roi Henri le Grand son bon maître, reçut les derniers sacremens de l'Eglise, et remercia son Créateur de ce qu'il l'appeloit à soi tôt après son dit maître, décéda à Paris entre les bras de son cher frère, âgé de 59 ans, à une heure après minuit entre le 14 et le 15 du mois d'août 1610. Pour le témoignage du soin qu'il a eu et de son affection au bien et repos des habitans et conservation de cette ville de Calais et habitans d'icelle, ledit Seigneur de Vic a ordonné ce sien cœur être enterré dans l'église Notre-Dame de ladite ville. »

Comme on le voit, ces deux inscriptions attribuent la mort de Dominique de Vic à la douleur qu'il éprouva de la fin tragique de Henri IV et l'affection passionnée qu'il avait toujours montrée pour le maître à qui il devait sa fortune, rend cette touchante supposition tout à fait vraisemblable.

Le Louvre possède un beau buste en marbre blanc du premier vicomte d'Ermenonville. Ce buste, sculpté par Guillaume Dupré vers 1610, avait appartenu aux petits neveux de Dominique de Vic, puis était entré au Musée des Petits-Augustins. Il est rentré au Louvre en 1890 par les soins de mon savant et

---

[1] D'autres tombes de la Maison de Vic existaient avant la Révolution dans l'église d'Ermenonville. On raconte que lors de la profanation de ces tombes, on trouva le corps d'une jeune fille, parfaitement conservé, après 200 ans.

regretté ami Louis Courajod [1]. Nous en donnons la reproduction, d'après une photographie, en tête de cette notice.

Par son testament olographe en date du 13 Août 1608, Dominique de Vic avait légué tous ses biens et notamment la terre d'Ermenonville, à son frère Méry, dont nous avons parlé plus haut et à Gédéon, son neveu. [2]

Méry de Vic avait épousé, à Orléans, en 1589, Marie Bourdineau, d'une honorable mais très modeste famille, bien que

---

[1] *Bull. Soc. Ant. de France*, 1890, p. 110.

[2] Nous croyons intéressant de donner quelques extraits du testament qui commence par les formules d'usage, puis continue en ces termes :

« Je désire ma sépulture en l'église d'Ermenonville à laquelle je donne à perpétuité cinquante livres de rente annuelle sur le revenu de ladite terre, laquelle somme pourra estre affectée par mon frère sur quelque partye de ladite terre, sur chose où ladite somme de cinquante livres se puisse prendre pour estre employée à faire célébrer des messes et prier Dieu pour mon âme, aux jours ordonnés par mon frère. J'ordonne aussi que mon cœur soit enterré en la grande église de N.-D. de Calais, et quant à mes funérailles, je les remets à la discrétion de ma femme et de mon frère, les priant surtout s'y vouloir conduire plus pieusement et avec religion qu'avec ostentation, et veux que la dépense de mes funérailles soit aux despens de mon frère, comme aussi payer les gages qui seront dus à mes serviteurs. Je désire aussi et ordonne que quatre mois après mon trépas, mon frère donne à 6 pauvres garçons et à 6 pauvres filles, tels qu'il lui plaira, chacun 200 l. qui feront 2,400 l... »

« ...Je veux et prie mon frère trouver bon que la terre de Moreil..... ensemble ce que j'ai acquis et eschangé en la terre de Montinville, soit, demeure et appartienne à ma femme, et que les 6.000 l. que j'empruntay de feu M. de Fontenay pour parfournir lesdites échanges, et trois mil livres que ma femme devoit à M. des Rousseaux, de supplément de partage à ses sœurs, lesdits 9,000 l. rachetées depuis par M. Favier, soit payé et acquitté par mondit frère au profit de madite femme, laquelle je veux qu'elle demeure aussi quitte de toute dette delia faite durant nostre communauté et qu'outre cela elle ayt et puisse emporter aussi, francs et quittes, tous les meubles qui se trouveront lors de mon décès, en la ville de Calais, à nous appartenans, tant vaisselle d'argent, argent, que tous autres meubles servans à nostre usage en ladite ville seulement... »

Après un legs particulier de 6,000 livres à son neveu de Lassenay, fils de sa sœur unique, Denise, et son lieutenant au gouvernement de Calais :

« ...Et le reste de tous mes biens meubles, acquêts et conquêts, immeubles propres, conventionnels, en quelque part qu'ils soient, je les donne et laisse à mon frère, à condition toutefois qu'après son décès la terre et seigneurie et vicomté d'Ermenonville toute que elle sera à ma mort et qui m'appartient, sera et demeurera à Gédéon de Vic, mon neveu, second fils de mondit frère, auquel pour la bonne amitié que je lui porte et que telle est ma volonté, je donne, laisse et substitue ladite terre d'Ermenonville, circonstances et dépendances, à la charge que mondit neveu Gédéon de Vic ne pourra engager, hypothéquer, vendre ni aliéner partie ou portion de ladite terre pour quelque cause, occasion ou prétexte que ce soit... » Suivent des dispositions confirmant la substitution de la terre son père, Jacques Bourdineau, se qualifiât de seigneur de Baronville.

De ce mariage, Méry avait eu neuf enfants :

L'aîné, Dominique de Vic, naquit à Paris en 1589. Il eut à l'âge de six ans l'abbaye du Bec Hellouin que Henri IV lui donna en témoignage de satisfaction de la conduite de son oncle à la surprise de Saint-Denis ; puis il accompagna son père, en 1602, dans son ambassade en Suisse et fut fait conseiller d'Etat et privé par Louis XIII en 1621. Nommé coadjuteur de l'archevêché d'Auch le 27 Janvier 1624, il eut le titre d'archevêque de Corinthe le 25 Mai 1625 et devint archevêque d'Auch en 1629. Il mourut en 1661.

Avant de nous occuper de Gédéon de Vic, second fils du Chancelier, qui continua la série des vicomtes d'Ermenonville, il nous faut dire un mot des sept autres enfants de Méry de Vic et de Marie Bourdineau,

Charles, le troisième, fut abbé de N. D. de Gourdon, et de Froimont, et mourut le 20 Septembre 1650 ;

Le quatrième, appelé Méry comme son père, est qualifié par le P. Anselme de seigneur d'Ermenonville.

Il fut accordé, par contrat passé à Romorantin le 13 Décembre 1625, à Louise de Lorraine, dame de Romorantin, l'un des six enfants naturels de Louis de Lorraine, cardinal de Guise, archevêque de Reims, et de Charlotte des Essarts, et sœur de Charles-Louis de Lorraine, qui fut abbé de Châlis. Mais ce contrat n'eut pas d'effet et Méry de Vic épousa plus tard Madeleine Aubert. Nous aurons l'occasion de reparler plus loin de Méry II de Vic, connu sous le nom de comte de Fiennes, et qui racheta plus tard la terre d'Ermenonville à son petit-neveu Dominique, II⁰ du nom.

---

d'Ermenonville aux mâles issus de Gédéon de Vic ou, à son défaut, de ses frères, par ordre de primogéniture « tant que la ligne masculine durera ». Puis, à défaut de la ligne masculine, ladite terre devra être partagée par parts égales entre les filles plus proches héritières.

« Fait à Ermenonville, le 13ᵉ Août l'an de nostre Seigneur 1603. (Signé) : Dominique de Vic ».

Ce testament nous apprend encore que Méry de Vic avait prêté à son frère, sans intérêts, pour le paiement d'Ermenonville, la somme de douze mille écus.

Méry mourut le 18 Février 1682 et sa femme le 25 Février 1695; cette dernière fut enterrée à Saint-Nicolas-des-Champs, à Paris.[1]

Les cinq derniers enfants de Méry de Vic et de Marie Bourdineau sont des filles :

Diane-Claire, née en Italie, mariée d'abord par contrat du 21 Février 1610 à Pierre Gamain, maître des requêtes, et ensuite conseiller au Parlement, puis à Jean Sevin, seigneur de la Grange et de Bizay, aussi conseiller au Parlement. Diane et son second mari eurent un procès avec leur famille et notamment avec Dominique de Vic, archevêque de Corintho, abbé du Bec, pour la succession de son père Méry, le garde des sceaux. Il y a aux Pièces Originales (p. 41-50), un long arrêt du Parlement à ce sujet, en date du 10 Janvier 1629.

Une autre fille de Méry de Vic s'appelait Eléonore. D'abord religieuse à l'abbaye d'Yerre, puis prieure de Saint-Michel de Crépy-en-Valois, elle mourut en 1676.

Sa sœur, Marie, prieure du même Saint-Michel après elle, mourut en 1677.

Charlotte de Vic épousa Léonard le Génevois, baron de Bleigny en Champagne, fils de Pierre le Génevois, baron de Bleigny et de Françoise d'Anglure.

Enfin Denise, mariée à François de Grené, seigneur de Courcelles en Brie, laissa deux enfants en mourant le 16 Décembre 1679.

Nous revenons maintenant au second fils de Méry de Vic, Gédéon, qui continua la descendance.

Gédéon de Vic, troisième vicomte d'Ermenonville, fut Maréchal des camps et armées du roi et Cornette commandant la Compagnie des deux cents chevau-légers de la garde ordinaire du roi, par brevet du 17 Avril 1635. Il avait épousé, par contrat

---

[1] Voici le libellé de la lettre de faire part du décès de cette dame :

« Vous estes priez d'assister au Convoy et Enterrement de Dame Magdeleine Aubert, veuve de haut et puissant Seigneur Messire Méry de Vic, Comte de Pionne, décédée en sa maison rue de Poitou : Qui se fera aujourd'huy Dimanche 27ᵐᵉ Février 1695, à cinq heures précises du soir, en l'Eglise de S. Nicolas des Champs, sa Paroisse, où elle sera inhumée. »

(Cabinet d'Hozier, 322, p. 16).

du 29 Avril 1624, Catherine de Boulainvilliers, fille d'honneur de la reine, fille de Louis de Boulainvilliers, seigneur et baron de Courtenay, et de Jacqueline du Parc. Ce contrat fut passé à Fontainebleau, en présence du roi et de la reine qui le signèrent ainsi que plusieurs princes et personnages de la Cour, parmi lesquels Madame de Guise, Mademoiselle de Verneuil, le Connétable de Montmorency et Mademoiselle de Montpensier. Cette faveur était faite à Gédéon de Vic, non seulement à cause de ses services et de ceux rendus à la monarchie par son père et son oncle, mais aussi parce que sa femme avait l'honneur d'être apparentée à la famille royale. Elle était, en effet, la cousine au 4e degré de Mlle de Montpensier, comme arrière-petite-fille de René d'Anjou, seigneur de Mézières, Saint-Fargeau, Tucé et Puisaye, sénéchal du Maine, et d'Antoinette de Chabannes.

Par ce contrat de mariage, Catherine de Boulainvilliers « est douée de la somme de 3000 l. de rente en fonds de terre et revenu annuel par chacun an sur la terre d'Ermenonville, et de plus elle doit avoir pour son habitation la maison, pourpris et préclosture d'icelle, lequel douaire de 3000 l. de rente en fonds de terre et de revenu de proche en proche, avec la maison, pourpris et précloture, sera propre aux enfans qui naîtroient de ce mariage. »

Nous verrons cette attribution dotale être l'origine de difficultés qui ne contribuèrent pas peu à amener la ruine de la maison de Vic.

Gédéon de Vic mourut le 26 Février 1636 et sa femme seulement le 15 Mars 1669.[1]

Deux ans avant la mort de Gédéon, en 1634, il y eut procès entre Jeanne de Morainvillier, veuve de Dominique de Vic, et les enfants de Méry de Vic, son frère, c'est-à-dire Dominique,

---

[1] Voici la lettre de faire part de Gédéon de Vic, que nous trouvons aux *Pièces originales*, 2.932. p. 107 :

« Vous estes priez d'assister au Convoy et enterrement de feu Messire Gédéon de Vic, vivant Chevalier, Seigneur, Vicomte d'Ermenonville, Conseiller du Roy en ses Conseils d'Estat, et Cornette de la Compagnie des deux cent Chevaulx legers de la garde de sa Majesté, décédé en sa maison, rue Pavée, derrière l'Hostel de Bourgongne, qui se fera Mercredy vingt-septiesme jour de Febvrier 1636, à quatre heures du soir, en l'Eglise S. Sauveur, sa paroisse. »

archevêque d'Auch et abbé du Bec, tant en son nom que comme tuteur de Méry, Charles et Denise de Vic, ses frères et sœur; Gédéon de Vic, cornette des chevau-légers, et Diane de Vic, femme de Jean Sevin, autorisée, à défaut et au refus de son mari, par justice. Il s'agissait d'obliger Jeanne de Morainvillier à rapporter à la communauté ayant existé entre elle et son mari, dont lesdits enfants de Vic étaient héritiers, certaines sommes reçues et la moitié des dettes, avec les intérêts depuis le jour du décès de son mari. A la suite de ce procès où était comprise aussi la terre d'Ermenonville, la moitié de cette terre avait été adjugée d'abord à Jacques d'Estampes, sieur de Vallançay, chevalier des ordres du roi, et à Louise de Joigny, fille et héritière de ladite Morainvillier, sa femme.

Il est question dans cette pièce de 36.000 livres qui auraient été prêtées à Dominique de Vic par son frère Méry, pour l'aider à acheter Ermenonville, et de 5.800 livres « pour réparations faictes aux bastiments d'Ermenonville » (*Cabinet d'Hozier*, 332, p. 99).

Ce procès est la première manifestation des dissensions intestines qui ruinèrent peu à peu la maison de Vic et dont nous retrouverons bientôt d'autres traces dans nos documents.

Gédéon de Vic et Catherine de Boulainvilliers avaient eu cinq enfants dont l'aîné, Dominique, continua la série des vicomtes d'Ermenonville. Nous en reparlerons tout à l'heure.

Le second, François, commandant le régiment de cavalerie de la reine, fut tué en Italie, au siège de Piombino.

Le troisième, Gédéon, *alias* Dominique, lieutenant de la colonelle du régiment d'infanterie du cardinal Mazarin, fut tué en 1645 à la bataille de Nordlingen.

Le quatrième, Méry ou Médéric, nommé à l'abbaye de Saint-Cyran, fit son testament le 11 Octobre 1676 et mourut le même mois.

De Marie de Vic, leur sœur, on ne sait que le nom.

Dominique de Vic, dit le comte de Vic, quatrième vicomte d'Ermenonville, et qualifié aussi seigneur d'Autrèches, avait dû d'abord entrer en religion et fut envoyé à Bourges pour y prendre l'habit des capucins en 1648, mais n'ayant pu s'y résoudre, il en sortit et fut placé chez les Jésuites de la même ville pour y terminer ses études. C'est là qu'il fit la connaissance de Marie de Bar, fille de Gabriel de Bar-Baugy, seigneur de Silly, et d'Antoinette de Baronnet, qu'il épousa, le 14 Janvier 1649, malgré la volonté de Catherine de Boulainvilliers, sa mère. Celle-ci interjeta appel de ce mariage comme d'abus; une série de déplorables procès s'ouvrit ainsi entre la mère et le fils et amena entre eux une brouille complète et définitive. Un arrêt du 18 Juin 1649 permit, entr'autres choses, à Catherine de Boulainvilliers, d'informer de plusieurs faits de violence articulés par elle, et défense fut faite à son fils et à sa belle-fille d'entrer, sous des peines sévères, au château d'Ermenonville.

C'est sans doute à la suite des difficultés que lui créa sa mère, que Dominique II de Vic se décida à se défaire de la terre d'Ermenonville en faveur de son grand oncle, Méry II de Vic, comte de Fiennes, seigneur du Plessis au Bois et autres lieux, dont nous avons parlé plus haut.

Le 9 Mai 1654, il échangea la vicomté d'Ermenonville contre la terre de Marans en Touraine. Mais, comme cette terre de Marans était beaucoup moins importante que celle d'Ermenonville, le comte de Fiennes s'engageait à garantir son petit-neveu contre l'effet de toutes les condamnations que sa mère Catherine avait obtenues contre lui et de plus, il s'engageait à lui verser 205,000 livres, dont 30.000 soldées comptant et le reste payable, partie dans le délai de quatre années, partie au décès de ladite dame de Boulainvilliers.

Cinq jours avant cet échange, le 4 Mai, Catherine de Boulainvilliers avait cédé au comte de Fiennes tous les droits qu'elle avait à exercer contre Dominique de Vic son fils, et sur la terre d'Ermenonville, moyennant la somme de 260.000 livres, et ses 3,000 livres de douaire avaient été capitalisés à 75.000 livres.

Ce second contrat donne bien à toute cette affaire son caractère d'un pacte de famille destiné à mettre fin à une situation intolérable.

Mais cela n'empêcha pas la ruine de s'appesantir de plus en plus sur le pauvre héritier de Méry, le garde des sceaux, et de son frère Dominique, dont les dettes n'avaient jamais été liquidées et dont les intérêts accumulés atteignaient maintenant des sommes formidables.

Le comte de Fiennes lui-même succomba sous le faix, et quelques années après, en 1670, son hôtel à Paris, rue Saint-Martin, qui, parmi ses richesses mobilières, contenait la bibliothèque du célèbre Grolier, et enfin la terre d'Ermenonville, furent saisis sur lui à la requête de Guillaume Lamy, conseiller du roi en ses Conseils, maître d'hôtel et trésorier-général de S. M. seigneur de Villiers-Adam et autres lieux.

Huit ans après avoir consenti à la cession de sa terre patrimoniale, le 1er Février 1662, Dominique II de Vic perdait sa femme Marie de Bar, qui lui laissait cinq enfants :

François et Dominique, morts en bas âge ;

Charles, seigneur de Morans, qui continua la descendance et dont nous reparlerons ;

Honorée-Marie, religieuse au prieuré de Saint-Michel de Crépy, le 12 Décembre 1665 ;

Et Charlotte, qui fut prieure du même monastère après ses grandes tantes Eléonore et Marie, le 14 Février 1678.

Deux ans après la mort de sa première femme, Dominique II de Vic se remaria, le 9 Décembre 1664, avec Marie de Baussan, fille de Pierre de Baussan, seigneur de Brinville, de la Dimplerie et de la Chauvalière, et de feue Catherine de Haraudier. Il eut de cette alliance deux filles :

Geneviève-Eugénie, qualifiée par le Père Anselme dame d'Ermenonville, de Piédefer, de Moran, d'Autrèche, du Grand et Petit Breuil, qui mourut le 21 Mars 1701, veuve de Claude-Charles de Vieil-Castel, seigneur et comte de Montalant, près Montargis ;

Et Catherine de Vic, née le 16 Mai 1687, mariée en 1715 à Elzear Barbin, baron de Broyes, premier baron de Champagne, dont un fils et deux filles.

L'aînée de ces deux filles, que nous venons de voir qualifiée dame d'Ermenonville, avait, en effet, des droits sur cette terre, comme légataire universelle de messire Médéric, abbé de Vic, son oncle, et nous la voyons, en 1697, greffer un procès sur tous les autres, et demander sur les revenus d'Ermenonville, séquestrés au profit des créanciers du comte de Fiennes, une « provision alimentaire » de 3.000 livres, dont elle obtint 600 qui ne purent même lui être payés.

La décadence continuait.

Heureusement pour la comtesse de Montalant, sa fille Louise-Eugénie de Vieil-Castel fit un mariage d'argent, en épousant Claude-Louis Lombard, fils d'un marchand en gros tenant boutique derrière Saint-Leu-Saint-Gilles à Paris, que la roture évidente de son père n'empêchait pas, grâce à ses écus, d'être seigneur de Valescourt et Gentilhomme ordinaire de la Chambre du Roi.

Il est probable que Claude Lombard racheta peu à peu toute la terre d'Ermenonville en payant les dettes du comte de Fiennes, puisque son fils, né le 5 Février 1712, Gédéon-François Lombard, est qualifié seigneur et vicomte d'Ermenonville.

Pendant ce temps, ce qui restait de la famille de Vic s'enfonçait de plus en plus dans la gêne pour finir dans la misère.

Charles de Vic, fils survivant de Dominique et de Marie de Bar, avait cependant conservé la terre de Morans. Il épousa en 1681 Catherine Quatresols de Coubertin, fille d'un auditeur des Comptes, dont il eut Gédéon, né en 1687, Catherine, née en 1682, Charlotte, religieuse à Orléans, et Elisabeth. Il avait même servi d'abord dans les Gardes Marines, puis au régiment de Champagne en 1672 et ensuite, comme cornette au régiment de cavalerie de Bleigny. Mais la mort de son père, Dominique II, arrivée en 1676, ayant définitivement embrouillé ses affaires entièrement délabrées, il fut obligé de quitter l'armée. Il songea, à la mort de Mademoiselle de Montpensier en 1693, à revendiquer les biens existants dans sa succession, de la maison d'Anjou-Mézières dont il descendait, comme nous l'avons vu plus haut, par Françoise d'Anjou, comtesse de Dammartin, mais il recula devant un procès à faire au frère unique du roi, Philippe duc d'Orléans, légataire universel de la princesse sa cousine. Il se contenta donc de faire appel à la générosité du duc et il en avait bien besoin, si nous en croyons une note que nous avons retrouvée et dans laquelle, voulant faire des preuves pour une de ses filles, il déclare qu'il ne peut retirer ses titres de la Chambre des Comptes « à cause de son indigence. »

Les procès continuaient néanmoins, et il fallait soutenir la lutte contre tous les créanciers de sa maison.

Cette triste lutte nous montre même quelques traits touchants et navrants tout à la fois.

Au milieu de son désastre, Charles, comte de Vic, défendait pied à pied certains souvenirs. C'est ainsi que le 13 Avril 1687, nous le voyons obtenir qu'une tapisserie semée de fleurs de lys et composée de 5 tableaux, que des bâtons royaux et armes de chancellerie, provenant sans doute de Dominique I⁺ʳ et de Méry I⁺ʳ, ainsi que des portraits de famille, un sabre, des bustes de marbre, parmi lesquels sans doute celui que le Louvre possède aujourd'hui, un plan de la ville de Cambray, témoin de l'héroïsme de son arrière-grand'oncle, et une « Table d'honneur de la maison de Vic, » lesquels objets avaient été saisis par des créanciers de la succession du comte de Fiennes, lui seraient rendus comme « titre honorable de sa famille », en sa qualité de « dernier de cette famille, qui porte le nom et les armes de Vic, » à la charge par lui de tenir compte sur ses créances, de la somme de 400 livres au profit de la partie saisissante.

Le dernier de Vic, Gédéon, fils de Charles, mourut en son château de Morans, en Touraine, le 16 Septembre 1738, âgé de 52 ans. Il ne laissait qu'une sœur, mariée à Elzear Borbin, baron de Broyes en Champagne. Ainsi s'éteignit la maison de Vic.

Quant à la seigneurie d'Ermenonville, elle était passée, ainsi que nous l'avons vu, par une alliance, à la famille Lombard qui en avait pris le titre, et des Lombard, elle vint par acquisition vers le milieu du XVIIIᵉ siècle, aux Girardin qui l'ont gardée jusqu'à l'époque toute récente où ce beau domaine est devenu la propriété du prince Constantin Radziwill.

II

LE BEFFROI DE SENLIS

ESSAI DE RESTITUTION

LE BEFFROI DE SENLIS

ESSAI DE RESTITUTION

I

Le Beffroi de Senlis remontait certainement à une époque très reculée. Nous en trouvons la trace dès le XII° siècle.

En 1170, les Religieux Hospitaliers de Saint-Jean de Jérusalem ayant demandé à s'établir dans la ville, on leur octroya la permission de bâtir sur un terrain situé hors de la cité, près du Beffroi [1].

Ce Beffroi était construit, en effet, au pied des remparts de l'ancienne Cité Romaine, au milieu de la place du Marché, à la rencontre de cette place et de la rue Saint-Jean, devant l'Hôtel de la Truie-qui-file.

Bien qu'il occupât un emplacement situé à un niveau beaucoup plus bas que le plateau formé par la Cité primitive, son haut campanile dominait, concurremment avec les clochers de

---

[1] Manuscrits d'Afforty, X, 5735; XI, 5813, 7239; — Broisse: Recherches historiques sur la Ville de Senlis: Senlis (Desmarets). 1835, in-8° p. 45; — abbé E. Muller : Monographie des... Rues de Senlis; Senlis (Payen), 1880, p. 49. M. Muller a rassemblé, dans cet ouvrage, tous les documents que l'on possède sur le Beffroi; je ne m'occupe ici que de ceux qui peuvent avoir quelqu'intérêt au point de vue de la restauration graphique du monument.

nos nombreuses Eglises, toute la ville et ses alentours, et il servait de poste de surveillance [1].

Ses cloches annonçaient aux habitants et à la garnison l'approche de toute troupe suspecte et sonnaient le tocsin, chaque fois que se produisait quelqu'alerte, de jour ou de nuit [2].

La principale de ces cloches remontait à la fin du XIII° siècle. Elle pesait neuf mille livres et sa hauteur était de cinq pieds quatre pouces. Sur les bords, on lisait le nom du fondeur, Guillaume de Biauvais « ou tans sire Estienne Douc.. », l'an de l'Incarnation 1281 [3].

Le Beffroi était le symbole des libertés municipales. Lorsque, au commencement du XIV° siècle, les habitants, écrasés sous les dépenses que leur imposait leur commune, y renoncèrent volontairement et demandèrent au roi de les en décharger, le Parlement, dans un arrêt du 16 février 1319, supprima à la fois le Maire, les Jurés, le Sceau, l'Hôtel, le Beffroi et la Cloche (« beffredus et campana »). Mais, moins de trois ans après, en mai 1322, le roi Charles le Bel, étant alors à Conches, vendit, bon gré mal gré, aux bourgeois, le droit de faire arrêter leurs créanciers, la faculté de lever un impôt pour l'entretien des chemins, ponts et fontaines, et enfin, comme consécration de ces libertés, le privilège du Beffroi, savoir : « la petite cloche à l'aurore..... et la plus grande dans le cas de nécessité, incendie, melleye (mêlée, émeute), etc..., et ce, du consentement du prévôt. »

Il est fort probable que c'est à cette époque que le Beffroi fut, sinon reconstruit, au moins revêtu de la forme définitive qu'il conserva dans la suite jusqu'à l'époque de sa démolition.

C'est, du moins, ce que peut nous faire conjecturer le curieux devis du mois d'avril 1392 retrouvé par M. J. Flammermont

---

[1] BROISSE, op. cit. p. 32.

[2] On en cite un curieux exemple lors de l'évasion, en 1713, de soldats hollandais et allemands, détenus alors comme prisonniers de guerre dans les Ecuries du Roi, au faubourg Saint-Martin. (BROISSE, op. cit. p. 113).

[3] AFFORTY, XVIII, 524, 525 ; — Cfr. M. Müller, op. et loc. cit. et BROISSE, op. cit. p. 45. Ce dernier se trompe sur les noms et sur la date.

dans les Archives Municipales et publié dans les Mémoires du Comité Archéologique de Senlis [1].

En 1445, on monta sur la grosse cloche du Beffroi une horloge qui fut successivement enrichie de divers « appeaux », notamment en 1608, par un nommé Nicolas de Beauvais [2].

Il nous faut ensuite descendre jusqu'au XVI° siècle pour trouver une nouvelle mention du Beffroi. C'est notre vieux chroniqueur Jehan Mallet qui nous la fournit :

En 1524, nous dit-il, « la couverture du Beffroi, qui était couvert de plomb, fut découvert étant en ruines et, au lieu, fut recouvert d'ardoise, excepté le *petit clocher*, qui demeura couvert de plomb... » [3]

Ce document est important pour notre restauration graphique, et nous y reviendrons.

Quelques années plus tard, un autre historien de Senlis, Vaultier, parle aussi du Beffroi :

« Au milieu de ladite ville, écrit-il, il y a une grosse tour carrée, qu'on nomme le Beffroy, lieu de forteresse où l'on souloit (avait coutume) mettre les prisonniers et malfaiteurs de ladite ville ; et y est l'horloge et cloche, de quoi l'on sonne les assemblées, le tocsin et l'effroi : assise entre l'Etape au vin, Marché au blé et Halle à vendre le poisson de mer, autrement appelé la Harengerie, qui a été démolie de notre temps » [4].

C'est dans le même XVI° siècle, exactement en 1528, que les Gouverneurs firent creuser un nouveau puits près du Beffroi, lors de travaux qui avaient été ordonnés pour mettre la ville en état de défense [5].

Nous arrivons ensuite au XVIII° siècle.

C'est, en effet, de 1724 à 1728 que, le couronnement de notre Beffroi menaçant ruine, on se décida à lui faire subir une

---

[1] Com. Arch. de Senlis, 1875, p. XCI.
[2] M. MULLER : op. cit. p. 349, et Com. Arch. de Senlis, 1880, p. 14.
[3] Monuments inédits de l'Histoire de France, publ. par ADHELM BERNIER, p. 41. Cfr. Afforty, XXIII, 684.
[4] Monum. inéd. etc., p. 399.
[5] BROISSE : op. cit. p. 47 ; — abbé MULLER, op. cit. p. 52.

transformation complète. A la place de la flèche gracieuse qui s'élançait dans les airs, on construisait alors une pyramide octogone en pierre, dont la clef de voûte intérieure portait le nom des frères Mansion. Cette pyramide était éclairée par plusieurs petites lucarnes. La hauteur du monument, bien qu'elle ait été diminuée par cette transformation, était encore de quatre-vingts pieds au dessus du sol de la place. Ce travail fut fait au moyen d'une adjudication au rabais, et le vieux plomb et l'ardoise de l'ancienne flèche furent vendus pour la somme de 1244 livres [1].

Ces réparations devaient être les dernières, et les jours de notre vieux beffroi étaient désormais comptés. L'accroissement de la population et de la richesse publique et l'augmentation de la circulation qui en étaient la conséquence, rendirent bientôt le donjon municipal trop incommode pour être conservé.

Situé, comme nous l'avons vu, au milieu de la place du Marché, il obstruait le passage des voitures. Sa hauteur, diminuée par les travaux de 1728, ne lui permettait plus, d'ailleurs, de servir de tour du guet, et les progrès de la sécurité ne lui laissaient plus aucun rôle à jouer au point de vue de la défense. A plusieurs reprises [2], les habitants en avaient demandé la suppression, et, en 1802, la municipalité décida de déférer à ce vœu et de mettre en adjudication la démolition du plus vieux monument communal de Senlis.

On était sur le point de s'entendre avec un entrepreneur qui offrait d'opérer cette démolition moyennant le prix de mille francs, lorsque le sieur Poyet, architecte de Lucien Bonaparte, qui venait d'acheter le Château du Plessis-Chamant où il voulait faire des agrandissements considérables, fit à la Mairie la proposition de faire disparaître l'édifice sans aucune subvention et d'en enlever les matériaux pour les employer aux constructions dudit château. Les cloches, grosses et petites, plombs, fers, cuivres et bois, devaient rester la propriété de la ville.

---

[1] Broisse, op. cit. p. 117.
[2] Broisse, op. cit. p. 157, 158.

La proposition fut acceptée le 27 janvier 1802, et les travaux commencèrent le jour même.

C'est ainsi que les pierres de notre vieux Beffroi quittèrent notre ville pour aller embellir la demeure du frère de Bonaparte, Premier Consul, et bientôt Empereur des Français.

La grosse cloche, qui avait traversé tant de siècles et qui avait échappé par miracle aux fontes patriotiques de la Révolution, fut vendue pour la somme de sept mille vingt francs à Griset, maître fondeur à Paris.

II

Il nous est impossible de ne pas regretter la disparition de ce vieux témoin de notre histoire locale. Peut-être gênait-il un peu la circulation, mais il eût été aussi facile de faire de l'air alentour que de le démolir lui-même; et, ainsi que je l'ai dit ailleurs [1] d'après les renseignements que j'ai pu recueillir autrefois auprès de vieux senlisiens qui l'avaient vu encore debout, il n'était pas dans un état de délabrement tel que la ville n'ait pu le conserver à peu de frais.

Le regret que j'exprime ici a, du reste, été officiellement partagé. Voici, en effet, ce que nous lisons dans un « Rapport au Conseil municipal sur les Rues de Senlis », rapport paru dans le *Journal de Senlis* du 11 janvier 1868, et signé des noms si compétents et si chers à notre Comité Archéologique, de MM. le Président Vatin, Vernois et Cultru (père) :

« Nous regrettons seulement la disparition de ce pittoresque beffroi qui dominait tout ce quartier, et dont le bourdon avait annoncé tant d'événements heureux ou glorieux pour notre ville ; c'était, au surplus, le symbole des vieilles libertés de la commune, et, à ce titre, ce vieux monument avait un prestige historique dont le souvenir au moins doit être conservé : le carrefour auprès duquel il s'élevait pourrait être désigné sous le nom de Carrefour du Beffroi. »

---

[1] Causeries du Bosacier. Mélanges pour servir à l'hist. des Pays formant aujourd'hui le département de l'Oise. Paris, 1892, in-18 Jés. p. 111.

Au cours de mes recherches sur notre histoire locale, j'avais vainement essayé de me procurer quelque représentation figurée de ce vénérable vestige du passé. N'ayant pu en retrouver aucune, je priai un vieil habitant de Senlis, dont tous les hommes de ma génération ont conservé le souvenir, M. le Général baron d'Avrange du Kermont, qui, dans son enfance, avait connu notre Beffroi, de vouloir bien m'en faire un croquis de mémoire, ce à quoi il se prêta avec sa bonne grâce habituelle.

De ce croquis, je rapprochai le passage de Broisse [1] où il est dit que le Beffroi, sous sa dernière forme, se composait d'une tour carrée, surmontée de quatre clochetons et d'une pyramide octogone en pierre. Un escalier intérieur, placé dans un des angles, partait de la salle du rez-de-chaussée, servant à l'occasion de corps de garde ou de prison, et desservait en même temps les étages supérieurs, où se trouvait notamment le logement du gardien-veilleur, chargé d'annoncer au son de la cloche, non seulement les alertes, comme nous l'avons dit plus haut, mais surtout l'ouverture et la fermeture des portes, la tenue des assemblées, en un mot tous les actes importants de la vie municipale.

Fig 1. — BEFFROI DE SENLIS postérieurement à la restauration du XVIII° siècle.

C'est à l'aide de ces documents qu'un architecte distingué, M. Louis de Clercq, homme de goût et de patience, a tenté la restauration graphique dont la figure I ci-jointe donne le résultat. Ce dessin nous montre le Beffroi après les modifications qu'il subit en 1728 et nous pouvons, avec toute vraisemblance, le considérer comme reproduisant aussi exactement que possible le monument tel qu'ont pu le voir nos grands-pères, avant sa démolition en 1802.

---

[1] BROISSE, op. cit. p. 158.

Pour l'ancien Beffroi, antérieur à 1728, le problème était plus difficile à résoudre.

Le consciencieux Broisse nous dit seulement (p. 45) que la flèche de ce Beffroi était « éclairée en dedans par diverses ouvertures pratiquées à dessein » et qu'elle « était garnie en dehors d'os en échelons jusqu'au faîte. »

C'est peu de chose. Heureusement que nous possédons d'autres sources de renseignement.

Nous avons, en effet, rappelé plus haut tous les anciens documents qui mentionnent le Beffroi de Senlis. Parmi ces documents, deux surtout méritent d'attirer l'attention au point de vue descriptif.

C'est d'abord le Compte de 1392 qui s'exprime ainsi :

Fig. 11. — BEFFROI DE SENLIS avant la restauration du XVIII° siècle.

« Il faut descouvrir tous les deux costés dudit Beffroy, où les deux lucarnes sont, et iceulx deux costés avecques les lucarnes recouvrir tout de nuef et suffisamment et fere en iceulx deux costés, et sur chacune des dictes lucarnes un grant escu de l'armoirie de France, et deux angles (anges) qui sousteuront chascun escu, et somer toute la couverture d'iceulx deux costés de flures de lis ; et se feront icelles fleurs de lis, angles (anges) et armoiries de bonnes couleurs et suffisamment et parmi les fleurs de lis qui se feront et sèmeront sur la couverture des dis deux costés, se feront et compasseront bien justement trois sur estain.

« Item il faut reserchor et recouvrir bien et suffisamment les deux autres costés de la couverture dudit Beffroy et y mettre où il sera nécessité du meilleur plonc..... et aussi sera tenus le plommier de plommer à son frait les justes qui seront seur les dictes lucarnes bien et suffisaument..... »

Il appert de cette description que le toit de notre ancien Beffroi était à quatre pentes, dont deux étaient percées chacune d'une grande lucarne richement ornée d'un ange supportant l'écu de France, le tout peint en couleurs vives [1] ainsi que des fleurs de lis semées sur ces deux côtés.

Mais comment se terminaient ces quatre pentes ? C'est à quoi répond le passage de Vaultier, cité plus haut (p. 21) et qui distingue de la couverture du Beffroi, le *petit clocher* qui devait vraisemblablement la surmonter. Cette flèche pointue était-elle séparée de la partie inférieure du toit, cela est probable, mais dans tous les cas, le texte de Vaultier nous permet d'affirmer qu'elle en était, au moins par sa forme, tout à fait distincte.

Tels sont les éléments au moyen desquels M. de Clercq a restitué la physionomie du monument avant la restauration de 1728, et son joli croquis nous donne bien la silhouette que devait présenter notre vieux Beffroi aux XIV°, XV°, VI° et XVII° siècles.

A défaut de renseignements plus positifs, j'ai pensé que ce double essai de restauration graphique était de nature à intéresser nos concitoyens, en sauvant d'un oubli total, pendant qu'il en est temps encore, la représentation figurée de ce vénérable monument de nos libertés municipales.

---

[1] Cet usage de peindre les ornements des toits n'était pas rare au Moyen Age; on peut en voir les traces sur plus d'une église encore; j'en ai moi-même constaté à Châlons-sur-Marne.

III

ROLE
DE LA
NOBLESSE DU DUCHÉ DE VALOIS
en 1591.

RÔLE
DE LA
NOBLESSE DU DUCHÉ DE VALOIS
en 1591.

Le Rôle de la Noblesse du Valois que nous publions ici, fut rédigé à l'occasion des Etats Généraux tenus à Blois en 1588-1589. Il se trouve dans les Manuscrits de la Bibliothèque Nationale, (Fonds Latin, 17059. Chartes Diverses, tome II, pièce 229). C'est une copie sur papier faite au commencement du XVIIe siècle et qui se compose de huit feuillets in-4°, écrits sur le verso et sur le recto. L'orthographe en est assez défectueuse et beaucoup de noms sont difficiles à reconnaître.

Ce document n'en est pas moins des plus intéressants pour l'histoire de l'ancien Duché de Valois.

I

On sait combien les renseignements concernant la Noblesse et l'Histoire seigneuriale sont difficiles à rencontrer en ce qui concerne la seconde moitié du XVIe siècle. Les chercheurs n'ont plus à leur disposition les Cartulaires qui sont une mine si précieuse pour le moyen âge, ni les grands recueils de montres, quittances, etc., qui abondent au XIVe et au XVe siècle. A la fin du XVIe siècle, on se trouve, au contraire, en présence d'une extrême pénurie ; non pas que les documents manquent absolument ; mais n'étant pas encore, pour ainsi dire, entrés dans le domaine de l'Histoire lors de la formation de nos grandes collections au XVIIe siècle, ils ont été recueillis avec beaucoup moins de soin ; et la plupart, restés enfouis dans des archives privées, sont aujourd'hui dispersés dans toutes les mains, à moins qu'ils n'aient servi, — lamentables victimes de notre temps utilitaire et peu respectueux des anciens souvenirs, — à couvrir le légendaire « pot de confiture » ou le crasseux livre de cuisine, cauchemar des amateurs de vieux parchemins !

C'est donc une véritable bonne fortune de trouver réuni un ensemble de documents de ce genre sur une ancienne province, surtout quand, comme notre Rôle, il nous apporte une abondante moisson de renseignements nouveaux.

Nous avons, en effet, relevé avec soin, pour les localités qui dépendent aujourd'hui du département de l'Oise, les noms de titulaires de fiefs ou seigneuries qui ne se trouvent pas mentionnés par Graves, et sans fatiguer le lecteur d'une fastidieuse nomenclature, nous pouvons dire que les trois quarts au moins des seigneurs cités dans notre document, ne se rencontrent pas dans les Notices de l'érudit beauvaisien.

Comme on le voit, et à ce seul point de vue, notre manuscrit méritait de voir le jour.

II

Mais ce n'est pas là le seul intérêt qu'il présente.

En nous donnant le relevé de tous les gens tenant fiefs dans l'étendue du Valois à la fin du XVIe siècle, il nous fixe d'une manière indiscutable les limites de cette petite province à cette époque, limites très insuffisamment tracées par les mauvaises cartes du temps, et nous indique d'une façon précise sa subdivision en cinq châtellenies d'étendue et d'importance très variables : Crépy, Pierrefonds, Oulchy-le-Château, La Ferté-Milon et Béthisy.

Il nous permet, de plus, d'apprécier, par le chiffre de la taxation de chaque fief ou seigneurie, l'importance relative de chacun de ces domaines.

III

Ainsi que l'indique son en-tête, notre Rôle était destiné à taxer les gentilshommes du Valois pour le paiement d'une somme de quatre cents écus à rembourser à Robert du Sart, écuyer, qui avait été le député de la noblesse du Duché, aux Etats-Généraux tenus à Blois en 1588-89.

On pourrait s'étonner, avec quelque raison, de voir les frais d'un service commandé, soldés deux ou trois ans après qu'il avait été rendu. Mais cela n'avait rien d'étonnant sous l'ancien régime et il ne faut pas transporter dans le passé les habitudes de minutieuse exactitude financière et de « tatillonnage » administratif en honneur dans le présent.

Robert du Sart avait été désigné par ses pairs pour aller les représenter aux Etats qui furent ouverts à Blois, le 16 octobre 1588. Il partit sans se préoccuper autrement de la date à laquelle il serait remboursé de ses dépenses, et ce n'est que le 20 janvier 1589, c'est-à-dire cinq jours après la clôture des Etats dont la dernière séance se tint le 15 janvier, que des lettres patentes du roi Henri III vinrent régulariser la situation des députés au point de vue financier.

Dans l'intervalle, de graves évènements s'étaient passés. Le 23 novembre 1588, le duc et le cardinal de Guise avaient été assassinés au château même de Blois, par ordre exprès du Roi, et le Grand Prévôt, accompagné d'une troupe de soldats armés, avait, le même jour, cerné la salle où délibérait le Tiers Etat et arrêté les principaux chefs du parti de la Ligue.

Ce double guet-à-pens ne devait pas, d'ailleurs, longtemps profiter au triste fils de Catherine de Médicis : il tombait six mois après, à son tour, sous les coups d'un moine fanatique (5 juillet 1589).

On comprend que tous ces évènements aient pu faire quelque peu négliger le paiement des frais de voyage des députés envoyés à Blois ; d'autant plus que la grande majorité de ces députés étant des *Guisards*, le Roi qui venait de faire traîtreusement massacrer leurs chefs, devait être assez disposé à retarder quelque peu la satisfaction qui leur était due.

Nous savons, en effet, que la question n'était pas encore vidée en 1591, puisque ce sont des lettres de Henri IV, en date du 11 mars de cette année, qui la firent enfin aboutir. C'est à la suite de la publication de ces nouvelles lettres que fut dressé notre Rôle [1], et il nous permet de constater une fois de plus la

---

[1] A défaut de cette mention précise, certains détails nous permettraient de reconstituer cette date de 1591. (Voir notamment le n° 8 de la Châtellenie d'Ouichy-le-Château).

sagesse et l'esprit politique du Béarnais. Au moment le plus critique des débuts de sa carrière royale, pendant que commençaient les Elections pour les Etats de la Ligue dont le but avoué était de déclarer sa déchéance et de livrer le trône à l'étranger, ce prince habile et magnanime poursuivait l'acquittement d'une dette contractée par ses ennemis envers les membres d'une assemblée qui avait refusé de reconnaître ses droits à la couronne, et il montrait ainsi aux Français qu'il était bien le roi de tous et non plus le chef d'un parti. Rien ne pouvait, plus que de pareils actes, amener l'apaisement des esprits ; ils sont nombreux dans la carrière de Henri IV.

IV

Il ne nous reste plus qu'à donner quelques indications sur certains détails matériels, relatifs à la publication de notre document.

J'ai cru inutile d'encombrer notre texte de nombreuses fautes d'orthographe et de certaines formes archaïques sans aucun intérêt.

J'ai abrégé chaque article en ce qui concerne la taxe imposée à chaque seigneur ou fieffé. Au lieu de répéter chaque fois « cottisé à tant », j'ai simplement mis à la fin de la ligne la somme taxée en chiffres romains, indiquant le montant des livres et des sols tournois.

Enfin, publiant un document relatif à l'histoire seigneuriale, j'ai cru devoir donner un assez grand nombre d'armoieries de familles citées, surtout parmi les moins connues, qu'il aurait été plus difficile de rencontrer dans les armoriaux publiés [1].

Je regrette d'avoir été dans l'impossibilité d'identifier un certain nombre de noms de notre document ; d'autres, plus heureux ou plus savants, le compléteront. Tel qu'il est, je crois pouvoir affirmer qu'il constitue une importante contribution à l'histoire nobiliaire de notre région, et qu'à ce titre, il méritait d'être publié.

---

[1] Pour ce qui concerne les familles appartenant à des localités comprises aujourd'hui dans le département de l'Aisne, j'ai eu surtout recours à l'excellent *Dictionnaire* de ce département, par M. Melleville.

C'est le Roole et département fait par nous, Charles Thibaut, licencié en droit, conseiller du Roy notre sire et (de) la Reyne, Duchesse de Valois[1], et leur Lieutenant particulier au Bailliage et Duché de Valois, Commissaire en cette partye, en présence des Avocats et Procureur du Roy audit Bailliage, de la somme de quatre cens cinquante écus, taxés à Robert du Sart, écuyer, sieur de la Tournelle et de Grantchamp, cy-devant nommé et député pour se trouver aux Etats-Généraux, dernièrement tenus en la ville de Bloys, et ce, suivant les lettres patentes du Roy notre Sire, du 20 janvier 1589, et autres du XI° mars 1591, signées : Henry, et au dessous : Par le Roy, Ruzé, et scellées du grand scel, et par l'avis de Jean de Mazancourt, écuier, sieur du Plessis Vivier, Pierre des Fossés, écuier, sieur de Coullolles, et Claude de Cochet, écuier, sieur de Gillocourt, appelés de notre ordonnance, selon qu'il est porté par lesdites lettres, laquelle somme a été exposé (sic) sur les nobles dudit Bailliage de Valois, ainsy qu'il en suit :

CHASTELLENIE DE CRESPY

1. Le sieur de Betz, tant pour sa terre et seigneurie de Betz, Lévignen et le Chesnois, le fief de Vallois et autres, XXVI l. t.

Charles Romain, seigneur de Betz, avait acheté en 1581 la moitié de la terre de Lévignen. J'ignore où sont situés les fiefs du Chesnois et de Vallois. Peut-être pourrait-on les retrouver par l'étude des lieux dits ?

2. Les sieurs de Flavacourt et de........, pour la terre et seigneurie de Peroy, XXV l. t.

Le nom est mal écrit dans notre manuscrit, mais il ne peut s'agir que de Peroy-les-Gombries (cant. de Nanteuil).

---

[1] Le Valois était, depuis 1582, entre les mains de Marguerite de Valois, femme de Henri IV.

3. La terre et seigneurie Dulval (sic), appartenant à Madame de Choqueuse, XXII l. t.

Il m'a été impossible d'identifier ce fief Dulval ou d'Ulval.

4. Le sieur de Morcourt, pour la terre et seigneurie de Morcourt, XV l. t.

Morcourt, commune de Peigneux, appartenait alors à François de Grouches, marié à Charlotte de Paillart, dont le testament se trouve aux Archives de la Somme (Cfr. Inventaire imprimé, p. 25). V. aussi plus loin notre n° 39.

5. La terre et seigneurie de Maquellines appartenant à Messire Jean de Garges, chevalier de l'ordre du Roy ....., XII l. t.

Macquellines, comm. de Betz. — La famille de Garges possédait les terres de Noroy et d'Hartennes (Aisne). Ses armes étaient : d'or au lion de gueules.

6. La terre et seigneurie de Vé, appartenant à Mademoiselle Legrain, XXXVI l. t.

Vez, cant. de Crépy. — Mademoiselle Legrain (ou mieux Allegrain) dont il est ici question, était la fille ou la petite fille de Jacques Allegrain, conseiller au Parlement, qui devint seigneur de Vez par son mariage avec l'héritière de Jean Leullier.

7. La seigneurie du Plessis-au-Bois appartenant à Jean de Noue, écuier, XXVI l. t.

Le Plessis-aux-Bois, comm. de Vauciennes, canton de Crépy. — La famille de Noue portait : Échiqueté d'argent et d'azur, au chef de gueules.

8. Pierre de Billy, écuier, seigneur d'Antilly, pour ladite seigneurie, XV l. t.

Antilly, cant. de Betz. — La famille de Billy possédait cette seigneurie depuis l'an 1428. Elle portait pour armes : Vairé d'or et d'azur, à deux fasces de gueules écartelées d'or, à la croix alisée d'azur.

9. La terre et seigneurie d'Yvat (sic), XIV l. X sols X deniers t. (En marge) : M. le Président Nicolas (sic).

Yvat est évidemment ici mal écrit pour Ivors, cant. de Betz ; de même que le Président Nicolas n'est autre que Jean de Nicolaï, premier

Président à la Chambre des Comptes de Paris, devenu seigneur d'Ivors par son mariage avec Marie de Billy, sœur de Pierre de Billy, seigneur d'Antilly, ci-dessus nommé.

10. **Anne de Villiers**, écuier, seigneur de Grimaucourt, XVI l. t.

Grimaucourt, comm. de Morienval, cant. de Crépy.

11. **Urbain de Gorgeas**, écuier, sieur en partie de Lévignen, tant pour luy que pour les droits par luy acquis en la seigneurie de Lévignen, VIII l. t.

Urbain était fils de Michel de Gorgias, d'une famille bourguignonne qui se fixa en Valois au XV° siècle, et dont les armes étaient : de gueules, à trois champignons arrachés d'or, posés 2 et 1.

12. **Le sieur de Rèbes** à cause de soixante arpens de bois taillys assis au bois de Troussoy, IV l. t.

La lecture de Troussoy est douteuse; ce peut être Croussoy; j'ignore où se trouvait ce bois.

13. **Robert de Greffin**, écuier, pour son fief assis à Dury....., CX sols t.

Ce ne peut être Dury, puisque le lieu le plus voisin portant ce nom est Dury-Saint-Claude, près de Mouy. Est-ce Duvy, Ducy ou Drucy ? On peut choisir.

14. **Pierre des Fossés**, écuier, sieur de Coullolles pour le fief de Geulx, appartenant pour les deux tiers audit sieur et pour l'autre tiers à la veufve du sieur de Nilongue pour luy et pour ses cohéritiers, XV l. t.

Collioles, aujourd'hui Coyolles, cant. de Villers-Cotterêts (Aisne). — Le fief de Gueux — La famille des Fossés possédait la seigneurie depuis le XIV° siècle. Cette famille était nombreuse dans notre région où elle comptait plusieurs branches. Celle des seigneurs de Coyolles portait : de sinople, à deux lions d'argent adossés et passés en sautoir, leurs queues passées en double sautoir.

15. **Christophle de Costeretz**, écuier, sieur du fief de Peroy assis à Bonneuil, IV l. t.

J'ignore ce que c'est que le fief de Peroy à Bonneuil-en-Valois (cant. de Crépy). A rechercher dans les lieux dits de cette commune.

16. La seigneurye de Boissy-en-Gombrie, et la seigneurye de Bournonville, appartenant au sieur de Poully, Messire Louis de Vaudetar, chevalier, XXIV l. t.

<small>Boissy-en-Gombrie, aujourd'hui Boissy-Fresnoy, cant. de Nanteuil. — Bourneville ou Bournonville, comm. de Marolles, cant. de Betz.</small>

17. La Damoiselle des Fossés pour les fiefs de Brandemont et autres fiefs assis à Haramont, XII l. t.

<small>Haramont, cant. de Villers-Cotterets (Aisne). — Voir plus haut notre n° 14.</small>

18. Pierre de Leffe, écuier, seigneur de Noue, XII l. t.

19. La terre et seigneurye de Dampleu, appartenant aux enfans et héritiers de défunt Charles de Drouin, XIII l. t.

<small>Dampleu, cant. de Villers-Cotterets. — Drouin avait pour armes : de.... chargé de 3 roses de.... au lambel de 3 pendans en chef.</small>

20. La seigneurie de Démesville, appartenant pour moitié à Paul de Calore, CX sols t.

<small>M. Graves donne aussi cette forme pour le nom d'Eméville, cant. de Crépy.</small>

21. Robert de Blandin, pour les fiefs de la Motte Flamen, Beyne et Patonet, assis à Bonneuil, IV l. t.

<small>Pour Patonet, on pourrait lire Satonet. Tous ces noms seraient à rechercher dans les lieux dits de Bonneuil-en-Valois.</small>

22. Le sieur de Lizine pour son fief assis à Bonneuil, L. sols t.

23. Guillaume le Cirier, écuier, sieur de Martigny, pour la terre et seigneurie dudit Montigny (sic) et le fief des Aultieux assis à Largny, VI l. t.

<small>Largny, cant. de Villers-Cotterets. Le fief des Aultieux est appelé les Outieux dans le Dictionnaire de l'Aisne, de Melleville. Montigny doit être la bonne lecture; c'est Montigny-Lallier, cant. de Neuilly-Saint-Front (Aisne). — La famille le Cirier était anciennement connue dans le Laonnais et le Valois. Antoine le Cirier, évêque d'Avranches, était seigneur des Outieux en 1573. Pour ne parler que de notre département, Guillaume le Cirier était seigneur de Varinfroy en 1568. (V. plus loin le n° 30). Guillaume le Cirier eut sans doute pour fils un Robert le Cirier,</small>

écuyer, seigneur des Outieux et de Montigny, que nous trouvons en 1597 marié à Jeanne de Gallay.

24. Le fief de Montigny assis à Fresnoy-le-Luat appartenant à Damoiselle Barbet Bel, IV l. t.

Fresnoy-le-Luat, canton de Nanteuil. Le fief de Montigny n'existe plus. A chercher aux lieux dits.

25. Le fief de Pierrefuitte que tient à présent François de Meneac, LX sols t.

Pierrefitte, comm. de Gillocourt, canton de Crépy.

26. Guillaume le Cirier, écuier, sieur de Neufchelles pour le fief Saint-Georges assis à Yvat et la seigneurie sur Authoul, Neufchelles et Troesne, XX l. t.

Yvat pour Yvors, comme plus haut, n° 9. Le fief de Saint-Georges est aujourd'hui une ferme — Neufchelles et Auteuil-en-Valois, canton de Betz — Troesne, cant. de Neuilly-Saint-Front (Aisne). —(Pour la famille le Cirier, v. notre n° 23.) Le Guillaume le Cirier, dont il est ici question, n'est pas le même que le seigneur de Montigny, Largny, etc. En 1647, Alexandre le Cirier, fils de Louis et de Marie d'Ambray, était seigneur des Outieux et de Neufchelles ; et en 1649, nous le trouvons également qualifié seigneur de Villecholes et de Troesnes.

27. Charles Legendre, écuier, sieur de Gondreville, commissaire ordinaire des guerres, cottisé pour la seigneurie dudit Gondreville, LX sols t.

Gondreville, cant. de Betz.

28. Guillaume de Brion, écuier, pour le fief de Chastillon assis à Glengnes, les fiefs de Chantipe et le Chenelet..., XVIII l. t.

Glengnes, pour Glaignes, cant. de Crépy. Chantipe pour Chantepie. — La seigneurie de Glaignes était entrée en 1510 dans la maison de Brion. En 1603, nous trouvons un Charles de Brion, probablement le fils de Guillaume, seigneur de Glaignes, marié à Jeanne de la Sangle. — Il ne faut pas confondre notre Glaignes (autrefois Glennes ou Glengnes) cant. de Crépy, avec un autre Glennes, vill. de l'ancien Laonnais (auj. canton de Braine) qui n'a jamais appartenu à la Châtellenie de Crépy.

29. Jean de Garges, écuier, sieur de Ville-Saint-Benoist, pour

ladite terre et seigneurie et pour le droit qu'il a en la seigneurie de Fresnoy-les-Gombries, XII l. t.

Fresnoy-les-Gombries, hameau de Boissy-Fresnoy, cant. de Nanteuil. — Jean de Garges appartenait à une famille qui posséda les seigneuries de Noroy (cant. de Villers-Cotterets), d'Hartennes (canton d'Oulchy), etc. Il était probablement fils d'un François de Garges, seigneur de Macquelines vers le milieu du XVI° siècle. Cette famille portait : d'or, au lion armé et lampassé de gueules. — V. plus loin notre n° 36.

30. La seigneurie d'Ormoy et des Eluatz, appartenant à la veuve et héritière Guillaume de Foucault, écuier..., VIII l. t.

Ormoy-Villiers, cant. de Crépy ; les Eluats, hameau d'Orrouy, même canton. — La famille de Foucault était originaire du Gâtinais. Elle portait : d'or, à la croix ancrée de sable, soutenue de deux lions de même, armés et lampassés de gueules.

31. La terre et seigneurie de Rosoy-en-Mulcien, appartenant aux enfans du feu Prévost de Paris, XXII l. t.
En marge : « Le Prévost de Paris. »

Rosoy-en-Multien, cant. de Betz.

32. Antoine d'Ernencat, écuier, pour le fief de Coulombier, assis à Fresnoy-la-Gombye (sic), XXX sols t.

Le nom Ernencat est d'une lecture très douteuse. Le fief de Coulombier est à rechercher parmi les lieux dits de Boissy-Fresnoy.

33. La veuve et héritiers de Adam de Hamps (?) pour le fief qu'ils ont audit Fresnoy, LX sols t.

34. Le..... des fiefs assis à Acy qui fut au sieur Scipion Brandanno et sa femme, X. l. t.

Acy-en-Multien, cant. de Betz. — La femme de Scipion de Brandano était Ysabeau Judge (?) (Document mss. du Cabinet de l'auteur).

35. Guillaume de Coudéan, écuier, sieur du Bois, pour le fief assis à Laigny, LX sols t.

Lagny-le-Sec, cant. de Nanteuil-le-Haudouin.

36. Henry de Garges, écuier, sieur de Villers-Emmy-les-Champs et d'Ormoy en partie, X l. t.

Ormoy-Villiers, cant. de Crépy. — Henry de Garges avait acheté la seigneurie d'Ormoy en 1586. Elle resta dans sa famille jusqu'à 1709 et celle de Villers jusqu'à la Révolution. Pour la maison de Garges, v. ci-dessus, n° 29.

37. .... d'Izambourg, écuier, pour partie et portion du fief d'Ormoy d'Emmy-les-Champs, **XL sols t.**

Ormoy-Villiers, cant. de Crépy.

38. Philippe de Gorgean, écuier, pour le fief des Feret assis à Lery, **LX sols t.**

Gorgean est probablement ici pour Gorgeas ou Gorgias. (V. sur cette famille notre n° 11, ci-dessus). Je n'ai pas retrouvé Léry. Le fief des Feret devait tirer son appellation d'une famille de ce nom anciennement connue dans le Soissonnais et pays circonvoisins et dont les armes étaient : d'argent, à trois fasces de sable.

39. Le fief de Vauceurton (?) assis à Feigneulx appartenant à .... à cause de Damoiselle .... de Grouches, sa femme, **XL sols t.**

Feigneux, cant. de Crépy. Le nom du fief est très mal écrit. Peut-être pourrait-on le retrouver dans les lieux dits ? Pour la maison de Grouches, v. notre n° 4, ci-dessus.

40. Damoiselle Antoinette le Père pour le fief de Brizon et de Paison assis à Noue, **V sols t.**

Il m'a été impossible d'identifier ce Noue. Est-ce un fief de ce nom qui existait à Villers-Cotterets ? — C'est à la famille le Père qu'appartenait André le Père, seigneur de Grandmaison et de Cramailles, mort en 1560, qui passait pour un des plus savants hommes de son temps. La maison Le Père portait : d'azur, au chevron d'argent accompagné de 3 gerbes de blé d'or.

41. Le sieur de Chabanne, pour le fief de la Tour, assis à Pisseleu, **LX sols t.**

Est-ce la Tour ou la Cour ? — Pisseleu, cant. de Villers-Cotterets.

42. Claude de Cochet, écuier, pour son fief assis à Gillocourt, et droits par luy acquis des Religieux de Bourgfontaine, **LX sols t.**

Gilocourt, cant. de Crépy. — Comme on l'a vu au commencement de ce Rôle, Claude de Cochet en était un des commissaires.

43. Robert du Sart, écuier, sieur de la Tournelle et de Grantchamp, IV l. t.

Robert du Sart, d'une famille originaire du Cambresis, était aussi commissaire pour le présent Rôle.

44. Antoine de la Fontaine, écuier, pour un fief assis à Villeneufve près Orrouy, XL sols t.

Je ne sais ce que peut-être ce Villeneuve près Orrouy. — Antoine de la Fontaine appartenait sans doute à la maison de La Fontaine-Solare, qui a possédé dans notre arrondissement les seigneuries d'Ognon, d'Ormoy, de Vaumoise, etc.

45. Charles de Longueval, écuier, pour la seigneurie de Chavres, VI l. t.

Chavres, comm. de Vauciennes, cant. de Crépy. — La maison de Longueval, qui tire son nom de la seigneurie de ce nom, canton de Braisne (Aisne), a joué un grand rôle dans l'histoire du Valois, du Vermandois, du Soissonnais et du Laonnois. Elle portait pour armes : bandé de vair et de gueules de six pièces. (V. plus loin, le n° 5 de la Châtellenie de Béthisy).

46. Charles de Béthisy, écuier, tuteur de ses enfans, pour un fief assis à Saint-Germain, LXX sols t.

Pour l'identification de ce Saint-Germain, nous avons le choix entre deux localités de ce nom situées à Baron et à Crépy. La maison de Béthisy, issue d'un des chevaliers qui portèrent ce nom au moyen-âge, est bien connue.

47. Jean de Mazancourt, écuier, sieur du Plessis Vivier, C. sols t.

La famille de Mazancourt portait : d'azur au chevron d'or accompagné de 3 coquilles de même, posées 2 et 1. Jean de Mazancourt avait acquis le Plessis-Vivier (cant. de Villers-Cotterets) en 1581; il était un des commissaires de notre Rôle. Les Mazancourt gardèrent le Plessis-Vivier jusqu'à la Révolution.

48. Abdenago de Cochet, écuier, demeurant au Four d'en haut, XXX sols t.

Le Four-d'en-Haut, comm. de Morienval, cant. de Crépy. Pour les Cochet, Cfr. notre n° 42, ci-dessus.

49. François de Varans, écuier, sieur de Javelle, XX sols t.

Javelle était un fief de la paroisse de Glaignes, cant. de répy.

50. Esme (?) de Meneac, écuier,   XX sols t.

Un Antoine de Meneac épousa dans les dernières années du XVI° siècle, Rachelle de Brion qui lui apporta la terre de Glaignes. Est-ce de lui qu'il est ici question ? (Cfr. n° 25, ci-dessus).

51. Le sieur de Martimont, demeurant à Viviers,   LX sols t.

Viviers, cant. de Villers-Cotterets. — Martimont, comm. de Croutoy, canton d'Attichy.

52. Le sieur du Mont, demeurant audit lieu,   LX sols t.

Je n'ai pu identifier ce lieu du Mont.

53. Didier de Méneac, écuier, sieur de la Loge,   XX sols t.

Pour Meneac, v. notre n° 50, ci-dessus. — Je n'ai pu identifier la Loge.

CHASTELLENIE DE PIERREFONDS

1. Le sieur de Pleuzy, les hoirs François de Milly,   C sols t.

J'ignore que peut être Pleuzy. Je trouve en 1579 un François de Milly, écuyer, seigneur de Tartiers (cant. de Vic-sur-Aisne), mari de Antoinette de Halvequin.

2. Philippe de Courtignon peur le fief de la Salle, assis à Sizy,   VI l. X sols t.

Philippe de Courtignon était seigneur de Moyenbrie près Coucy et de Landricourt; il épousa Perrette de Boham dont il n'eut qu'une fille.

3. Messire Robert de Joyeuse, chevalier, seigneur de Montgobert, pour le fief, terre et seigneurie de Montgobert,   XXII l. t.

Montgobert, cant. de Villers-Cotterêts. — La maison de Joyeuse posséda cette terre aux XV° et XVI° siècles.

4. Le sieur de Missy-au-Bois et Aconin à présent aux héritiers Baptiste (de) Reniy, écuier,   XXXII l. t.

Missy-au-Bois, canton de Vic-sur-Aisne. — Aconin, ham. de Noyant, cant. de Soissons. — Baptiste de Renty avait épousé Françoise de Courtemont ; ses enfants étaient Hugues et Gilles de Renty.

5. Charlotte de Rigauville, veuve de...... Bonvouloir pour son fief séant à Arson-le-Long, XL sols t.

Arson-le-Long pour Ressons-le-Long (canton de Vic-sur-Aisne) ; on trouve très fréquemment cette orthographe.

6. Le fief de Courtieulx, Montigny-Lengrain, le Châtel-la-Vallée, appartenant au sieur de Saint-Fal, XII l. t.

Montigny-Lengrain, canton de Vic-sur-Aisne ; Le Châtelet, Courtieux et la Vallée sont des hameaux ou lieux dits.

7. Un fief assis à Baudry appartenant aux hoirs et ayans cause de François Levesque, écuier, IV l. t.

8. La seigneurie de Vaulx appartenant à Jacques de Nogentel, écuier, assise à Vierzy, LX sols t.

Vierzy, cant. d'Oulchy-le-Château (Aisne).

9. Le fief de Vaux et de Roy-Saint-Nicolas appartenant à Antoine de Brion, X l. t.

Est-ce Vaux-Saint-Nicolas, commune de Mercin (canton de Soissons) ? Ce n'est pas probable. — Pour les Brion, v. plus haut, n° 28 de la Châtellenie de Crépy.

10. Les hoirs de feu Nicolas de Livre, bailly de Senlis, pour le fief à eux appartenant assis à Chelles, appelé Rocquerolles, le fief de la Cour de Cautieulx et Martimont, X l. t.

En marge : Président de Saint-Messay ; Boullancourt. — Chelles et Courtieux, canton d'Attichy. Le fief de Ronquerolles, appelé aussi Camp des Sarrazins, Cimetière des Protestants, était situé tout près du château de Chelles au sud. Martimont est un hameau de la commune de Croutoy (même canton). C'était au moyen-âge le chef-lieu d'une très importante seigneurie.

11. La seigneurie d'Autresches, appartenant à Messire Nicolas Gonnelieu, chevalier, et sa femme, XV l. t.

Autrèches, cant. d'Attichy. — Nicolas de Gonnelieu, d'une famille originaire du Cambresis, était seigneur de Pernant, près Soissons, et lieutenant de 50 hommes d'armes des ordonnances du Roi. C'est sa femme Catherine de Bossebec ou de Bosble qui lui apporta la seigneurie d'Autrêches qui resta à sa famille jusqu'en 1675, que Marie-Anne de Gonnelieu la fit passer à la maison de Harlus, par son mariage avec François de Harlus, baron de Givroy.

12. La terre et seigneurie du Fay appartenant aux hoirs Michel Gaillart, sieur de Longjumeau,   XXV l. t.

13. La seigneurie de Mesmin et de Tau (?), appartenant à Charles de Lizine,   XXX sols t.

Taux, canton d'Ouchy. — Pour les Lizine, cfr. ci-dessus le n° 22 de la Châtellenie de Crépy.

14. La seigneurie de Sapponay, appartenant à Blandin de Vieilmaison,   XX l. t.

Saponay, cant. de Fère en Tardenois (Aisne). — Blandin de Vieilsmaisons avait épousé Jeanne de Vaulx.

15. La terre et seigneurie de Henery appartenant aux hoirs Messire Antoine de Héricourt,   VII l. X sols t.

La famille de Héricourt portait : d'argent, à la croix de gueules (alias de sable) chargée de 5 coquilles d'argent.

16. Le fief et seigneurie de Vouchy appartenant aux hoirs de Charles de Beauvais, et le fief à eux appartenant assis à Villers-le-Hélon,   XVIII l. t.

Pour les Beauvais, v. plus loin, n° 17 et 18. — Vouchy est peut-être pour Vouty, hameau dépendant de Faverolles, dont les Beauvais étaient seigneurs en partie.

17. La seigneurie de Faverolles, appartenant à Jean de Beauvais, écuier,   VI l. t.

Faverolles, canton de Villers-Cotterêts. — La famille de Beauvais (voir les n° 16 et 18) citée ici avait pour armes : échiqueté d'argent et d'azur. — Nous trouvons en 1694, un François-Alexis de Beauvais, seigneur de Ronty et de Faverolles, pour partie, avec Antoine Duprat.

18. La seigneurie de Villers-le-Hélon appartenant à Antoine de Faroit (?),   XV l. t.

Villers-le-Hélon, cant. de Villers-Cotterets. — Le nom du propriétaire est à peu près illisible. Charles de Beauvais était vicomte de Villers-Hélon en 1581.

19. François de Grimonnal, écuier, demeurant à Faverolles, LX sols t.

Un Pierre de Grimmonnal avait été seigneur pour partie de Faverolles en 1539. Cette seigneurie avait ensuite appartenu aux marquis de Raray, de la maison de Lancy, puis aux Duprat. (Cfr. n° 17 ci-dessus).

20. Le fief d'Orquy appartenant à la veufve et héritière du sieur Quatrechamps, VII l. t.

Je n'ai trouvé nulle part aucune indication ni du fief d'Orquy ni de la famille de Quatrechamps.

21. Le sieur de Sermoise, pour le fief de Vilarceau assis à la Croix Saint-Oyen, VI l. t.

La Croix-Saint-Ouen, cant. de Compiègne. Le fief de Villarceau n'existe plus comme lieu habité. — Les Sermoise étaient alliés aux Cugnières de Saintines et autres seigneurs du voisinage. (Voir mes *Causeries du Besacier*, 1re série, 1892).

22. La terre et seigneurie de Hatannes appartenant aux hoirs Pierre de Sailly, écuier, XII l. t.

Hatannes est très certainement pour Hartannes, auj. Hartennes, cant. d'Oulchy-le-Château. Jean de Sailly en était seigneur dès l'an 1339.

23. Le fief de Mortefontaine, appartenant à Antoine de Lézine, IV l, X sols t.

Mortefontaine, canton de Vic-sur-Aisne. — La famille de Lezino est anciennement connue dans le Laonnois, le Soissonnais et le Valois. (Cfr. ci-dessus n° 22 de la Chatellenie de Crépy et n° 13 de celle de Pierrefonds et plus loin le n° 4 de la Chatellenie d'Oulchy).

24. Zacarie de Launoy, pour partie de ladite seigneurie, C sols t.

25. Le fief de Jau et Venette appartenant au sieur de Saint-Belin, IX l. t.

Jaux et Venette (canton de Compiègne).

26. Le fief d'Uizy assis à Bienville, appartenant aux hoirs de
Jean Berthelemy et Auixes (?),   LX sols t.

Uizy doit être ici pour Oisy. Une inscription de l'église de Bienville, datant de 1626, nous apprend que Claude de Vallon, seigneur de Bienville, portait dans ses titres celui de seigneur « Doisy. » — Le Jean Barthelemy, cité ici, est sans doute le père de Charles Barthélemy, seigneur d'un fief sur Bienville, historiographe de France.

27. Le sieur de Caquar, demeurant à Taillefontaine, LX sols t.

Taillefontaine, cant. de Villers-Cotterêts.

28. La terre et seigneurie de Branges, appartenant aux hoirs
Nicolas d'Arzillemont, et autres,   C sols t.

Branges, canton d'Oulchy-le-Château. — Les d'Arzillemont ou d'Harzillemont possédaient cette seigneurie depuis le XIV° siècle. Ils portaient : de gueules, à 3 pals de vair, au chef d'or, chargé de 3 merlettes de gueules.

OULCHY-LE-CHATEL.

1. Le comte de Brayne et les seigneuries de Villannier et
Villaroy,   XLVI l. t.

Le comté de Braisne (Aisne) appartenait alors à la famille des La Marck, ducs de Bouillon.

2. Le fief de Montgay appartenant aux héritiers Simon de
Vaulx, écuier,   LXX sols t.

Ce Montgay ne doit pas être confondu avec Montgé (S. et M.). Je ne pense pas non plus qu'on puisse l'identifier avec un fief de Monjay, commune de Bourguignon-sous-Coucy (Aisne).

3. La seigneurie de Bury,   VIII l. t.

4. Le fief et seigneurie de Chery et autres fiefs appartenant
aux héritiers Symphorien de Lizine,   VI l. t.

Probablement Chéry-Chartreuve, cant. de Braine (Aisne). — Pour la famille de Lizine, v. plus haut, le n° 23 de la Châtellenie de Pierrefonds.

5. La terre et seigneurie du Mont-Notre-Dame, appartenant
aux hoirs Louis d'Aumalle, vivant chevalier, XXV l. t.

Mont-Notre-Dame, cant. de Braisne (Aisne). — La maison d'Aumale possédait la seigneurie depuis 1470. Elle la garda jusqu'à la Révolution. Cette famille portait : d'argent, à la bande de gueules chargée de 3 besans d'or.

6. La terre et seigneurie d'Augy près Brayne, appartenant aux hoirs de Jean de Moriannes et damoiselle Nicole de Renty,   IV l. t.

Augy, cant. de Braine. — La famille de Morienne portait : d'or, à la fasce d'azur accompagnée de trois têtes de Maures de sable tortillées d'argent.

7. La seigneurie de Villarcy, appartenant à Nicolas, sieur de Laignevel,   X l. t.

En marge . Payé par M. Petit.
Peut-être faut-il lire Longueval ?

8. La terre et seigneurie d'Armentières et tous les fiefs en dépendans, appartenans à la dame dudit lieu,   LIV l. X sols t.

Armentières, cant. de Neuilly-Saint-Front (Aisne). — La dame de ce lieu était alors la veuve de Gilles de Conflans, fils d'Eustache II, tué dans une embuscade en 1591. Cette mention suffirait, à défaut de toute autre, pour dater notre document.

9. La terre et seigneurie de Ravigny appartenant aux hoirs Ferry du Choisel,   LX sols t.

10. La terre et vicomté d'Ouchy-le-Châtel appartenant à Messire Eustache de Conflans, chevalier,   XX l. X sols t.

En marge : Payé par M. Petit. — Ouchy-le-Château (Aisne). — La seigneurie appartenait depuis 1332 à la maison de Conflans qui portait : d'azur, semé de billettes d'or, au lion de même. Il s'agit ici d'Eustache II de Conflans, surnommé Grande Barbe, député de la Noblesse de Vermandois aux Etats de 1588, chevalier des ordres du Roi, capitaine de 50 hommes d'armes, qui fut ambassadeur extraordinaire en Flandre. Il avait épousé Charlotte des Ursins. (Cfr. ci-dessus le n° 8).

11. La seigneurie de Saint-Remy, appartenant aux hoirs Antoine de Conflans,   XV l. t.

Saint-Remy-Blanzy, aujourd'hui cant. d'Ouchy-le-Châtel (Aisne)

Antoine de Conflans avait eu sept enfants de ses deux femmes : Madeleine de Ravenel et Eléonore de Saint-Quentin. (V. le n° précédent).

12. Le sieur du fief de Courselles et autres fiefs appartenant aux héritiers Saladin d'Anglure.   X l. t.

Courcelles, aujourd'hui canton de Braine.

13. Le fief, terre et seigneurie de Limer,   C sols t.

Limers ou Limé, cant. de Braisne. — La seigneurie appartenait en 1588 à la maison de Wolbock.

14. La terre et seigneurie de Villers-en-Praière appartenant à Vallerend de Noue, écuier,   XII l. t.

Villers-en-Prayères, cant. de Braine. — La maison de Noue possédait ce fief depuis 1539. Ses armes étaient : échiqueté d'argent et d'azur, au chef de gueules.

15. Le fief de Filleu, appartenant aux hoirs Messire Jean de Longueval,   LX sols t.

Y a-t-il Filleu ou Pilleu ? Je l'ignore. Dans tous les cas, je n'ai pu identifier ce nom. — Pour Longueval, cfr. ci-dessus le n° 45 de la Châtellenie de Crépy.

16. La terre et seigneurie de Cramoizelles appartenant à Jean de Montigny, écuier,   XII l. t.

Cramoiselles, hameau de Cramailles, cant. d'Oulchy-le-Châtel (Aisne). La maison de Montigny portait : d'azur, semé de France, au lion naissant d'argent.

17. La terre et seigneurie de Couvrelles, nommé le fief de Chastillon, appartenant à......... d'Augy,   LX sols t.

Couvrelles, aujourd'hui cant. de Braisne (Aisne). — Augy ne serait-il pas pour Auquoy ? Nous trouvons un Claude d'Auquoy, seigneur de Couvrelles en 1539.

18. Le fief de Muisson, appartenant à Jean Cochon, écuier,   C sols t.

Cochon ou Cauchon, ancienne famille qui portait : de sable au chef d'or.

19. Le fief de Charantigny, appartenant aux hoirs Antoine Bohier, IV l. t.

Charentigny, aujourd'hui hameau de Villemontoire, cant. d'Ouchy-le-Châtel.

20. La seigneurie et baronnye de Cramailles, appartenant au sieur Pinart, XVIII l. t.

Cramailles, cant. d'Ouchy-le-Château, acquis en 1588 par Claude Pinart de Comblizy, marquis de Louvois, marié à Françoise de La Marck.

21. Le sieur de Guiron pour ladite seigneurie, VIII l. t.

22. Le fief du Plessis les Oulchyes appartenant au sieur baron de Cardilacq à cause de sa femme pour le droict qu'il a en la seigneurie de Villy-sur-Ourq, et pour le fief de Hulleu en la Chastellenie de Béthisy, XXXIII l. t.

Plessis-les-Ouchy n'est autre que Plessis ou Plessis-Huleu, canton d'Ouchy-le-Château. Il est vraisemblable que ce village qui ne s'est distingué qu'assez tard par le surnom de Huleu, a pris ce surnom lors de la réunion dans les mêmes mains du fief de Huleu, (comm. de Néry canton de Crépy), qui, lui, portait son nom dès l'an 1210. Le baron de Cardilacq devait appartenir à la maison de Ligny.

23. Scipion de Hermont, écuier, sieur de Grantmaison, pour un fief appelé le fief de la Barne, assis à Saint-Pierrelle, VII l. X sols t.

Saint-Pierrelles n'est autre que Saint-Pierre-Aigle (autrefois Aile-Saint-Pierre) canton de Vic-sur-Aisne. La Barne est pour la Baulne qui appartint jusqu'à la fin du XVII° siècle à la maison de Hermant.

LA FERTÉ-MILON

1. Le fief, terre et seigneurie de Thury appartenant à....... du Sart, écuier, XVIII l. t.

Thury-en-Valois, canton de Betz. — La famille du Sart possédait la seigneurie depuis le commencement du XVIe siècle. V. sur cette famille, le n° 43 de la Châtellenie de Crépy, ci-dessus.

2. La seigneurie de Douye-la-Ramée, appartenant aux hoirs Louis de Meaulx, XII l. t.

Douy-la-Ramée, cant. de Ligny-sur-Ourcq (S. et M.).

3. La seigneurie de Passy, appartenant au sieur de Pau..., XXX l. t.

Passy-en-Valois, cant. de Neuilly-Saint-Front (Aisne).

4. Le fief de Lionval, appartenant à Jean de Laistre, XVI l. t.

Lionval, comm. de Chouy, canton de Neuilly-Saint-Front (Aisne).

5. Le fief de la Mothe, assis à Marolles, appartenant aux hoirs Arthur le Père, VI l. t.

Marolles, canton de Betz. — Les le Père possédaient cette seigneurie dès la fin du XVe siècle. V. sur cette famille le n° 40 de la Châtellenie de Crépy, ci-dessus.

6. Le fief du Bois-Mauloy, appartenant à Jean de Montheille, pour les deux tiers, XL sols t.

7. La seigneurie de Lhoistre, appartenant à Baptiste Hauston, LX sols t.

Louatre, canton de Villers-Cotterêts. — Un Robert de Hauston était seigneur, pour moitié, en 1539.

8. Le fief de Chastellon, assis à Troisme, appartenant à Christophe Magnant, L sols t.

Troesne, cant. de Neuilly-Saint-Front (Aisne).

9. La terre et seigneurie et vicomté de Boursonne, appartenant aux héritiers de Messire Henry de Capendu, écuier, XV l. t.

Boursonne, cant. de Betz. — La famille de Capendu posséda cette seigneurie pendant plusieurs siècles.

10. Portion du fief et seigneurie de Brumetz, appartenant à Jean Trumelat, écuier, XV l. t.

Brumetz, cant. de Neuilly-Saint-Front (Aisne). — Un Nicolas de Trumelat était seigneur pour moitié de Brumetz en 1539.

11. Le fief de Corcy, appartenant à Antoine de Remiao, écuier, XXX sols t.

Corcy, cant. de Villers-Cotterets. — La lecture du nom du seigneur est douteuse. Serait-ce Rennard ? On trouve un Charles de Rennard, seigneur de Corcy en 1670.

12. La terre et seigneurie de Billemont, appartenant à François de la Granche, écuier, XII l. t.

Billemont, commune d'Auteuil-en-Valois.

13. La terre et seigneurie de Silly-la-Poterie, appartenant au sieur de Broully-Mesviller, VII l. X sols t.

Silly-la-Poterie, canton de Neuilly-Saint-Front. — Antoine de Broully, dont il est ici question, avait épousé Esther de la Fayette, dame d'honneur de la Reine. Cette maison portait : d'argent, au lion de sinople, armé et lampassé de gueules.

14. Le sieur de Tregny, demeurant à Troisme, LX sols t.

Troesne, auj. cant. de Neuilly-Saint-Front (Aisne).

15. La seigneurie de la Villeneufve, XVIII l. t.

16. La seigneurie de la Rivière, appartenant aux héritiers Antoine Larècha, X l. t.

17. Le sieur de Vaulx, IV l. t.

CHASTELLENIE DE BÉTHISY

1. La terre et seigneurie de Néry appartenant pour moitié aux hoirs Messire Hierôme de Brachet, Feu et Verrines, VI l. t.

Néry, cant. de Crépy ; Feux et Verrines, auj. écarts de Néry. — La maison de Brachet était une très ancienne famille de robe. Elle acquit Néry en 1545.

2. Ladite seigneurie appartenant pour l'autre moitié aux hoirs de la dame de Lezigny et autres, XV l. t.

Il y a encore à Néry, en face de l'Eglise, un vieux manoir du XVIe siècle que l'on appelle le Château de Lésigny.

3. René de Brion pour portion de ladite seigneurie, IV l. t.

La part des Brion dans la seigneurie de Néry était seulement d'un douzième en 1644. (V. le n° 28 de la Châtellenie de Crépy).

4. Le fief de Poulain d'Estrelain assis à Ruys-lès-Verberye, appartenant à la dame de Montataire, XX sols t.

Rhuys, cant. de Pont-Sainte-Maxence. — La dame de Montataire dont il s'agit ici était Marguerite de Pay-Château-Rouge, veuve de Louis de Madaillan.

5. La terre et seigneurie du Plessier-Chastelain, appartenant à Jean de Longueval, sieur de Servenay, X l. t.

Le Plessis-Châtelain, écart de Béthisy-Saint-Martin. — V. sur la famille de Longueval, le n° 45 de la Châtellenie de Crépy. — Savenay est auj. un hameau de la commune d'Arcy-Sainte-Restitute, canton d'Ouleby-le-Château.

6. La seigneurie de Donneval, appartenant à René......... debvoit à sa femme, O sols t.

Donneval, auj. écart d'Orrouy.

7. Le fief du Grand-Puisieux appartenant aux hoirs du sieur de Richemont, VIII l. t.

Le Grand-Puisieulx-lès-Béthisy, aujourd'hui Puisières, écart de Béthisy-Saint-Martin.

8. Les hoirs Claude d'Athies, pour la seigneurie de Glengnes,
VII l. X sols t.

Glaignes, canton de Crépy. — La famille d'Athies ne possédait très probablement qu'une partie de la seigneurie.

9. Le fief de Ruys à Saint-Germain, appartenant aux hoirs de Jean d'Oligny, VII l. X sols t.

Rhuys, canton de Pont-Sainte-Maxence. Saint-Germain, commune de Verberie.

10. Le fief de la Douye, appartenant à Jean Anthonnis, écuier,
LX sols t.

La Douye, comm. de Béthisy-Saint-Pierre, cant. de Crépy. — La famille des Anthonis a fourni plusieurs Grands Louvetiers de France.

11. Le fief, terre et seigneurie de Saintynes appartenant au sieur de Vieupont, XXX l. t.

Saintines, cant. de Crépy, entré par alliance dans la maison de Vieuxpont en 1562.

Signé : Charles Thibault, Rangueul,
Bataille et Harlent.

IV

LES
FRANCS-FIEFS
DU
DUCHÉ DE VALOIS A LA FIN DU XVIIe SIÈCLE

LES
FRANCS-FIEFS
DU
DUCHÉ DE VALOIS A LA FIN DU XVIIᵉ SIÈCLE

I

Le nom de « Franc-fief » est fait pour dérouter l'esprit de ceux qui, sans recourir aux textes, auraient la fantaisie de lui donner, sur son apparence, une signification précise.

Il éveille, en effet, tout d'abord, l'idée d'une liberté particulière, d'une plus grande indépendance vis-à-vis du pouvoir souverain.

A ce titre, on serait tenté de le confondre avec le Franc-Alleu, c'est-à-dire avec le fief libre, indépendant, que le possesseur ne tenait de personne et qui ne l'astreignait à aucune charge, sauf celle de se soumettre à la juridiction du fief principal dans lequel il était situé.

Or, en réalité, le Franc-fief était au contraire un fief soumis à une charge fiscale particulière à laquelle échappaient les autres fiefs nobles, et cela, en raison de la moindre qualité de son possesseur.

Antérieurement à l'usage des anoblissements qui ne remontent, comme on le sait, qu'au roi Philippe-le-Hardi (1271), la possession d'un fief, impliquant la profession des armes (*onus militiæ et adnexum*), anoblissait tacitement le roturier auquel ce fief était conféré, pourvu qu'il se mit alors à porter les armes et qu'il rendit hommage à son suzerain. C'est ce qu'on appelait l'anoblissement par inféodation.

Mais les rois virent bientôt dans cette coutume une atteinte à leurs prérogatives et surtout un abus qui atteignait directement leurs ressources financières, puisqu'il supprimait *ipso facto* et sans leur concours, une catégorie de contribuables. Ils rendirent donc des Ordonnances, surtout à partir de Charles VI, pour atteindre les roturiers devenus possesseurs de biens nobles, et ces ordonnances furent condensées et résumées, pour ainsi dire, dans celle donnée à Blois sous Henri III, par laquelle ce prince déclarait formellement « que les non-nobles achetant des fiefs nobles, ne sont pas, pour cela, anoblis ni mis au rang des nobles, de quelque revenu et valeur que soient les fiefs qu'ils ont acquis.... ». Ils devaient donc, ou bien « en vuider leurs mains, ou payer finance au Roy. »

Comme toujours lorsqu'il s'agit d'impôts à recouvrer, des abus se produisirent de la part des agents du fisc royal, qui prétendirent souvent étendre l'interprétation des Ordonnances de telle façon que les nobles devenus possesseurs de fiefs autrement que par héritage, devaient au roi le droit de Franc-fief, tandis que ces ordonnances ne s'appliquaient formellement qu'aux roturiers acquéreurs de fiefs nobles. Aussi les actions en exonération des droits de Francs-fiefs devinrent-elles très fréquentes et sont elles encore aujourd'hui, avec les aveux, les maintenues, etc., une des sources les plus considérables de l'histoire des familles.

Voyons maintenant en quoi consistait le droit de Franc-fief.

D'après La Roque [1], il était payé seulement par le roturier, acquéreur individuel d'un fief noble, tandis que le droit payé au roi par les gens de main-morte — collectivités laïques ou religieuses — qui devenaient possesseurs d'un de ces fiefs, s'appelait droit de Nouveaux-Acquets. Mais, d'après le même auteur, Francs-fiefs et Nouveaux-Acquets ont été assez souvent confondus.

Ces droits consistaient dans le paiement des fruits du fief pendant cinq années. Dans le principe, ils furent d'abord perçus de 40 en 40 ans, puis de 30 en 30 ans ; enfin, à partir de

---

[1] *Traité de la Noblesse*, p. 73.

Charles IX, le délai de perception fut encore réduit, et ils furent payés de 25 en 25 ans ; c'était donc alors les 20 0/0 du revenu qui étaient dus au roi.

Mais il arriva, comme toujours en pareil cas, que l'exagération même de cet impôt fit qu'on en dispensa beaucoup de personnes, des communautés, des villes et même des provinces entières, telles que le Languedoc, par exemple, par une Ordonnance du 8 mars 1483. De même, les bourgeois de Paris en étaient aussi relevés [1].

Appelait-on les fiefs ainsi organisés « Francs-fiefs », en raison de la dispense des charges féodales de service militaire, dont ils étaient favorisés, moyennant le droit spécial qu'ils payaient ? Ou ce nom leur vint-il de la grande quantité de ces fiefs qui furent exemptés de ce droit, ce qui leur créait une situation tout à fait privilégiée ? Je l'ignore.

Dans tous les cas, il est assez bizarre de voir ce nom de « Franc-fief » appliqué précisément à des seigneuries grevées d'une charge fiscale particulière, à laquelle échappaient les fiefs nobles détenus par des nobles ; et il faut bien se garder, je le répète, de les confondre avec les Francs-Alleux, sorte de fief qui, suivant la pittoresque expression citée par D. Caffiaux,[2] n'était tenu que « de Dieu et du Soleil. »

II

Si nous sommes assez bien renseignés sur les Francs-fiefs en général, nous sommes, en revanche, très pauvres de documents sur l'histoire particulière des Francs-fiefs du Duché de Valois, qui servent de prétexte à cette notice.

Nous avons donc été très heureux de rencontrer à la Bibliothèque Nationale (*Manusc. Fonds Latin* n° 17059, pièce 245), un curieux dénombrement de la seigneurie des Francs-fiefs du Valois. Malheureusement, cet aveu ne remonte qu'à l'année 1666 et nous donne fort peu de notions antérieures.

---

[1] On a conservé plusieurs *Cartulaires* de Francs-fiefs ; je citerai notamment le *Cartulaire des Francs-fiefs du Forez*, publié par le Comte de Charpin-Feugerolles. Lyon (1882) in-4°.

[2] *Trésor généalogique.* — Disc. prélim. p. XXXI.

Voici celles que nous avons pu trouver ailleurs.

Sur l'origine de la seigneurie des Francs-fiefs du Valois, nous ne savons absolument rien. Fut-elle constituée, à une époque inconnue, dans un pressant besoin d'argent, par les comtes de Valois au profit de quelque riche « argentier », qui leur ouvrit sa bourse ? Nous n'en savons rien. Dans tous les cas, elle revint bientôt, dans ce cas, aux seigneurs suzerains, car Carlier nous dit (*Hist. du Valois*, I, 280) que cette seigneurie resta en possession des comtes et ducs de Valois jusqu'en 1440, époque à laquelle elle fut vendue (le 13 décembre) au « sieur Billard, chevalier ». Nous croyons bien plus probable que notre vieil historien commet ici une erreur, en confondant la seigneurie des Francs-fiefs avec celle de la Tour de Lévignen, de laquelle elle relevait, mais qui ne s'identifiait pas avec elle. Nous pensons aussi qu'on pourrait interpréter ce qu'il dit d'une autre façon : sa phrase signifierait alors que les droits et seigneuries qui furent détachés du Valois pour constituer les Francs-fiefs, étaient restés jusque-là confondus dans le domaine principal. La date même de 1440 expliquerait bien la vente faite à Rodolphe Billard, chevalier, vicomte d'Orival, moyennant 1270 écus d'or payés comptant.

En effet, c'est précisément en cette année 1440 que le duc Charles d'Orléans, prisonnier depuis vingt-cinq ans en Angleterre où il avait charmé son ennui par la poésie, revit enfin sa patrie, et il n'est pas téméraire d'affirmer qu'il trouva ses affaires privées en triste état et qu'il fit argent de tout ce qu'il put pour payer sa rançon. D'où bien certainement la vente des Francs-fiefs du Valois, que ces Francs-fiefs aient eu déjà à une époque antérieure une existence particulière ou qu'ils aient été détachés seulement alors du domaine ducal.

Quoi qu'il en soit, les Francs-fiefs du Valois ne restèrent pas longtemps dans les mêmes mains et ils paraissent avoir été presque immédiatement subdivisés en deux portions, tels que nous les retrouvons encore en 1666.

En effet, tandis que la part des héritiers du sieur Billard, chevalier, était vendue par sa fille Jeanne, veuve de Colas de Blois, au sieur de la Noue, qui la cédait lui-même à Jean Gorgias, dit Porc Epic, écuyer, seigneur de Sersoy-en-Bourgogne et de Brégy-en-Mulcien en 1494, une autre portion entrait dans la famille Lorfèvre.

Pierre Lorfèvre, seigneur d'Ermenonville, possédait en 1467, la terre de Villers-St-Genest, avec les autres Francs-Fiefs du Valois [1]. Après lui, elle passa, vers 1500, à son fils Bertrand Lorfèvre, célèbre financier, qui entra à la Chambre des Comptes. Puis, à la mort de celui-ci arrivée en 1532, ces domaines arrivèrent à la famille des Ursins par le mariage d'Anne Lorfèvre, sa fille, avec François Juvénal des Ursins, seigneur de Dru.

C'est peut-être de la famille des Ursins que les Francs-fiefs du Valois vinrent à la maison de Grouches et étaient devenus, en 1666, la propriété indivise de François des Essarts, chevalier, marquis de Lignières, et de Louis de Mornay, chevalier, marquis de Villarceaux.

Enfin, quelques années après, au commencement du XVIII° siècle, nous trouvons la seigneurie des Francs-fiefs du Valois entre les mains de Louis-François Lallemant, comte de Lévignen, devenu le plus grand et le plus riche seigneur des pays qui composent aujourd'hui notre canton de Betz.

La seigneurie des Francs-fiefs relevait de la Tour ou Donjon de Lévignen et était, du reste, parfaitement distincte du fief de ce lieu.

Tels sont les renseignements bien insuffisants, on le voit, que j'ai pu jusqu'ici recueillir sur les Francs-fiefs du Duché de Valois.

Il ne me reste plus qu'à laisser la parole au document de la Bibliothèque Nationale qui nous apprendra du moins avec détails en quoi consistait à la fin du XVII° siècle les droits et redevances dont l'ensemble constituait alors cette seigneurie.

---

[1] Graves: *Canton de Betz.* p. 115.

C'est l'adveu et dénombrement de la seigneurie des Francfiefs du Duché de Valois que Messire François des Essarts [1], chevallier, seigneur marquis de Lignières, advoue tenir pour moitié à cause de dame Marie Françoise de Grouche, son espouse, et dont il jouit par indivision avec Messire Louis de Mornay [2], chevallier, seigneur marquis de Villarceaux, relevant en plein fief foy et hommage de S. A. R. Frère unique du Roy, nostre sire, duc d'Orléans et dudict Valois, à cause de son chasteau royal de Crespy, ville capitalle dudict Duché, laquelle seigneurie des Fransfiefs consiste en plusieurs autres fiefs, terres et seigneuries mouvans et relevans en plein fief d'icelle.

Le lieu seigneurial et principal manoir de ladicte seigneurie des Fransfiefs est une Tour vulgairement dicte la Tour quarrée sise au village de Lévignen [3] derrière le cœur de l'église dudict lieu, laquelle a son entrée et sortie au dedans de la cour du Chasteau et fief Saint Blaise où les seigneurs desdicts Fransfiefs ont tout droit de haulte, moienne et basse justice aux privilèges.......... et prérogatives y attribuées, Bailly et Officiers à l'exercice d'icelle, pour et contre les personnes tenant fiefs, terres et seigneuries qui en dépendent, avec pouvoir d'y tenir leurs assises et à icelles convocquer et appeler leurs vassaux et subjects quand bon leur semble, et se tient le siège de jurisdiction au dedans du dit chasteau de Saint Blaise autrement dit le chasteau du dit Lévignen appartenant de présent à Messire Charles d'Autry [4] seigneur dudit Lévignen et

---

[1] Un François des Essarts de Lignières était abbé de Vermand en 1700. Les de Grouches étaient seigneurs de Ollocourt, etc.

[2] Louis de Mornay, marquis de Villarceaux, etc., capitaine-lieutenant de chevaux légers de M. le Dauphin et du duc d'Orléans et capitaine de ses gardes, mort à 72 ans, le 21 février 1691.

[3] D'après M. Graves, cette tour était au contraire octogone. (Cant. de Betz.)

[4] D'Autry était une ancienne famille du Valois. On trouve en 1439 un Olivier d'Autry, seigneur de Courcelles, auj. canton de Braine (Aisne). C'est en 1636 que Jean, comte d'Autry, acheta les seigneuries de Betz et Levignen qui appartint, jusqu'en 1678, à son fils Charles, dont il est ici question.

Betz, où les vassaux et tenans fiefs relevans et mouvans desdits Fransfiefs sont tenus de comparoistre et en ce lieu prester le serment de fidélité et y faire les foy et hommages à peine de la saisie et réunion de leurs fiefs et de l'amende suivant la coustume, comme aussi en cas d'opposition ou contestation d'y respondre et procéder ainsy que de raison par devant les dits Bailly et Officiers; de ladicte terre et seigneurie desdits Fransfiefs sont mouvans et relevans les fiefs, terres et seigneuries qui ensuivent:

Dans ledict village de Lévignen sont situés et assis six fiefs dont en appartient cinq audict sieur d'Autry, et le sixième aux doien, chanoine et chapitre de St-Thomas-Lez-Crespy desquels l'on n'est point servy, cause pourquoy ils sont tenus en saisie faicte tant sur le dict sieur d'Autry que sur lesdicts de Chapitre contre lesquels il y a instance et procès.

A Boissy-les-Gombries [1] sont assis plusieurs fiefs appartenant à présent à Messire Jean-Armand, marquis de Joieuse [2] à cause de dame Marguerite de Joieuse, son espouse; le premier fust à noble homme Alard de Passy [3], le deuxième au sieur de Vaucorbeil [4], le troisième à Jean de Chamboudon [5], le quatrième, le fief de Trie [6] autrement dit Beauvarlet, le cinquième, le fief Vasves (?) de Boissy, le sixième de Raoullin le Gruier, et le septième, le fief des hoirs Souillart de Séry et s'il y a haute, moienne et basse justice, pour raison de laquelle les seigneurs desdicts fiefs sont tenus paier par chascun an aux seigneurs desdicts Fransfiefs ou à leurs officiers vingt sols parisis, et si sont mouvans du dict fief de Champboudon plusieurs petits fiefs lesquels sont réunis au domaine de ladicte seigneurie, desquels fiefs cy dessus l'on n'est

---

[1] Auj. Boissy-Fresnoy.

[2] Joyeuse, vieille famille qui possédait alors les seigneuries de Montgobert, Saint Pierre Aigle, Rozet, Soucy, etc., auj. dans le Dt. de l'Aisne.

[3] Les Passy étaient seigneurs de Saint-Blaise à Lévignen.

[4] Vaucorbeil.

[5] Chamboudon.

[6] Le lieu dit aujourd'hui « les Buttes », sur l'emplacement du cimetière actuel, s'appelait autrefois « le Trie. » — (Renseignement dû à M. Lebrun, instituteur à Boissy-Fresnoy.)

point servy, pourquoy il y a saisie et procès avec Monsieur le Procureur du Roy et de sa dicte Altesse Royale.

Fresnoy-en-Gombrie, un fief qui fust jadis à Guillaume de Passy, depuis à Pierre Benoist, et consiste ledict fief en sept vingt treize arpens de terre en champart, cens, chappons, poulles, dix hostisses et trente arpens de terre et une maison sise audict Fresnoy appelée le fief Benoist, lequel est saisy et pourquoy il y a pareil procès et débat contre le Procureur du Roy et de sa dicte Altesse et Monsieur le Comte de Nantheuil.

A Sennevières [1], un fief qui fust à Monsieur Gilles Moret et à présent ausdicts de Chapitre de Saint-Thomas-lez-Crespy et aux religieux de Nantheuil-le-Hauldoin, consistant en dixmes à prendre sur deux cens arpens de terre et plus sis sur ledict terroir de Sennevières et Chevreville et ou environs au lieudict Plouzet, à raison d'une gerbe et demie pour huict gerbes, et quant au cent, à raison de huict gerbes pour cent, duquel fief l'on n'est point servy, pourquoy y a saisie.

A la forest du Mans en Brie [2], un fief consistant en quatre vingt dix arpens de bois et quatre estangs, ledict fief sis en la forest près Moras, duquel l'on n'est point servy, pourquoy il est tenu en saisie.

A Crouy-sur-Ourc [3], un fief appelé le fief de Douy appartenant à présent à Monsieur le duc de Tresme qui n'a point encore faict ses foy et hommages ni baillé son dénombrement.

Au Plessis-Belleville [4] un fief consistant en vingt arpens de terre en deux pièces, dont on n'est point servy pour ne sçavoir ny la scituation desdictes terres ny quy les tient, ny à quy ledict fief appartient, si ce n'estoit cy devant au sieur de Guénégaud contre lequel il seroit inutile quant à présent d'agir.

---

[1] *Sennevières*, comm. de Chèvreville.

[2] La forêt du Mans, ainsi nommée d'une ferme voisine, existe encore en Seine-et-Marne, un peu au sud, entre Meaux et la Ferté-sous-Jouarre. Moras est une ferme à la lisière de cette forêt.

[3] Crouy-sur-Ourcq (S.-&-M.) — Le château de Gesvres, appartenant au duc de Tresmes, était dans la banlieue.

[4] Le Plessis-Belleville, cant. de Nanteuil. — C'est Claude Guénégaud, Trésorier de l'épargne, qui en avait fait construire le château avec beaucoup de magnificence en 1663. Il s'y ruina et ses créanciers le vendirent quelques années plus tard.

A Largny,[1] un fief dict la Muette appartenant aux hoirs Guillaume de Condren, escuyer, consistant tant en son chasteau seigneurial, basse-court, les lieux et pourpris comme ils se comportent, fermé en partie de murailles et en partie de fossés, qu'en cens, terres labourables, prés, moulins, vignes, garenne et larris et autres droicts de cens, ventes et champarts tant en argent, grains que poulailles, dont ils ont déclaré ne pas jouir pour en avoir perdu les tiltres.

A Cuvergnon [2], le fief dict le Grand-Germaincourt-les-Thorry appartenant cy devant à Guillaume du Sart, escuyer, et de présent à Messire Charles de Vassan, escuyer, dont on n'est point servy, pourquoy y a saisie, consistant en une maison seigneuriale et en six à sept vingts arpens de terre, tant labourables que prés et savars, baillée à surcens à divers particuliers et autres droicts de ce , et si a le seigneur du dit fief droit de justice foncière.

Le fief d'Eslincourt [3], paroisse de Morgneval et Fresnoy-la-Rivière à présent appartenant aux dames religieuses et abbesse de l'abbaye royale de Nostre-Dame dudit Morgneval, à cause de l'acquisition qu'ils en ont faicte des héritiers François de Laage, duquel on a esté servy, consiste en terre, cens, maisons (?), moulin d'Autrepont (?), prés....., paissons et vignes, champarts et bois.

Le fief de Buy [4], de la mesme paroisse, appartenant aussi dites dames, consistant en une maison, cour, grange, estable, coulombier, paissons, vinage, cens et rentes champarts et terres labourables duquel on a esté partiellement servy. Outre lesdits fiefs, il y en a encore trois autres sis audit Morgneval, sçavoir le fief Bourgon (ou Bourges), le fief Adam Duron (?) de

---

[1] Largny, cant. de Villers-Cotterêts. — Le fief de la Muette entra à la fin du XVI° siècle dans la famille de Condren qui possédait déjà la seigneurie principale.

[2] Cuvergnon, cant. de Betz. — La famille de Vassan portait : d'azur au chevron d'or accompagné de deux roses d'argent en chef, et d'une coquille de même en pointe.

[3] *Eslincourt, Hélincourt*, comm. de Morienval.

[4] Buy, comm. de Morienval. Un Charles de Buy, laboureur, mort en 1558, avait donné à l'église de Fresnoy-la-Rivière de beaux vitraux qui subsistent encore.

Faussemont avec un autre qui fust à Messire Pierre de.......
.....par la dame abbesse de Morgneval, dont l'on n'est point servy.

A Nantheuil-les-Meaux ¹ un fief appelé le fief de la Cour appartenant à Messire René de Raynie (?), chevallier, consistant en une maison, enclos et accint (?), contenant le tout deux arpens et demy ou environ, cens et surcens percevables sur plusieurs maisons et terres et en quatre vingts arpens de terres tant labourables que prés.

Le fief de Grimaucourt-Brassoir ² appartenant à Gaspart de la Rochelambert, escuyer, consistant en une maison seigneuriale size audit Grimaucourt, cens en deniers, terres labourables et près, mentionnés en détail par l'adveu et dénombrement par luy fourny.

Le fief de Noue appartenant au sieur d'Acquest (?), esculer, duquel l'on ne peut déclarer la consistance, tous les tiltres estant dès il y a longtemps, produits au procès intenté contre ledict sieur pour les droits de mutation deus aux préddécesseurs seigneurs desdits Fransfiefs.

A Aacy-en-Mulcien ³, un fief appelé le fief de Retz, appartenant au sieur Bourdin dont l'on n'est point servy, consistant en un chasteau et lieu seigneurial, cens, rentes, terres labourables, bois et estangs, avec la haulte, moienne et basse justice suivant qu'il appert par un antien dénombrement.

A Nanteuil-le-Hauldoin le fief d'Ormoy quy est detenté (sic) et appartient au sieur Coffu (?) gruier dudit Nantheuil, pour raison duquel fief il y a procès contre le sieur comte dudit Nantheuil qui en empesche la reconnoissance.

A Villers-Saint-Genest ⁴, il y avoit autrefois trois fiefs re-

---

¹ *Nanteuil-lès-Meaux* (S.-&-M.).

² *Grimaucourt* et *Brassoire*, auj. hameau de Morienval. — Il y avait près de là, à la lisière de la forêt, un ancien château dont il reste quelques vestiges et qui s'appelait la Loge-Lambert. Est-ce un souvenir de la famille de la Roche-Lambert ?

³ Les Bourdin ont possédé la seigneurie principale du Bas-Acy pendant tout le XVIe et le XVIIe siècle.

⁴ *Villers-St-Genest*, cant. de Betz. — Henry de Garges vendit cette seigneurie en 1719 au maréchal d'Estrées. Garges portait: d'or au lion de gueules.

levans desdits Fransfiefs qui sont à présent réunis à un seul consistant en une maison et chasteau seigneurial, haulte, moienne et basse justice, terres, bois, cens et rentes tant en grains que deniers, dixmes, poulles et chappons, droits de pintage, chasse et mouture (?) et autres appartenans de présent à Henry de Garge qui en a fait et presté nouvellement les foy et hommage et promis bailler son dénombrement.

Le fief des Vieilles Eguilleries (?), paroisse de Morgnenval appartenant de présent à Jacques et Sanson du Feu quy en ont faict les foy et hommage tant pour eux que pour leurs autres frères et sœurs, consistant ledit fief en une maison, quelques cens en deniers et cinquante quatre arpents de terres labourables et quelques pièces de prés.

Aux faulxbourgs de Crespy-en-Valois, le fief des Bordes appartenant aux dames Religieuses, prieure et couvent de Saint-Michel quy n'ont encore fourny leur dénombrement et qui consiste en une maison servant à présent à loger et retirer les pauvres passans, avec quelques petits cens à prendre sur des maisons et jardins sis esdits fauxbourgs, rue des Bordes et ruelle Bergeron.

A Trumilly [1] le fief de Gigny appartenant à dame Magdeleine Thibault, vefve de défunct Messire Edouard de Ligny, escuyer, seigneur de Chantilly, consistant en une maison, le lieu comme il se comporte, et en quarante six ou sept arpens de terres labourables ou environ.

A Proy (sic) en Gombries [2] un fief quy fut jadis à Robin le Poulier, consistant en trois sols parisis de cens, une mine de bled à la Saint Remy, neufs quartiers de terres labourables et le champart sur six arpens de terres pareillement labourables, outre trois petits fiefs quy en relèvent, duquel fief l'on n'est point servy au molen de l'empeschement formé par Monsieur le Comte de Nantheuil et dudit Proy avec lesquels il y a procès.

A Baron [3] le fief de Baron appartenant aux sieurs de Luzancy et Trouillard avec quatre autres fiefs réunis, consistant

---

[1] *Trumilly*, cant. de Crépy. — Gigny était au sud du village ; il n'en reste plus aucune trace. La maison de Ligny portait : d'or, à la bande de gueules.
[2] *Peroy-les-Gombries*, cant. de Nanteuil.
[3] *Baron*, cant. de Nanteuil.

en un lieu seigneurial et principal manoir, haulte, moienne et basse justice, pourquoy ils doivent par chascun an aux seigneurs desdits Fransfiefs ou à leurs officiers quarante sols parisis, droit de marché, boucherie, cens et rentes foncières à prendre sur certaine quantité de maisons sizes audit Baron, droit de rouage [1] sur chascune charrue et autres droits dont ils ont déclarés ne plus jouir et dont ils ont promis bailler le dénombrement.

Le fief Romainville-les-Paris [2] appartenant à............
............consistant en chasteau et lieu seigneurial avec haulte, moienne et basse justice, cens et rentes, rouages, forages, pressoirs, sept livres parisis de gros cens à prendre sur plusieurs vignes, terres et un grand clos près l'église, prés, poulles et chappons.

A Bonneuil [3], le fief de Courtenant (?) appartenant au sieur de Belmere (?) quy consiste en quatre arpens de terres labourables, sis au terroir dudit Bonneuil, un quartier de prés et trente sols, quelques deniers de cens, une poulle et droit de rouage sur ledit fief, dont on n'est point servy.

Tous lesquels fiefs relevans desdits Fransfiefs de Valois, appartenant lesdits Fransfiefs pour moitié audit seigneur marquis de Lignières, lequel en a faict le présent dénombrement qu'il plaira à Vostre Altesse Royale de recepvoir, sauf à l'augmenter ou diminuer si le cas y eschet. En tesmoing de quoy, j'ay signé ces présentes, ce seiziesme jour de Mars mil six cens soixante six.

(Signé autographe) de Lignières.
(avec parafe).

---

[1] Le droit de *Rouage* ou *Rodage (Rotaticum* ou *Rodaticum*) était une taxe levée sur les voitures, et autres ustensiles passant sur les chemins, comme indemnité pour le dommage qu'ils causaient auxdits chemins. Cet impôt devait être primitivement affecté à l'entretien des routes.

[2] *Romainville* (Seine). — Les Seigneurs de Romainville sont connus depuis le XIII° siècle. Après une famille de ce nom vinrent les Cassinel jusqu'en 1427, et d'autres (v. Hist. de la ville et du dioc. de Paris, par l'abbé Lebeuf. Nouv. édit. Paris, 1883, T. II, p. 616). « Cette terre, dit Lebeuf, relève de la Tour de Monjay. » Il ne dit pas un mot de Lévignen et des Francs-fiefs du Valois. S'agit-il d'une autre seigneurie que la seigneurie principale ? C'est possible. Il est encore possible que Lebeuf ait pris la Tour de Monjay pour la Tour de Lévignen.

[3] *Bonneuil-en-Valois*, cant. de Crépy.

⁂

Une inadvertance dont je m'excuse, m'a empêché de rapprocher ce que je dis plus haut des Francs-fiefs du Valois de ce qu'en a écrit M. l'abbé Gross dans sa *Notice sur Lévignen et sa Seigneurie*, publiée en 1878.

Je n'ai pas à m'occuper ici des renseignements que donne çà et là M. Gross sur les seigneuries qui faisaient partie des Francs-fiefs ; ces renseignements et ceux que donne le Rôle de 1666, publié ci-dessus, se complètent les uns les autres. Mais je ne puis me dispenser de discuter l'origine attribuée par l'auteur aux Francs-fiefs du Valois.

A la page 8 de sa *Notice*, M. Gross dit que les lieux dépendant de cette seigneurie prirent le nom de Francs-fiefs, parce qu'ils furent affranchis de la suzeraineté du Comté de Crépy pour relever des Comtes de Nanteuil. Comme il n'indique aucune de ses sources, nous ne pouvons discuter son affirmation qu'à la lumière des données générales qu'il nous fournit.

Or, il ajoute (p. 9) les lignes suivantes :

« L'idée qu'il faut se faire des Francs-fiefs, c'est qu'avant tout « ils relèvent directement de la Couronne, et sont donnés « par le Roi, en reconnaissance d'un service important, et « exempts de toute redevance aux seigneurs, tels que ducs, « comtes, etc., » définition donnée par le Traité des maisons suzeraines et de leurs droits, publié en Hollande en 1532... »

Je n'ai pas besoin d'insister sur la contradiction qui existe entre cette définition et l'application qu'en fait l'auteur aux Francs-fiefs du Valois qui, d'après lui, relevaient, non du Roi directement, mais du Comté de Nanteuil. Cette contradiction est flagrante.

Si les Francs-fiefs dont il s'agit dépendaient d'une seigneurie particulière, comme c'est le cas, on ne peut les confondre avec ces domaines qui portaient plus ordinairement le nom de

Franc-Alleu, ne relevant que de la Couronne, et dont l'exemple le plus populaire et le plus récemment connu est le fameux Royaume d'Yvetot.

L'explication de leur nom que je donne plus haut (p. 55 et suivantes) subsiste donc toute entière, et l'auteur de la *Notice sur Lévignen*, est tombé dans une erreur, d'ailleurs fort excusable, en indiquant comme origine de ce nom une situation féodale privilégiée dont n'ont jamais joui les Francs-fiefs du Valois.

V

SCEAU
DE
PIERRE POUCIN
CHANTRE DE SENLIS AU XIVᵉ SIÈCLE

SCEAU
DE
PIERRE POUCIN
CHANTRE DE SENLIS AU XIVe SIÈCLE

La matrice du sceau que nous publions ici a fait partie de la collection Charvet, dans le catalogue de laquelle elle est décrite sous le numéro 761. Ce sceau a été signalé également par le Comte de Marsy (*Picardie* de 1883, p. 348) et a fait ensuite partie du cabinet de mon regretté ami M. Gustave Millescamps, à la mort duquel il a été vendu. J'ignore dans quelles mains il se trouve actuellement.

Il avait, d'ailleurs, été gravé déjà dans un vieux recueil publié au XVIIIe siècle.

« Recueil des Sceaux du Moyen-âge, dits Sceaux gothiques, » tel est le titre du livre en question, qui forme une plaquette in-quarto de 16 pages et 30 planches, plus un frontispice. Cette plaquette a été imprimée « à Paris, chez Antoine Boudet, imprimeur du roi, rue Saint-Jacques », en 1779.

Elle est fort rare. L'exemplaire conservé à la Réserve de la Bibliothèque Nationale, porte cette mention manuscrite : « Donné à la Bibliothèque du Roy par le baron de Servières le 16 juin 1781. »

La même main a ajouté sous le titre, après l'indication du prix (6 livres, broché) ces mots : « par le Mquis de Migieu. »

D'après Barbier (*Dictionn. des Anonymes*, T. IV, col. 109), cet ouvrage avait d'abord été attribué, à tort, à l'éditeur Antoine Boudet, et ensuite à l'abbé Charles Boullemier, qui n'y a coopéré, paraît-il, que pour l'explication des planches. Il est vrai que le recueil ne consistant guère que dans l'explication de ces planches, on se demande ce qui est resté à faire au marquis de Migieu.

Quoi qu'il en soit, la première figure d'une des planches reproduisant des sceaux du XIVe siècle, nous donne celui de Pierre, dit Poucin, chantre de Senlis.

Ma surprise fut d'autant plus grande de rencontrer là un sceau senlisien que le Recueil est surtout composé de monuments appartenant à l'Est et au Sud-Est de la France, ce qui n'a rien d'étonnant d'ailleurs, puisque la famille de Migieu, dont les armes étaient : « de sable à 3 étoiles d'argent, 2 et 1 », appartenait par ses origines à la province du Bugey, et par sa résidence à la Bourgogne.

Le sceau qui nous intéresse est ogival, haut de 46 millimètres.

Le personnage est debout, de profil, la tête nue et largement tonsurée. Il est vêtu d'une ample chape à capuchon dont l'étoffe semble enrichie de broderies figurées par des lignes entrecroisées, formant des carrés, au milieu de chacun

Sceau de PIERRE POUCIN, Chantre de Senlis (XIVe siècle).

desquels se voit un point. Il porte de la main droite un bâton cantoral sur lequel se tient un oiseau, le bec tourné vers la figure du personnage.

Dans le champ, par devant, deux oiseaux superposés qui ouvrent largement le bec et paraissent chanter. Derrière, également dans le champ, un autre oiseau de même espèce posé sur une sorte de motte qu'il semble picorer.

Légende :

✠ *Sigillum Magistri Petri Dicti Poucin Cantoris Cilvanectensis* [1].

Je donne ici le dessin de ce petit monument dû à la main exercée de notre collègue M. Gérin.

---

[1] On remarquera cette forme inusitée, mais non sans exemple, du

La première pensée qui vient à l'esprit en examinant ce petit monument est de rapprocher le nom de *Poucin* des oiseaux qui y sont figurés et d'y voir une sorte de calembour, très fréquent d'ailleurs alors et qui, dans le cas présent, aurait amené le dessinateur à donner pour emblème parlant au chantre Pierre Poucin, des poussins. C'est l'interprétation qu'adopte l'auteur du Catalogue Charvet. [1]

On sait que *poulet* était peu usité au Moyen-âge et qu'il était ordinairement remplacé par *poussin*.

C'est notre poète senlisien, Eustache Deschamps, qui a dit quelque part (poésies mss. f° 183), à une époque presque contemporaine de notre sceau :

Enseignez-moi, beau seigneur et voisin,
Où je pourrai ces trois choses trouver,
Femme constant, sage homme et gros poussin.

Nous rencontrons dans les Œuvres du même poète [2] d'autres passages qui viennent encore à l'appui de ce que nous avançons.

Ainsi (T. II, p. 31), dans une Ballade intitulée : « Comment tout change sa condition », on voit le loup poltron, le poucin brave,

« Le loup piteus, le poucin champion... »

Ailleurs (T. V, p. 88), à propos des exactions des routiers, Eustache nous dit :

« ..... plus n'arons, doulz amis,
« Géline, oe, ne poucin ne chapon. »

Il s'agit évidemment ici d'un poulet mangeable rapproché d'une poule, d'une oie et d'un chapon, et non d'un poussin, dans le sens que nous entendons aujourd'hui.

Enfin, l'exemple suivant est encore plus probant. Dans sa Ballade sur les vins « qu'on souloit anciennement présenter aux baillis et juges » (T. VII, p. 17), notre poète s'écrie dans son désespoir comique :

---

mot *Silvanectensis*, écrit par un C.

[1] Dans sa description de ce sceau, il voit quatre oiseaux ; nous croyons qu'il n'y en a que trois.

[2] Publiées par MM. de Queux de Saint-Hilaire et G. Raynaud, pour la *Société des Anciens textes français* (in-8. Paris, 1878 et suiv.).

« Que sont devenues perdris,
« Faisans, venoisons, lapperiaulx,
« Lyèvres, pigons, connins, cabris,
« Oues, chappons, poucins, aigneaulx,
« Carpes, lus (brochets), braymes et barbiaulx,
« Poissons de mer, frommaiges sains ? »

Il est de toute évidence que *poussin* est ici pour poulet.

Ce mot ne signifiait donc pas alors, comme maintenant, poulet nouvellement éclos, mais tout simplement poulet, dans le sens plus large où nous l'entendons aujourd'hui, c'est-à-dire jusques et y compris la mise à la broche.

Il est donc possible qu'on ait mis des poulets sur le sceau de Pierre Poucin comme une allusion à son nom. On trouve, dans l'Inventaire des Sceaux de Douet d'Arcq, un Jean Poucin, chambellan du roi en 1279 et qui portait sur son sceau un poussin à tête humaine.

Néanmoins, et après avoir examiné les choses de plus près, je pense qu'une autre explication serait possible.

On sait que les attributs les plus ordinaires des chantres sur les monuments qui les représentent, sont le bâton cantoral et le livre.

Témoin le sceau de Guillaume, chantre de Senlis en 1212, que nous publions ici à titre de spécimen.

Ce sceau est ogival, de 63 millim. Le personnage est debout, vu de face, en robe et manteau, tenant un bâton cantoral à droite, et un livre à gauche.

✠ S. Wiffi. Cantoris Silvanectensis.

Il est appendu à une charte d'avril 1212, venue de l'abbaye de Saint-Denis, et aujourd'hui aux Archives Nationales [1].

Il n'en est pas moins vrai que d'autres attributs étaient quelquefois consacrés aux chantres.

Sans être aussi fréquents, à beaucoup près, que le bâton et le livre, les oiseaux chantants et particulièrement le coq,

---

[1] Il ne faut pas confondre ce Guillaume avec son homonyme et contemporain qui fut chantre de Saint-Frambourg en 1210 puis doyen de la même église en 1229. (Demay, *Sceaux d'Artois*, n° 2381).

l'oiseau criard par excellence, se rencontrent assez souvent sur les sceaux de ces dignitaires ecclésiastiques.

Nul n'ignore que le coq jouait un rôle important dans l'iconographie chrétienne. On le gravait souvent sur les tombeaux comme un symbole de la résurrection, parce qu'une opinion généralement répandue dans les premiers siècles de l'église voulait que la résurrection du Christ ait eu lieu au chant du coq. C'est aussi l'emblême de la vigilance, et l'usage de le placer au faîte de nos églises, pour représenter la vigilance du pasteur, n'a point d'autre origine. Les combats de coqs que l'on rencontre sur certains monuments chrétiens, rappellent les combats mystiques et la victoire du bien sur le mal. Selon

Sceau de GUILLAUME, Chantre de Senlis (1215).

Saint-Eucher (*De Spir. form. C. V*), cet oiseau est l'image du prédicateur qui, pendant les ténèbres de cette vie, annonce la lumière de la vie future, et Bède en fait le symbole du juste « parce que, dans la nuit de cette vie, le juste reçoit par la foi l'intelligence et la vertu qui le font crier vers Dieu, afin de hâter l'aurore du grand jour. »

Enfin, je crois inutile de rappeler le rôle que joue cet oiseau dans la légende de Saint Pierre, et, sans m'arrêter plus longtemps à la place qu'il tient dans le symbolisme chrétien, je crois en avoir dit assez pour expliquer comment cet animal, consacré de tant de manières, devait être préféré aux oiseaux chanteurs d'un caractère plus exclusivement profane, le rossignol, par exemple, pour servir d'emblème aux chantres de nos églises, sur ces cachets avec lesquels s'identifiaient, pour ainsi dire, leur personnalité professionnelle.

Les représentations d'oiseaux, — que je considère, quant à moi, comme des coqs, — sur les sceaux de ces dignitaires ecclésiastiques, tout en étant rares, ne sont pas sans exemples.

J'ai relevé les suivantes :

Sur un sceau de Jean, chantre de la Collégiale de Saint-Pierre de la Cour, au Mans (an. 1269), deux oiseaux adossés et becquetant une branche d'arbres. M. Douët d'Arcq (Invent. des Sceaux, n° 7639) y voit des faisans ; pourquoi ne seraient-ce pas tout simplement des coqs ?

Robert, chantre d'Orléans en 1210, porte également sur son sceau un oiseau perché sur un bouquet d'arbres (Douët d'Arcq id. n° 7843).

Raoul, sous-chantre d'Evreux en 1236, nous montre sur son sceau un coq passant à droite (Demay : Sceaux de Normandie, n° 2417).

Les oiseaux figurés sur ces sceaux, qui sont tous les trois du XIII° siècle, sont des oiseaux « au naturel » et n'ont rien du type héraldique. Il suffit, pour s'en convaincre, de les comparer à celui d'un second sceau de Guillaume, chantre de Senlis en 1207, dont nous reproduisons plus haut un autre exemplaire postérieur de quelques années. Celui dont nous parlons ici porte une aigle éployée et appartient évidemment au type armorial. (Douët d'Arcq : Invent. n° 7658).

Il est donc fort possible que les oiseaux qui servaient d'attribut à Pierre Poncin, chantre de Senlis au XIV° siècle, soient tout simplement des emblèmes de la profession du personnage représenté, et non un calembour graphique destiné à rappeler son nom. Quelle que soit, d'ailleurs, la valeur de cette explication, ce petit monument de sigillographie senlisienne nous a paru intéressant à signaler.

VI

LES CHATELAINS

DE BEAUVAIS

LES CHATELAINS
DE BEAUVAIS

A l'occasion de recherches faites il y a quelques années pour la rédaction d'un travail sur Beauvais [1], je fus frappé de la rareté des renseignements fournis sur les châtelains de cette ville par les auteurs qui se sont occupés de notre histoire locale. Le consciencieux Graves lui-même leur consacre à peine quelques lignes. J'essayai donc de réunir sur ces personnages les documents que je pus rencontrer épars, tant dans les ouvrages imprimés que dans les manuscrits, et la *Société Académique de l'Oise* voulut bien publier (en 1888) le résultat de mes investigations, que je réimprime aujourd'hui dans ces *Mélanges*.

I

PREMIÈRE MAISON DES CHATELAINS DE BEAUVAIS

Tous les érudits savent qu'on appelait Châtelains, au moyen âge, des officiers auxquels était confié, soit personnellement, soit à titre héréditaire, le commandement militaire d'un château appartenant à un seigneur dominant [2]. C'était primitivement

---

[1] L'article BEAUVAIS dans la *Grande Encyclopédie*.

[2] Le nom de Châtelain s'appliquait aussi à des seigneurs relevant immédiatement de la couronne et possédant des châteaux, et la *Châtellenie*, en tant que fief, reçut même une consécration officielle par un édit de Henri III, en date du 20 mars 1578. Le mot de *Châtellenie*, quand il s'appliquait à une subdivision administrative, était à peu près le synonyme de *Prévôté*. C'était une juridiction subordonnée au *Bailliage*, telles que les six Châtellenies du Valois, dépendant du Bailliage de Crépy.

ce que nous nommerions aujourd'hui des « commandants de place », chargés plus spécialement de la défense d'un château-fort ; à ce titre, ils avaient, en général, droit de moyenne et basse justice, tandis que la haute justice était exclusivement rendue par le seigneur suzerain duquel ils relevaient.

Dans les grands fiefs ecclésiastiques, le Châtelain se confondait souvent avec le Vidame [1] (*vice-dominus*), tels que ceux qui étaient chargés d'administrer le temporel des évêques de Reims, de Laon, d'Amiens, du Mans et de Chartres, et qui conduisaient leurs autres vassaux à la guerre. Si le vidame des évêques-comtes de Beauvais s'appelait Châtelain, — comme les officiers remplissant les mêmes fonctions auprès des sires de Coucy ou dans les villes de Douai ou d'Arras, par exemple, — c'est d'abord parce que leur office fut créé à une époque où le Comté était distinct de l'Évêché et que lors de la réunion du domaine temporel au spirituel, sous Roger de Blois, au commencement du XIe siècle, on continua à les désigner par le même titre qui leur était attribué, quand ils dépendaient d'un seigneur laïc.

Puis, le titre de vidame existait déjà dans le diocèse ; il était porté par le vassal de l'Évêque-Comte chargé de la défense et de l'administration temporelle de la seigneurie ou vidamé de Gerberoy. Il est donc tout naturel que le lieutenant des anciens comtes ait gardé son titre de Châtelain quand il devint vassal de l'Évêque [2].

Déjà, bien antérieurement à la réunion des deux domaines, le Châtelain de Beauvais était devenu une sorte de lieutenant héréditaire du Comte. On croit que le premier qui fut pourvu de cet office était un fils cadet de Thibaut-le-Tricheur, qui possédait, au Xe siècle, les comtés de Blois et de Beauvais. Un document conservé au Cabinet des Titres de la Bibliothèque

---

[1] Cf. SAINT-SIMON : *Mémoires*, II, 192, in-8°.

[2] Antoine Loisel prétend que dans quelques anciens titres il a vu le nom de Vicomte appliqué au Châtelain. V. *Mém. des pays..... de Beauvais et Beauvoisis*. In-4°, Paris, 1617, p. 181.

Nationale, et qui paraît provenir de d'Hozier [1], nomme comme Châtelain de Beauvais, à cette époque reculée, Eudes, qui vivait en 962, puis Thierry, en 986. Je reproduis simplement cette mention, donnée sans aucune preuve.

On peut appliquer avec un peu plus de certitude ce titre de Châtelain à Foulques, chevalier, qui vivait encore en 1015, et auquel le document que nous venons de citer donne pour fils : Eudes, le fondateur de la collégiale de Saint-Barthélemy, Raoul de Beauvais et Lancelot ou Lanscelin.

Cette filiation nous paraît absolument erronée, au moins en ce qui concerne le premier de ces personnages, Eudes ou plutôt Hello [2], qui fut châtelain de Beauvais et qui fonda la collégiale de Saint-Barthélemy de la même ville en 1037. L'histoire des démêlés de Lanscelin de Dammartin avec l'évêché de Beauvais et le rôle respectif qu'y jouèrent Eudes, châtelain, et Lanscelin, exclut complètement, à mon avis, la possibilité qu'ils fussent tous deux fils de Foulques, châtelain. D'un autre côté, Lancelot ou Lanscelin, qui porte aussi le nom de Dammartin, est dit fils de ce Foulques dans la fondation qu'il fit du prieuré de Villers-Saint-Sépulcre en 1060 [3]. Il faut donc admettre que Foulques de Dammartin a été châtelain, et Eudes après lui, ce qui est, du reste, conforme à l'essence même de cette charge qui, nous l'avons dit, n'était d'abord nullement héréditaire.

Quant à Raoul de Beauvais, rien n'indique sa parenté avec Eudes ou avec Lanscelin; nous savons seulement qu'il fut pré-

---

[1] CABINET DES TITRES, *Pièces originales*, t. CCLI. Ce document est précédé de la note suivante : « J'oy dressé cette généalogie depuis Fouques sur des extraits de titres y énoncés et elle ne me paraît pas encore exacte ». Cet « encore » se rapporte très certainement à une autre généalogie, de la même main, conservée dans le même tome CCLI du *Cabinet des titres*, et qui paraît être le premier essai de notre érudit.

[2] C'est du moins sous ce dernier nom qu'il est désigné dans les actes de fondation de Saint-Barthélemy. V. DELETTRE : *Hist. du diocèse de Beauvais*, t, p. 462.

3. D. VILLEVIEILLE (*Trésor généal.* à la Bibl. Nat., t. XI) cite une confirmation de cette fondation par Renaud, seigneur de Breteuil, d'après le premier cartulaire de l'abbaye de Saint-Germer, p. 366, et la place en 1030. C'est probablement une erreur matérielle.

sent avec Albrède, sa femme, et Geoffroy et Guillaume, leurs fils, à un acte passé du temps de Garnier, abbé de Saint-Germer, entre 1060 et 1070 [1].

Pour revenir à Lanscelin de Dammartin, certains auteurs le considèrent comme ayant bien réellement porté le titre de Châtelain ; d'autres, dont nous partageons l'avis, pensent qu'il n'avait comme ses ancêtres, et grâce à sa qualité de seigneur de Bulles et d'autres fiefs considérables dans le Beauvaisis, qu'une situation féodale et militaire assez mal définie dont il abusa, dans tous les cas, et qui lui permit de causer de sérieux soucis aux Comtes-Évêques.

Les querelles commencèrent sous l'épiscopat de Gui [2] ; le châtelain Eudes prit d'abord fait et cause pour Lanscelin et, d'accord avec lui, parvint à circonvenir à ce point le roi Philippe Ier, que le prélat fut exilé et ne put rentrer dans son diocèse, par l'intervention du pape, qu'en l'année 1073 [3].

Les difficultés se renouvelèrent sous l'épiscopat de Foulques de Dammartin, fils de Lanscelin, toujours à propos de droits dont les parties se contestaient réciproquement l'existence ou l'exercice ; mais alors l'évêque était soutenu par son père, qui combattait à son tour les prétentions du Châtelain. Ces contestations donnèrent même lieu à une sorte de petite guerre à main armée. Foulques, aidé par sa famille, attaqua le Châtelain à force ouverte en 1090, chercha à le surprendre par la ruse ou en lui tendant des embûches au dehors et au dedans de son hôtel, et s'attira ainsi, il faut le dire, l'animadversion de ses diocésains, qui ne comprenaient pas que leur évêque prît tant à cœur la conservation des droits et des privilèges de son siège contre son Châtelain, tandis qu'il laissait paisiblement son père empiéter sur le temporel de l'évêché d'une façon bien plus

---

[1] Doc. cit. CABINET DES TITRES, Pièces originales, t. CCLI. Preuves de l'Hist. de Montmorency, p. 19. — La généal. du Cab. des titres indique Raoul comme vivant encore en 1682.

[2] Cela n'empêchait pas Lanscelin de souscrire, en 1068 et 1069, les chartes de fondation de Saint-Quentin de Beauvais et de Saint-Martin de Pontoise. (Preuves de l'Hist. de Montmorency, p. 21, et Trés. généal. de D. VILLEVIELLE, t. XI).

3. DELETTRE, op. cit., t, 494.

grave. Lanscelin de Dammartin avait, en effet, usurpé les propriétés de Longueil et de Berthecourt, dont il jouissait induement depuis longtemps, bien qu'elles appartinssent à l'évêché. Ce serait sortir de mon sujet que m'étendre sur toutes ces contestations, qui se terminèrent quelque temps après par une transaction à laquelle présida le pape Urbain II. Il confirma le jugement déjà rendu sous l'épiscopat de Guy, maintint le châtelain Eudes dans la jouissance de la Châtellenie et fit défense à l'évêque de jamais l'inquiéter à ce sujet [1]. Néanmoins, ce n'est qu'à son lit de mort que Lanscelin consentit, à la prière de son fils Foulques, à restituer à l'évêché les terres de Longueil et de Berthecourt [2].

Cet Eudes, troisième du nom comme Châtelain de Beauvais, ne peut être confondu — les dates s'y opposent formellement — avec celui dont nous avons parlé plus haut et qui passe, à tort, selon nous, pour avoir été le frère aîné de Lanscelin Ier. De même, le titre de Châtelain qu'il porte, semble exclure la possibilité que ce titre ait appartenu au comte de Dammartin.

Il en est de même en ce qui concerne le fils aîné de ce comte, Lanscelin, deuxième du nom, qui, d'après certains auteurs, aurait profité de la présence de son frère Foulques sur le siège épiscopal de Saint Lucien, pour se faire donner ou acquérir la Châtellenie. C'est là une erreur. Eudes est, en effet, désigné comme Châtelain dans un acte que le roi Louis le Gros fit en l'année 1103 dans le chapitre, aussi bien que dans un autre acte de l'an 1109 passé dans le même chapitre en faveur de l'église d'Allonne [3]. Le même Eudes souscrivit à un acte de Godefroy, prieur de Saint-Quentin en 1113 ou 1114 [4], et fut présent, avec Vautier ou Gautier, son frère, à la rédaction d'une charte de Pierre, évêque de Beauvais en 1119 [5]. Il épousa une dame Ade, dont le décès est marqué dans l'obituaire de

---

[1] Delettre : *op. cit.*, t, p. 552.
[2] Louvet : *op. cit.*, p. 108, 208, 212.
[3] Simon : *Supplément à l'Histoire du Beauvaisis*; Paris, 1704, p. 33.
[4] Titr. de l'abbaye de Saint-Quentin. Cab. des titres, *loc. cit.*
[5] *Ibidem.*

Saint-Barthélemy, au sixième des calendes de septembre d'une année indéterminée. Ils furent tous deux signataires, ainsi qu'Adam, leur fils, d'un acte d'Eudes I⁰, évêque de Beauvais¹. Le châtelain Eudes III est encore nommé avec Adam, Eudes et Dreux, ses fils, dans un titre du temps du même évêque, en 1134².

C'est pendant qu'Eudes III était Châtelain de Beauvais qu'eut lieu la nouvelle lutte entreprise contre les droits de l'évêché par Lanscelin II de Dammartin. Ce seigneur peu scrupuleux se montrait, en effet, trop disposé à marcher sur les traces de son père. Il avait déjà, en 1104, eu maille à partir avec les chanoines de Paris, qui avaient dû se plaindre au pape de ses exactions et faire écrire par le pontife aux évêques de Beauvais et de Meaux pour le contraindre, par la crainte des censures ecclésiastiques, à leur rendre justice³. Quelques années après, il s'en prit à l'église de Beauvais et se mit en révolte ouverte contre son suzerain, l'évêque Godefroy I⁰ de Pisseleu. Sous prétexte de s'indemniser des frais qu'il avait dû faire en conduisant les milices communales du comté contre les Anglais de Normandie *(pro conductu Bellovacensi, non pro comitatu)*, il émit des prétentions exorbitantes sur le temporel de l'évêché et commit toutes sortes de violences et d'usurpations⁴.

La situation devint tellement intolérable que le roi Louis le Gros dut intervenir en personne et mettre lui-même ce vassal rebelle à la raison. Il l'assiégea dans Beauvais en 1113, l'obligea à se rendre à discrétion, et le déclara, lui et ses descendants, déchus de tous ses droits. Il est impossible d'entendre par là les droits de Châtellenie, comme l'ont prétendu quelques auteurs, puisque nous avons vu qu'à cette époque le Châtelain de Beauvais était Eudes; d'un autre côté, le roi ne toucha certainement pas aux privilèges que possédait Lanscelin comme

---

¹ Titres de Saint-Germer. CAB. DES TITRES, *loc. cit.*
² Titres de Saint-Pierre. CAB. DES TITRES, *loc. cit.*
³ *Spicil.*, t. III.
⁴ DALETTRE : *op. cit.*, II, 44.

possesseur de grands fiefs dans le Beauvaisis. Il est donc plus que probable qu'il s'agit là seulement de droits que tenait ou que s'arrogeait le comte de Dammartin, en raison de quelque fonction militaire dont il avait la jouissance, et j'inclinerais à croire que cette fonction était la charge de capitaine de la ville de Beauvais ou des milices beauvaisines, distincte du fief de la Châtellenie [1].

Ce fief continua à appartenir à la famille d'Eudes de Beauvais, châtelain, troisième du nom [2], qui vivait encore en 1134, année où Adam et Eudes, indiqués comme *filii Castellani*, furent présents à un acte d'Eudes Ier, évêque de Beauvais. (Titr. de Saint-Quentin).

Adam succéda à son père en qualité de Châtelain. Il est nommé, avec Eudes, son frère, dans un autre acte d'Eudes Ier, évêque de Beauvais, en 1139. (Titr. de Saint-Pierre).

Dans une autre charte de la même année, par laquelle Evrard de Breteuil restitua la terre d'Escut (de Cuts ?) à l'abbaye de Saint-Lucien, Adam est encore cité avec Eudes et Dreux, ses frères, et Pierre, fils de G... (Guillaume ?), aussi son frère [3]. Enfin, il se croisa en 1147, et, avant son départ, il fit une donation à l'église de Saint-Quentin, en présence d'Adelais [4], sa femme, d'Eudes et d'Agnès, leurs enfants, et du

---

[1] Voir à ce sujet ANTOINE LOISEL : *op. cit.*, p. 142.

[2] Vautier de Beauvais est nommé frère du châtelain dans une charte de Pierre, évêque de Beauvais en 1119 (Titr. de Saint-Michel), et dans l'acte de permission de bâtir la chapelle de Troussures, en 1125 (Titr. de Saint-Barthélemy. *Cabinet des titres, loc. cit.*). — On trouve encore, à la même époque, un Yves de Beauvais, dont le fils Robert fut présent à une charte de l'abbaye de Saint-Lucien, en 1150. (Tit. de Saint-Lucien.) Le même Robert vivait encore vers 1180 ; car il souscrivit alors la charte par laquelle Sawallon, sire de Milly, confirma, comme seigneur dominant, la donation de la terre de Rothois faite à Saint-Lucien par Hugues de Praelles. (Arch. de Saint-Lucien : Rothois, citées dans *Trésor général.* de D. VILLEVIEILLE, t. XI.)

[3] Arch. de l'abb. de Saint-Lucien : Bos d'Escu, cité dans *Trésor gén.* de D. VILLEVIEILLE, t. XI.

[4] Le décès de cette Adelais est marqué dans l'obituaire de Saint-Pierre aux calendes de septembre. *(Cabinet des titres, loc. cit.)*

consentement de Jean [1], archidiacre, et d'Eudes, ses frères, sous l'épiscopat d'Eudes, deuxième du nom.

Le fils d'Adam, châtelain, Eudes de Beauvais, quatrième du nom, succéda à son père dans ce fief important; il avait épousé une dame dont le décès est marqué dans l'obituaire de Saint-Pierre au V des ides de septembre.

Cette dame est appelée Eve dans certains titres [2] et Fressende (?) dans d'autres [3]. Outre sa sœur Agnès, citée plus haut, le châtelain Eudes avait une autre sœur nommée Marie, et deux frères, Jean et Henri. En 1164, ils donnèrent tous ensemble à l'abbaye de Foucarmont leur terre d'Harsy (Arsy, canton de Mouy), tenue en fief de l'évêque de Beauvais, qui y consentit. Cette donation fut faite en présence d'Eudes, fils du châtelain, de Guillaume de Gerberoy, de Nicolas Engeloz, de Jacques de Phaguon de Guillaume de Noeroy, de Raoul d'Igy, de Gautier de Hosdeng, de Guiard de Vaulx et autres [4]. Le châtelain Eudes eut aussi un neveu appelé Jean de Beauvais, dont l'existence est constatée dans un titre de Saint-Pierre, en 1166 [5].

Nous trouvons encore, parmi les contemporains d'Eudes ou de son fils, un Nicolas de Beauvais, prêtre, chanoine de Saint-Pierre en 1181 (titr. de Saint-Quentin), un Raoul de Beauvais, également chanoine en 1178, et un Jean de Beauvais, chanoine de Gerberoy en 1195 [6].

---

[1] Il ne faut pas confondre ce Jean, archidiacre, avec un autre Jean, son oncle, à qui son frère Eudes donna, en 1060, ce qui lui appartenait à Courcelles-sous-Chaumes (?). (Tit. de Saint-Pierre de Beauvais.) Le Jean, neveu, dont il est ici question, est cité en 1128, 1130, 1131, dans des titres de Saint-Quentin; il est indiqué comme chanoine de Saint-Pierre en 1134 et comme archidiacre en 1147 et 1160. *Cabin des titres, loc. cit.*— Le dernier frère, Droux, que nous avons déjà cité une fois, vivait encore en 1147. *(Id. ibid.)*

[2] CADIN. DES TITRES, *loc. cit.*

[3] Cartul. 1 de l'abbaye de Foucarmont, cité dans *Trésor généal. de* D. VILLEVIEILLE, XI.

[4] Cartul. 1 de l'abbaye de Foucarmont, fol. 90, cité dans *Trésor gén. de* D. VILLEVIEILLE. XI.

[5] CADIN. DES TITRES, *loc. cit.*

[6] Nous n'avons pas parlé d'un Renaud de Beauvais dont les armoiries

Eudes 7ᵉ et dernier du nom, fils du précédent, était châtelain de Beauvais en 1187 ; il fut présent à un acte concernant l'abbaye de Lannoy, en 1189, du temps de Philippe, évêque de Beauvais ; il donna à Saint-Pierre de Beauvais, du consentement d'Agnès, sa femme ¹, 4 livres de cens pour l'âme d'Eudes, châtelain, et d'Eve ses père et mère. Le décès de ladite Agnès est marqué dans l'obituaire de Saint-Barthélemy de Beauvais, le 8 des ides d'avril ².

C'est certainement cette même Agnès qui est portée à l'obituaire de N. D. de Paris, le 14 avril : « Eodem die, obiit Agnès, Castellana Belvacensis, que dedit nobis duos cortinas et duos bordos cum cortinis » ³.

Eudes est encore cité comme témoin le 13 novembre 1205, à

---

sont peintes à la salle des Croisades, comme ayant pris part à la première de ces expéditions. (Cfr. Versailles : Salle des Croisades ; Paris, 1 v. Gavard, éditeur, in-folio).

Enrôlé, en 1096, parmi les croisés de France qui partirent pour la Terre-Sainte, il est cité par Guillaume de Tyr et Albert d'Aix comme l'un des plus braves guerriers de l'armée chrétienne. Au siège de Nicée, à la bataille de Dorylée, au passage de l'Oronte, à la bataille d'Antioche, partout il signala sa valeur. Enfin, au siège d'Acre, où il dirigeait les archers, il tomba frappé d'une pierre à la tête, pour ne plus se relever. Il fut enseveli sur le Mont-Thabor. On lui a donné, à Versailles, d'après l'Armorial de Goussencourt un écu : d'argent à la croix de sable chargée de cinq coquilles d'or. Ce sont les armes des Châtelains de Beauvais de la seconde race dont nous allons bientôt nous occuper. Rien ne prouve qu'il fut de cette famille et nous croirions plus tôt qu'il appartenait à la même souche que les Eudes dont nous venons de parler.

¹ L'ébauche de généalogie du Cabinet des titres, loc. cit., lui donne, sans preuves, pour femme, Petronille, dame de Vacueil.

² Titres de l'Hôtel-Dieu de Beauvais, etc., cités dans Cab. des titres, loc. cit.

³ Obituaire de N. D. de Paris, dans Cartulaire, publié par Guérard (Collect. de Doc. inéd., in-4°) t. iv, p. 40. — Il est évident que c'est par erreur que Guérard indique comme année de cette mort « circa 1270. » Nous avons, en effet, les noms de toutes les Châtelaines de la seconde maison des Châtelains de Beauvais, et aucune ne s'appelle Agnès, pendant le XIIIᵉ et le XIVᵉ siècle.

Rouen, dans un acte concernant les droits appartenant au roi et aux seigneurs en Normandie [1].

Eudes V avait un frère nommé Henri, indiqué comme « frater Castellani », en 1186, dans un titre de l'Hôtel-Dieu de Beauvais [2]. Il est probable qu'il avait un proche parent appelé Enguerrand, fils de Hugues de Beauvais, qui souscrivit, en 1204, la charte par laquelle Guillaume et Mannessier, frères, sires de Mello, amortirent les choses assises à Harsy, que Raoul de La Chaussée, sa femme et leurs enfants, avaient données à l'abbaye de Foucarmont [3]. Le Hugues de Beauvais, cité ici, était sans doute le fils de l'un des deux frères de Eudes III, châtelain de Beauvais, qui donnèrent, en 1164, la même terre d'Harsy à la même abbaye de Foucarmont.

Son fils Adam, deuxième du nom, châtelain de Beauvais en 1210 [4], avait sans doute pour femme une dame nommée Pétronille, que nous trouvons mentionnée, à la même époque, sous le nom de « Patronilla Castellana », et dont le décès était indiqué dans l'obituaire de Saint-Pierre au 8 des calendes de mai [5].

Adam II fut le dernier représentant de la première maison

---

[1] Alex. Teulet : *Layettes du Trésor des chartes*; Paris, Plon, 1863; t. I. — Malheureusement le sceau d' « Odo, Castellar » de Belvaci » manque avec plusieurs autres.

[2] Cab. des titres, *loc. cit.* — Qu'est-ce qu'un Eudes de Beauvais qui, avec Sarah, sa femme, et en présence de Robert de Merleville et d'Enguerrand de Saint-Remy, donne une maison à l'abbaye de Tréport, en 1220 ? (Cartul. de l'abb. de Tréport, fol. 7 v°, cité dans *Trésor général.* de D. Villevieille.)

[3] Cartul. 1 de l'abb. de Foucarmont, fol. 96 et 97, cité dans *Trésor général.* de D. Villevieille, xi.

[4] Titre de Saint-Pierre de Beauvais, cité dans Cab. des titres, *loc. cit.*

[5] Cab. des titres, *loc. cit.* — La généalogie citée plus haut, du Cabinet des titres, lui donne pour femme Marguerite de Braquemont, mais sans apporter aucune preuve à cette affirmation. — Nous trouvons encore dans le *Trésor général.* de D. Villevieille, un Philippe, fils de Beaudoin de Beauvais, qui, au mois de février 1276, paya à dame Amile de Breteuil ce qu'il lui devait, et en reçut quittance de Simon de Beausault, seigneur de Breteuil. (1er cartul. de l'abb. de Saint-Germer, p. 400.)

des Châtelains de Beauvais [1]. Ce titre avait, d'ailleurs, déjà beaucoup perdu de son importance et de ses privilèges, tout en constituant encore une charge considérable relevant du comté, mais dont les attributions militaires avaient été très amoindries dès le XII° siècle. Cette charge était peu à peu devenue un fief héréditaire et l'usage avait même prévalu — au moment de la formation des noms de famille, au XII° siècle, — de donner aux châtelains le nom de la ville elle-même ou du château, siège de leur office. Cet usage n'était, du reste, nullement particulier à la châtellenie de Beauvais, et il me suffira de citer encore ici les châtelains de Coucy, si connus dans l'histoire et dans la légende sous le même nom, qui les fait parfois confondre avec les puissants suzerains desquels ils dépendaient.

C'est encore ce nom de Beauvais, précédé de celui de Châtelain, devenu à son tour nom patronymique, qui sert à désigner les membres d'une puissante maison qui posséda, à partir du XIII° siècle, la châtellenie de Beauvais [2].

II

SECONDE MAISON DES CHATELAINS DE BEAUVAIS.

Cette seconde maison des Châtelains de Beauvais se rattachait-elle par quelques liens à la première, dont nous venons de parler ? C'est ce qu'il nous est impossible d'affirmer, bien que cette hypothèse nous semble tout à fait probable.

---

[1] Pour plus de clarté, nous en donnons ici le tableau :

Eudes Ier	vivant en	962	Adam Ier	vivant en	1139
Thierry	—	980	Eudes IV	—	1164
Foulques	—	1015	Eudes V	—	1187
Eudes II	—	1037	Adam II	—	1219
Eudes III	—	1103			

[2] Disons de suite, pour n'y plus revenir, qu'aucune des familles qui portèrent le nom de Beauvais, et que nous trouvons à partir du XVI° siècle en Picardie, en Normandie et dans d'autres provinces, ne paraît se rattacher à la maison des Châtelains de Beauvais, qui s'éteignit d'ailleurs, comme nous le verrons plus loin au XV° siècle.

Toujours est-il qu'après Adam de Beauvais, qui, comme nous l'avons vu, vivait encore en 1219, nous trouvons le titre de Châtelain de Beauvais porté, en 1225, par un Guillaume, qui fut la souche de la seconde maison de nos Châtelains, et à dater duquel nous pouvons suivre d'une manière précise la filiation de ces seigneurs jusqu'à l'extinction de la Châtellenie ; nous préférons donc donner, à partir de ce moment, à notre travail, la forme généalogique.

I. GUILLAUME I·ʳ du nom, Châtelain de Beauvais, confirma, au mois de février 1225, d'accord avec sa femme [1], la donation que Barthélemy de Roye, chambrier de France, et sa femme, avaient faite à Alix, leur fille, femme de feu Raoul de Nesle.

Il eut pour fils :

II. GUILLAUME II, qui suit.
II. RENAUD ou REGNAULD, qualifié, en juin 1271, de Châtelain de Beauvais dans une donation faite à Saint-Germer de Flaix de 100 livres parisis de rente pour l'âme de Guillaume, son frère aîné [2]. Il porte le même titre de Châtelain de Beauvais dans un arrêt du Parlement de Paris, du 2 février 1276 (1277), lui confirmant contre le bailli de Caux, des droits d'usage dans la forêt de Lihons, dépendante d'un manoir qu'il avait acheté. Le bailli lui contestait ces droits sous prétexte qu'il était grand seigneur « magnus homo et dominus [3] ».

Peut-être Renaud porta-t-il ce titre de Châtelain de Beauvais jusqu'à la majorité de son neveu Guillaume II, à moins -- et cette explication me semble plus vraisemblable — que Châtelain ne fût déjà devenu à cette époque, sinon un nom patronymique, au moins l'appellation commune de tous les membres de cette famille.

---

[1] Le P. ANSELME (Hist. des grands officiers de la couronne, VIII, 831) dit que cette femme était Marguerite, dame de Germigny.

[2] Titre de Saint-Germer : CAB. DES TITRES, loc. cit.

[3] C'est par erreur que M. BOUTARIC (Actes du Parlement de Paris, n° 2033) appelle Regnaut : Roger. L'original cité (Olim, II, fol. 33 recto) porte bien, sans aucune contestation possible, « Regnaldus ». — « Cum Regnaldus Castellanus Belvacensis emisset quoddam manerium prope forestam de Loenibus, cum usagio quod venditor dicti manerii, ratione illius manerii habebat in dicta foresta..... »

Renaud eut probablement un fils, appelé Léger, qui fit une vente à l'abbaye de Saint-Denis en France, au mois de janvier 1277 [1].

II. Guillaume II° du nom, Châtelain de Beauvais, seigneur de Vacueil, marié à Eléonore Crespin, dame de Ferrières, de Ri et de Saint-Denis le Thibout. A la Saint-Martin de l'année 1252, il paya une somme au roi pour la vente de ses bois. En 1258, il émit la prétention de recevoir l'hommage de son cousin Jean pour un fief faisant partie de la châtellenie; mais l'évêque s'y opposa, et le Parlement rendit un arrêt maintenant le prélat dans le droit exclusif de recevoir les hommages des parages entre frères et sœurs pour les fiefs dépendant de Beauvais, nonobstant les établissements du roi Philippe [2].

C'est très certainement Guillaume II, Châtelain de Beauvais, qui parut dans le fameux tournoi de Hem, dans lequel, joûtant contre Geoffroy de Clero,

> Li donna un cop si pesant
> Qu'il ne volsit pour I besant
> Que ses pelates fuissent hors,
> Féru l'eust parmi le core.....

---

[1] Cartul. 1er de l'abb. de Saint-Denys en France, p. 382, cité dans le *Trésor généalogique* de D. Villevieille. — Contemporains : Raoul de Beauvais, fait évêque de Nevers, à Rome, en 1232 (*Chroniq. d'Albéric*, fol. 410 ; Cab. des titres) ; — Guillaume de Beauvais « clericus domini Regis », nommé dans des arrêts du Parlement, de 1271 et 1279 (*Id., ib.*) ; — Jehan le Castelain, maire de Beauvais en 1200 (Teulet : *Layettes du Trésor* et Charles, III, p. 527 n).

[2] *Olim*, I, fol. 6 recto, dans Bouraric : *Actes du Parlement de Paris* ; Paris, Plon, 1863, n° 200. — C'est sans doute ce Jean de Beauvais qui avait épousé Jeanne de Liviller, laquelle, après la mort de son mari, vendit à l'évêque de Beauvais, le vendredi après la Saint-Luc de l'an 1288, plusieurs rentes, cens et droits qu'elle avait à Bresles, pour la somme de 220 livres parisis. (Cartul. de l'évêché de Beauvais, fol. 146 verso, cité dans le *Trésor génal.* de D. Villevieille). Nous possédons d'un autre Jean de Beauvais, probablement le fils du précédent, à la date du 14 juin 1299, un reçu donné à Bruges à Guillaume de Montmor, de 20 livres tournois pour le compte de M. Baudoin d'Anclins. Ce reçu porte le sceau à la croix chargée de cinq coquilles. (Cabinet des titres : *Pièces originales*, t. ccli.)

Geoffroy de Clère, de son côté, lui brisa sa lance à la gorge, ce qui plut fort à la noble assistance [1].

Un autre chevalier du Beauvaisis, Pierre de Houdenc, dont nous retrouverons le nom tout à l'heure, joûta dans le même tournoi contre Jean de Bois-Girlaume [2].

Guillaume II mourut probab'ement en 1267 [3], et, quelle que soit la date exacte de sa mort, sa femme était très certainement veuve en 1269. Il existe, en effet, à la date du 12 juin de cette année, un arrêt du Parlement de Paris déboûtant l'évêque de Beauvais qui demandait cour dans un procès entre lui et la Châtelaine de Beauvais, au sujet d'une justice faisant partie du douaire (*dotalicium*) de ladite Châtelaine; attendu que, d'après la coutume de France, les veuves peuvent porter les demandes relatives à leur douaire, à leur choix, devant la Cour d'Eglise ou devant celle du seigneur féodal, ou devant celle d'un seigneur supérieur quelconque [4]. Ce procès ne fut, du reste, que le premier acte d'une longue série de difficultés judiciaires dont les actes du Parlement de Paris nous ont conservé les traces. Ces difficultés eurent pour cause principale les prétentions contradictoires de l'évêque et du châtelain, relativement à la justice; peut-être Renaud de Nanteuil, qui occupait à cette époque le siège de Saint Lucien, crut-il habile

---

[1] Peigné-Delacourt : *Analyse du Roman de Hem du trouvère Sarrasin* : Arras, 1831, in-8°, p. 17.

[2] *Id. ibid.*, p. 37.

[3] Nous avons, à la date du 8 novembre de cette année, un arrêt du Parlement de Paris condamnant la châtelaine de Beauvais à reconstruire à ses frais le marché de Ri, qui avait été brûlé. (*Olim*, 1, fol. 158 verso, dans Boutaric, *op. cit.* n° 1173.) Mais il est possible que le nom de Guillaume soit tout à fait absent dans un acte concernant une terre appartenant en propre à sa femme.

[4] *Olim*, 1, fol. 169 verso, dans Boutaric, *op. cit.* n° 1364. — A la même date, le Parlement rendait un autre arrêt ordonnant au bailli d'Etampes de restituer à la châtelaine de Beauvais une branche d'orme que le vent avait fait tomber près du village de la Forêt, et dont le bailli s'était emparé au nom du roi. (*Olim*, 1, fol. 169 verso, dans Boutaric : *Actes du Parlement de Paris*, n° 1360.)

de profiter de ce que les droits du châtelain étaient alors remis aux mains d'une veuve pour essayer de diminuer ces droits, mais il se trompa grandement; car il eut affaire, dans Eléonore Crespin, à un adversaire actif et résolu, qui lui tint tête pied à pied.

Dès le mois de février 1269 (1270), la châtelaine obtint un arrêt du Parlement statuant qu'elle avait le droit de faire arrêter pour dettes dans la ville de Beauvais, droit qui lui était contesté par l'évêque; mais il fut dit en même temps que ce droit ne pourrait s'exercer que par prévention, c'est-à-dire lorsque le sergent de la châtelaine aurait devancé celui de l'évêque [1]. Par contre, le Parlement rendit en même temps un autre arrêt déclarant que l'évêque avait la justice dans la maison même de la châtelaine. Cet arrêt fut rendu à l'occasion d'un larron qui, au moment où il était conduit en prison par les sergents de l'évêque, s'échappa et se réfugia dans la maison de la châtelaine, d'où l'évêque le fit arracher [2].

La châtelaine ne se tint probablement pas pour battue, car, quelque temps après, elle faisait arrêter des sergents de l'évêque — probablement ceux qu'elle accusait d'avoir violé sa demeure — pour les mettre « sous la main du roi ». Elle fut condamnée par défaut, — son contremand n'ayant pas été admis, — le 1er juin 1270, à restituer les sergents à l'évêque [3]. Cela ne mit pas fin aux différends. Ils continuèrent au contraire en 1272 [4], et la châtelaine obtint, en 1273, une autre décision la maintenant en possession dans la ville de Beauvais de la « justice d'arrêts » qui lui était toujours contestée par l'évêque [5]. Le 24 mai 1276, nouvel acte du Parlement déboutant l'évêque de Beauvais de sa demande contre la châtelaine au sujet du droit

---

[1] Olim 1, fol. 4 recto. Boutaric : *Actes du Parlement de Paris*, n° 1487.

[2] Olim, 1, fol. fol. 63 verso. Boutaric, op. cit., n° 1488. — Nous donnons le texte de ce curieux document aux *Pièces justificatives*, pièce A.

[3] Olim, 1, fol. 178 verso. Boutaric, op. cit., n° 1519.

[4] Restitution d'un volume des Olim, dans Boutaric, op. cit., n° 114°.

[5] Restitution d'un volume des Olim. Boutaric, op. cit., n° 176°.

d'arrêt pour dettes qu'elle exerçait [1]. Le 1ᵉʳ novembre 1278, arrêt condamnant l'évêque à une amende envers le roi et à des dommages-intérêts envers la châtelaine, pour avoir fait arrêter un sergent de ladite châtelaine dans l'exercice de ses fonctions [2], et le même jour, *record* d'un arrêt condamnant encore le même évêque — c'était toujours Renaud de Nanteuil — parce que ses officiers avaient arrêté un sergent de la châtelaine, lequel avait saisi le cheval d'un individu nommé Jean de Sarquiex, pour s'être servi d'une mesure prohibée [3].

L'évêque Renaud de Nanteuil — dont l'épiscopat fut un long procès contre son chapitre et contre la commune [4] — ne fut pas le seul adversaire que rencontra, pendant son veuvage, Eléonore Crespin sur le terrain judiciaire. Elle eut aussi maille à partir avec un chevalier nommé Pierre de Hodenc, qui paraît lui avoir contesté la co-propriété d'une terre appelée le Pré-aux-Bœufs, dont nous ne connaissons pas exactement la situation [5]. La châtelaine fut condamnée à l'amende envers le roi, le 2 novembre 1279, pour avoir cité et fait poursuivre en Cour d'Eglise, malgré la défense du bailli de Caux, messire Pierre de Hodenc (de Houdenco) et un sergent du roi [6] : mais trois ans après, en 1282, elle obtint gain de cause sur ce qui paraît avoir été le fond du procès, et le Parlement la déclara co-propriétaire du Pré-aux-Bœufs avec ledit Pierre de Houdenc [7].

Cette décision judiciaire est la dernière trace que nous ayons

---

[1] Olim, II, fol. 31 verso. Boutaric, *op. cit.*, n° 2012. — « ..... audita peticione dicti episcopi, vocata Castellana et presente..... »

[2] Olim, II, fol. 39 verso. Boutaric, *op. cit.*, n° 2125.

[3] Olim, II, fol. 39 verso. Boutaric, *op. cit.*, n° 2126.

[4] Voir Delettre : *Histoire du Diocèse de Beauvais*.

[5] Est-ce le Pré-Haut, commune d'Hodenc-en-Bray ?

[6] Olim, II, fol. 48 recto. Boutaric, *op. cit.*, n° 2255. — « ..... quod contra prohibitionem Ballivi Caleti trahi fecerat et vexari in foro ecclesie coram delegato judice dominum Petrum de Houdenco et quemdam servientem domini Regis..... »

[7] Restitution d'un volume des Olim, dans Boutaric, *op. cit.*, n° 470°.

rencontrée de l'existence d'Eléonore Crespin; il est probable qu'elle mourut peu de temps après. De son époux, Guillaume II° du nom, Châtelain de Beauvais, elle laissait plusieurs enfants :

    III. GUILLAUME III° du nom, qui suit.
    III. RENAUD, qui eut des enfants, et dont nous reparlerons plus loin.
    III. MARGUERITE de Beauvais, première femme de Jean, seigneur de Créquy, dit l'*Etendard* [1].

III. GUILLAUME III° du nom, dit le Velu, Châtelain de Beauvais, seigneur de Vacueil, de Saint-Denis-le-Thiboust, de Ri et de Ferrières, fut un des seigneurs mandés, le 12 novembre 1318, pour se trouver à Paris à la Chandeleur et marcher contre les Flamands. En 1322, il assista pendant vingt-trois jours, lui sixième, à un tournoi qui se tint au Mans; puis, en 1325, il fut présent à la concession que le roi fit à Hervé de Léon, seigneur de Noyon-sur-Andelle, d'un marché pour sa terre de Bourg-balde. Enfin, il assista à l'expédition de Flandre, en 1338 [2].

Il avait épousé Jeanne d'Estouteville [3], fille de Robert IV° du nom, sire d'Estouteville et de Vallemont, et d'Alix Bertrand-de-Briquebec, dont il eut :

    IV. COLART, qui suit;
    IV. ALIX ou ALIPS, mariée d'abord à *Robert*   *Marigny*, seigneur *de Maineville*, puis en secondes noces à *Robert d'Evreux*, seigneur *de Valiquerville*, et
    IV. JEANNE de Beauvais, mariée à Jean, dit *le Flamand*, seigneur *de Crévecœur* [4].

---

[1] C'est par erreur que M. BOUTARIC, *op. cit.*, n° 7017, qualifie de châtelaine de Beauvais une dame Isabelle, en faveur de laquelle fut rendue une sentence du Parlement le 8 janvier 1323. Cette Isabelle était héritière de Baudoin, châtelain d'Arras, et son titre de « Castellana » s'applique à la châtellenie de cette ville et non à celle de Beauvais. (Voir l'original dans les JUGÉS, 1, fol. 259 verso.)

[2] C'est donc à tort que MORÉRI le fait mourir en 1329, et le document cité du CABINET DES TITRES le 25 janvier 1320. — Voir la quittance donnée à Tournay le 20 octobre 1338 aux *Pièces justificatives*, pièce B.

[3] Il fut enterré avec elle dans l'église de l'abbaye de l'Isle-Dieu, au diocèse de Rouen.

[4] P. ANSELME : *op. cit.* VII, 110. — LA MORLIÈRE : *Maisons Nobles de Picardie*. Paris, 1600, in-fol. à *Crèvecœur*.

IV. COLART, Châtelain de Beauvais, seigneur de Vacueil, etc., épousa Marguerite de Roye, dame de Germigny, fille de Dreux, seigneur de Germigny, et d'Alix de Garlande-Possesse. Il eut, en 1342, à cause de sa femme, un procès avec Roques de Hangest, seigneur d'Avenescourt, pannetier, puis maréchal de France, qui avait épousé en secondes noces Alix de Garlande, sa belle-mère. En 1346, il servit en Normandie, en la « bataille » de Raoul, comte d'Eu et connétable de France ; puis en 1348, en Artois, sous le commandement de Guy de Nesle, maréchal France [1]. Nous possédons de lui deux quittances des années 1350 et 1351, de redevances qui lui étaient dues, du chef de sa mère, sur la terre de Vallemont [2]. Il fut enterré avec sa femme dans l'église des Jacobins de Beauvais.

Sceau de COLART, Châtelain de Beauvais (1348).

Il eut pour enfants :

   V. GUILLAUME, qui suit ;

   V. JEANNE, dame de *Fayel* et de *Condemarches*, nommée dans un arrêt criminel du 21 novembre 1402 et morte sans alliance, et

---

[1] Quittance donnée à Saint-Omer le 22 août 1348 (CLAIRAMBAULT, titres scellés, reg. 12, fol. 745); voir aux *Pièces justificatives*, C. — C'est à cette pièce qu'est appendu le sceau de Colard de Beauvais que nous donnons ici, et dont voici la description : Sceau rond de 23 millimètres. Ecu à la croix chargée de cinq coquilles, penché, timbré d'un heaume couronné et cimé d'un plumail, sur champ orné de mufles de lion. — Cet armorial est celui que l'on retrouve sur tous les sceaux de cette famille.

[2] Quittances du jeudi après la Chandeleur 1350 et du lundi après Pâques 1351 *Pièces originales* du CABINET DES TITRES, t. CCLI); voir aux *Pièces justificatives*, D. et E.

V. Marguerite, dame de Remaugis, première femme de Pierre IIe du nom, dit Hutin, seigneur d'Aumont, porte-oriflamme de France [1].

V. Guillaume IVe du nom, châtelain de Beauvais, seigneur de Vacueil, etc., conseiller et chambellan du roi Philippe de Valois, servit, en 1355, dans l'armée d'Amiens et de Saint-Omer avec sept écuyers, puis en 1359 sous les ordres du sire de Blaru, lieutenant-général au pays de Vexin [2]. En cette même année 1359, il était gouverneur de Beauvais. On voit bien, par ce fait, que la charge de châtelain de Beauvais était devenue un simple fief héréditaire sans aucune attribution militaire, puisque le porteur de ce titre reçoit ici une commission du roi pour exercer les *fonctions* de capitaine ou gouverneur qui, à l'origine, appartenaient très certainement au châ-

Sceau de GUILLAUME IV, Châtelain de Beauvais (1869).

telain. Guillaume — qui n'était alors qu'écuyer — transigea, le 15 août 1361, avec l'évêque de Beauvais et reconnut devant la Cour de Parlement qu'il n'avait aucun droit de tendre des filets et de prendre des lapins dans la garenne devant son château de Mares (?) [3]. Il fut caution (vers 1360) du traité de

---

[1] P. Anselme, IV, 672. — Nous trouvons dans le *Trésor généal.* de D. Villevieille (citant les *Arch. de l'abb. de Tréport*) un Colart de Beauvais, écuyer, fils de feu Colart, fils et héritier de feu Jean de Beauvais, qui fait une donation à l'abbaye de Tréport. Nous ne savons si ces personnages appartiennent à la famille des châtelains de Beauvais.

[2] P. Anselme, VIII, 831.

[3] Cartulaire II de l'évêché de Beauvais, fol. 254. Cité dans le *Trésor généal.* de D. Villevieille.

7

mariage de Robert d'Estouteville, seigneur de Vallemont, son cousin, avec demoiselle Marguerite, fille de Charles, seigneur de Montmorency[1]. Il fut enfin pourvu, vers l'an 1367, de la charge de grand-queux de France qu'il exerça jusqu'à sa mort, arrivée en 1390.

Guillaume servit avec distinction aux armées de Picardie, de Normandie et d'Artois, en 1369, sous les ordres de Hue de Châtillon, grand maître des arbalétriers de France[2], et assista au siège de Noyelle-sur-Mer[3]. Nous le retrouvons, en 1373, au siège de Brest[4], sous les ordres du connétable.

Sceau de GUILLAUME IV, Châtelain de Beauvais (1380).

En 1380, il servit sous les ordres du duc de Bourgogne et du sire de Coucy[5]; enfin, en 1382, en Champagne[6], et, en 1387, en Flandre, sous les ordres directs du roi[7].

Il eut de grands démêlés avec les habitants et aussi avec le

---

[1] Arch. du prince de Condé, citées dans *Trésor gén.* de D. VILLEVIEILLE.

[2] Montres et quittances du 25 avril, du 20 juillet, des 3 et 16 août de cette année. (Voir aux *Pièces justificatives*, F, G, H, I et J.)

[3] Quittance du 16 mai 1369. (Voir aux *Pièces justificatives*, K.)

[4] Montre du 1er juin 1373. (Voir aux *Pièces justificatives*, L.)

[5] Montre et quittances des 20 juillet, 1er et 5 septembre de cette année. (Voir aux *Pièces justificatives*, M, N et O.)

[6] Montre et quittance des 9 et 30 mai 1382. (Voir *Pièces justificatives*, P. et Q.)

[7] Quittance et montre des 30 octobre et 20 novembre 1387. (Voir *Pièces justificatives*, R et S.)

Chapitre de Beauvais, et entama avec ce dernier un procès qui ne prit fin que longtemps après sa mort. Le 9 mars 1381, il reconnut qu'il n'avait aucun droit de mesurage sur la terre et seigneurie de Saint-Lucien [1]. Au mois d'août 1392, le roi lui donna, à Compiègne, des lettres de rémission pour avoir, en sa « ville » d'Auberville, au bailliage de Caux, fait donner deux « buffes (coups) » par Jean de Bertaucourt, un de ses familiers, à la suite d'une discussion avec un sous sergent de la sergenterie de Granville [2].

Guillaume IV avait épousé Jeanne de Rayneval ou Raineval [3], dame de Luillier ou Liviller, fille de Raoul, seigneur de Rayneval, grand pannetier de France, et de Philippe de Luxembourg, sa première femme, dont il eut pour fille unique Jacqueline, Châtelaine [4] de Beauvais, qui hérita de ses grands biens. Jeanne de Rayneval mourut un an avant son époux, le mercredi précédant la Saint-Martin d'hiver de l'année 1389, et

---

[1] Arch. de l'abbaye de Saint-Lucien : Saint-Lucien. Cité dans le *Trésor généal.* de D. Villevieille. — Nous donnons ici deux sceaux de Guillaume IV, appendus, le premier à la pièce datée de Hesdin le 16 août 1369, le second à celle datée de la même ville le 20 juillet 1380. Voici leur description : I. Sceau rond de 22 millimètres. — Ecu à la croix chargée de cinq coquilles, penché, timbré d'un heaume couronné et cimé, supporté par deux lions. Légende : …. CHASTELAI. DE DEAVVA…..

II. Sceau rond de 28 millimètres. — Ecu à la croix chargée de cinq coquilles, penché, timbré d'un heaume couronné et cimé d'un plumail, supporté par un couple de sauvages. S. GVILLAVME CHASTELAIN DE DEA….. S.

[2] Arch. Nat. JJ. 121, pièce 237. — Nous ne donnons pas cette lettre à nos *Pièces justificatives*, parce qu'elle concerne des faits complètement étrangers à notre pays.

[3] C'est à tort que M. Graves (*Canton de Beauvais*, p. 102) le marie à une fille de la maison d'Estouteville. On voit qu'il le confond avec son grand père.

[4] Cette qualification de forme féminine n'empêche pas que le titre de Châtelain ne fût devenu le nom patronymique de cette famille. C'était l'usage, au moyen âge, de féminiser ainsi les noms qui étaient susceptibles de cette modification : dans la maison des Bouteillers de Senlis, qui tenaient leur nom d'une charge héréditaire, comme les châtelains de Beauvais, les femmes s'appelaient souvent N... la Bouteillère.

tous deux furent enterrés dans l'église des Jacobins de Beauvais.

VI. JACQUELINE, châtelaine de Beauvais, était mineure à la mort de son père, arrivée en 1390. Sa tante, Jeanne de Beauvais, releva, le 14 juillet de la même année, un fief et pairie de l'abbaye de Corbie, assis à Monrecourt, et deux fiefs au même lieu provenant de messire Pierre de Roye, grand oncle de Guillaume IV, avec deux autres fiefs assis aussi à Monrecourt, et provenant de feu Rifflard de Ver, et que Jeanne de Raineval avait légués à son mari [1].

La tutelle de la jeune châtelaine appartenait, suivant l'usage féodal, à Yolande de Flandre, comtesse de Bar, dame de Cassel, à cause de son comté de Longueville, duquel relevait la seigneurie de Saint-Denis-le-Thibout, dont le château était la résidence habituelle de Jacqueline de Beauvais. Le 8 novembre 1390, la comtesse de Bar céda « la garde de son amée Jacqueline, châtelaine de Beauvais, et des châtel, terre et seigneurie de Saint-Denis-le-Thibout », à messire Philippe de Beauvais, chevalier, et « autres amis de ladite damoiselle sous certaines conditions », par lettres données à Dieppe [2].

On peut supposer que ce Philippe de Beauvais, cousin de Jacqueline, et dont nous reparlerons plus loin, ne présenta pas toutes les garanties désirables pour la garde du dépôt qui lui était confié, car dès le mois de juin de l'année suivante, 1391, nous voyons Yolande de Flandre lui retirer la garde de la jeune châtelaine pour la donner à messire Guillaume des Bordes, chevalier, conseiller, chambellan du roi, dont le fils était sur le point d'épouser ladite Jacqueline [3]. En effet, nous voyons que

---

[1] Arch. de l'abbaye de Corbie, reg. Franciscus, fol. 28 verso, cité dans Trésor généal. de D. VILLEVIEILLE, aux mss. de la Bibl. Nat.

[2] Chambre des comptes de Lille. Registre des causes de ladite comtesse, folio 37. Cité dans le Trésor généal. de D. VILLEVIEILLE.

[3] Chambre des comptes de Lille, ibid., fol. 41. — Cette cession de garde était faite à titre onéreux « moyennant la somme de 150 livres chacun an, pendant tout le temps de la minorité de ladite damoiselle, selon la coutume de Normandie ».

le 1er septembre 1393 noble homme Jean des Bordes, seigneur de Cayeux et châtelain de Beauvais, comme mari de damoiselle Jacqueline *Châtelain* [1] de Beauvais, releva de la succession de son beau-père Guillaume IV la terre et châtellenie de Monrecourt, tenue en fief et pairie de l'abbaye de Corbie [2]. Cette union ne fut malheureusement pas féconde : Jean des Bordes et Jacqueline de Beauvais moururent sans enfants à une époque que nous ignorons.

VII. Le titre de châtelain de Beauvais passa alors à son cousin issu de germain, AUBERT D'ÉVREUX, dit *Valiquet*, seigneur de *Valiquerville*, fils de Jean d'Evreux et petit-fils de Robert d'Evreux et d'Ælips de Beauvais.

Il existait cependant encore des descendants directs de Guillaume 1er du nom, châtelain de Beauvais.

Sceau de PHILIPPE, Châtelain de Beauvais (1833).

III. *Renaud de Beauvais*, second fils de Guillaume II° du nom et d'Éléonore Crespin, avait, en effet, laissé un fils de son mariage avec Marguerite de Trie. Ce Renaud avait servi sous Raoul, comte d'Eu, connétable de France en 1340, et s'était trouvé au désastre de Poitiers, en 1356, où il avait été fait prisonnier. Au mois de janvier 1357, le roi, pour l'aider à payer sa rançon, lui permit d'aliéner ce qu'il avait dans la ville de Tronquoy et dans la forêt de Lihons [3].

---

[1] On voit qu'ici il s'agit bien d'un nom patronymique, puisqu'il reste au masculin.

[2] Arch. de l'abbaye de Corbie, reg. Franciscus, fol. 47 verso. Cité dans *Trésor généalogique* de D. VILLEVIEILLE.

[3] P. ANSELME, VIII, 832.

IV. Son fils, *Philippe de Beauvais*, avait été aussi fait prisonnier à la bataille de Poitiers en combattant à côté de son père; il servit ensuite, comme son cousin Guillaume IV, sous Hue de Châtillon, grand maître des arbalétriers, en 1368, et fut encore fait prisonnier deux fois, ainsi que nous l'apprend une curieuse lettre de rémission donnée en sa faveur en 1376. Cette lettre de rémission a trait à une rixe qu'il avait eue dans la ville de Pontoise avec un pannetier du roi, appelé Jean le Jeune, qu'il avait blessé [1]. Nous avons vu plus haut que c'est d'abord à Philippe que fut confiée, en 1390, la garde de la personne et des biens de sa cousine mineure, Jacqueline, châtelaine de Beauvais. Il servit au Mans, en 1392, à la tête d'un chevalier et de dix écuyers, sous le commandement de Renaud de Trie [2].

Philippe de Beauvais épousa Aliz, dite la Blonde, dame de la Forêt-le-Roi, dont il eut :

V. *Pierre de Beauvais*, seigneur du fief de *Noyers*, mort sans alliance;

V. *Colart de Beauvais*, dit *Colinet*, seigneur de *Cressancourt* [3], mort aussi sans alliance, et

V. *Jeanne de Beauvais*, dame de la *Forêt-le-Roy*, mariée d'abord à *Rureau de Dicy*, seigneur de *Vaux*, de *Michery*, près Sens, et de *Luzarches*, premier écuyer du corps et maître de l'écurie du roi Charles; puis, en secondes noces, à *Jean Le Clerc*, qui fut chancelier de France et dont nous reparlerons plus loin. C'est pendant son premier mariage que, d'accord avec son époux, elle vendit à maître Nicole Lamy, maître-ès-arts, la terre de Cressancourt, dont elle avait hérité de son frère Colinet [4].

Nous ignorons la date exacte de la mort de Aubert d'Evreux,

---

[1] V. *Pièces justificatives*, T.

[2] CLAIRAMBAULD, *Titres scellés*, t. XII, fol. 749. C'est à cette quittance qu'est appendu, sur cire rouge, le sceau de Philippe de Beauvais que nous donnons ici et dont voici la description : Sceau rond de 18 millimètres. Dans le champ, une croix grecque chargée de cinq coquilles. Légende : PHIL. PPE DE BIAVVES. — Voir *Pièces justificatives*, U.

[3] Arch. de l'abbaye de Breteuil, cité dans *Trésor généalogique* de D. VILLEVIEILLE.

[4] Cette terre de Cressancourt donnant droit de prendre dix muids de grains de rente sur le domaine de Sarcus, appartenant à l'abbaye de Breteuil, Colinet de Beauvais en avait fait hommage à Jean de Montmo-

seigneur de Valiquerville; mais nous savons que dès qu'il eût passé de vie à trépas, dans les premières années du XVe siècle, un long procès commença entre ses cousins pour la succession des fiefs attachés au titre de Châtelain de Beauvais. C'était, d'une part, Jeanne de Beauvais, dont nous venons de parler, dernière descendante directe des châtelains, alors mariée à Jean Le Clerc, chancelier de France, et, à cause d'elle, seigneur de la Forêt-le-Roy, et, d'autre part, Jean de Guistelle, chevalier, seigneur de Hellebique et de Ledringen, et Roger, seigneur de Bréauté, chevalier, tous deux arrière-petits-fils de Guillaume de Beauvais, deuxième du nom, par Marguerite de Beauvais, épouse du seigneur de Créquy, dit L'Etendard [1].

Ces deux prétendants perdirent leur procès et Jeanne de Beauvais, épouse de Jean Le Clerc, fut maintenue, par arrêt du 5 mai 1425, dans la possession du fief de la châtellenie de Beauvais et de toutes les terres qui avaient appartenu à Guillaume IIe du nom, châtelain de Beauvais, et à Eléonore Crespin, sa femme [2].

---

rency, alors seigneur de Breteuil et de Beaussault, duquel ladite rente était tenue en fief. Nicole Lamy, acquéreur de ce fief, en fit hommage au même seigneur de Beaussault. « Mais les guerres et les hommes d'armes qui depuis quelque temps ruinoient le pays furent cause que ledit Nicole Lamy ne pouvoit être payé de ladite rente, les religieux la luy refusant, attendu qu'ils ne pouvoient semer la terre qui en étoit chargée, et que le titre constitutif les en dispensoit dans ce cas; il y eut un procès à ce sujet qui fut décidé en faveur de l'abbaye par sentence de la prévosté de Paris, le 28e juin 1425 ». Archives de l'abbaye de Breteuil, tiroir N, cotte 33. Cité dans le *Trésor généal.* de D. Villevieille, *loc. cit.*

[1] Voici la généalogie de ces deux prétendants :

Marguerite de Beauvais,
mariée au seigneur de Créquy.

Jean de Créquy.	Catherine de Créquy, épousa le seigneur de Bréauté.
Marguerite de Créquy, mariée en 1379 à Gérard de Guistelle.	Roger, seigneur de Bréauté, chevalier.
Jean de Guistelle.	Roger II, seigneur de Bréauté, chevalier.

[2] On trouve, à peu près au même moment, un Pierre de Trie, seigneur de Mouchy-le-Châtel, capitaine de Beauvais.

Jeanne (ou, suivant le P. Anselme, Isabeau) de Beauvais avait été mariée à Jean Le Clerc le 3 novembre 1421; Hue de Dicy, conseiller au Parlement, frère et héritier de son premier mari, vendit à Jean Le Clerc la terre de Luzarches. Jeanne de Beauvais, à la sollicitation de ce dernier, donna les terres qui lui appartenaient à Jean Le Clerc, troisième du nom, enfant du premier lit, et à Mahiette de Trie, sa femme; mais cette donation fut cassée depuis comme nulle et contre le droit, et ces terres furent vendues à Jacqueline d'Estouteville, femme de Jacques de Mouy et héritière de Jeanne de Beauvais; néanmoins, la terre de La Forêt-le-Roi, qui fut donnée audit Jean III Le Clerc en 1437, et confirmée en 1459, resta à cette famille. Par contre, Pierre Le Clerc, petit-fils du chancelier, fut évincé, en 1480, de la terre de Luzarches, achetée par son aïeul.

VIII. Jean Le Clerc resta donc en paisible possession de la châtellenie de Beauvais, du chef de sa femme, Jeanne de Beauvais.

Il ne sera peut-être pas inutile de donner ici quelques renseignements sur ce personnage, dont le nom ne se trouve dans presque aucune biographie, malgré la haute position qu'il a occupée.

Il était fils d'un autre Jean Le Clerc, secrétaire du roi, seigneur de Saint-Sauveur en Puisaye, mort en 1393, et de Marie de Crau. Il était l'aîné de quatre frères, dont le second et le troisième, Etienne et Paul, moururent sans enfants; quant au quatrième, Pierre, il fut chanoine de Nevers et archidiacre de Decize.

Jean Le Clerc, deuxième du nom, seigneur de La Motte de Luzarches (acquis en 1421), de Cours-les-Barres, de Ferrières, etc., châtelain de Beauvais, était secrétaire du roi en 1368; il fut ordonné pour servir en cette qualité au Parlement de 1374; il fut ensuite conseiller au Parlement, puis maître des requêtes de l'Hôtel, dont il fit le serment le 27 novembre 1411. Lorsque le Dauphin sortit de la ville de Paris, après la surprise de cette ville par le seigneur de l'Isle-Adam pour le compte du duc de Bourgogne, il fut l'un des six maîtres des requêtes qui furent créés par l'édit du 21 juillet 1418; deux ans auparavant il avait été l'un des ambassadeurs envoyés au roi d'Angleterre, alors à Pontoise, pour traiter du mariage de ce prince avec Catherine de France, fille de Charles VI, mariage qui fut accompli depuis pour le malheur de la France. Cette ambassade fut sans doute la cause de sa fortune, car, à la mort d'Eustache de Laistre [1], en 1420, il fut créé chancelier de France par lettres données au camp de Melun le 16 novembre de cette année, et il présida, pour la première fois en cette qualité, au Parlement du 2 décembre suivant. En 1421, le roi Charles VI lui fit don de 1,000 livres de rente, à prendre sur les confiscations ; il assista aux obsèques de ce prince en 1422. Soutenu par la faveur de la reine Isabeau de Bavière, il obtint la confirmation de son état de chancelier de France du roi d'Angleterre, alors maître du royaume [2] ; mais il ne garda pas longtemps ce poste sous la domination anglaise, et s'en démit entre les mains du duc de Bedford, régent, le 6 février 1424, puis devant le Parlement, le lendemain 7 février. Le roi d'Angleterre lui accorda des lettres spéciales de protection le 4 juin suivant 1424, et lui conserva seulement le titre de conseiller au Grand Conseil, aux gages de 2,000 livres par an. Ce prince lui donna encore l'office de concierge du Palais qu'avait eu la reine Isabeau de Bavière, par lettres du 2 septembre 1425 ; mais après la réduction de la ville de Paris en l'obéissance du roi Charles VII, Jean Le Clerc perdit toutes ses dignités et se retira précipitamment à Nevers, où il mourut, et fut enterré le 14 août 1438 [3].

Jean Le Clerc avait été marié trois fois. Sa première femme, qu'il avait épousée en 1387, était Agnès, fille de Hugues Le

---

[1] Cet Eustache de Laistre avait été nommé à l'évêché de Beauvais après la mort de sa femme, Marguerite de Thumery, fille unique de Gaucher de Thumery, seigneur d'Esculry, près Soissons ; mais il mourut lui-même avant de prendre possession de son siège. (Cf. l'abbé DELETTRE : *Hist. du diocèse de Beauvais*, t. II.)

[2] Il avait donné quittance, le 24 novembre 1423, de quatre setiers de sel pour la dépense de ses hôtels de Paris et de Luzarches. (P. ANSELME : *Hist. généal.*, VI, 380.)

[3] Il portait pour armes : De sable à 3 roses d'argent 2 et 1 ; au pal de gueules brochant sur la rose du milieu.

Muet et de Perrette Boisson ; elle eut plusieurs enfants, dont l'aîné, Jean Le Clerc, troisième du nom, continua la descendance, qui subsistait encore sous le nom de Le Clerc, barons de Fleurigny, au milieu du XVIII° siècle.

Sa seconde femme, Catherine Apapée, veuve de Bertrand de Veaulse, fille de Pierre Apapée et de Gillette Alorie, fut mariée en 1415 et mourut sans enfants en 1421 ; et dès le 3 novembre de la même année il épousait, en troisièmes noces, Jeanne (ou Isabeau) de Beauvais [1].

IX. Jean Le Clerc et sa femme, Jeanne de Beauvais, vendirent, en 1438, moyennant la somme de 3,000 livres, la Châtellenie de Beauvais à ESTOUT D'ESTOUTEVILLE, de la branche d'*Estouteville-Torcy* [2], seigneur de *Beaumont-le-Chartif*, de *Miormaigne* et de *la Ferrière* en partie, conseiller et chambellan du roi, qui prit le titre de Châtelain de Beauvais, et mourut en 1476 [3].

De sa femme, *Bonne de Herbannes*, qu'il avait épousée en 1444, et qui fut enterrée aux Jacobins de Beauvais, il eut trois filles, dont la troisième, *Jacqueline*, fut Châtelaine de Beauvais [4].

X. JACQUELINE D'ESTOUTEVILLE apporta la Châtellenie de Beauvais à son mari JACQUES, BARON DE MOY ou DE MOUY, chevalier, grand maître des eaux et forêts de Normandie et de Picardie, capitaine de Saint-Quentin et bailli de Tournay. Ils firent l'hommage pour la Châtellenie de Beauvais en 1493. C'est à Jacqueline d'Estouteville que furent rendus les biens que son aïeule, Jeanne de Beauvais, avait donnés aux enfants

---

[1] P. ANSELME : *Hist. généal.*, t. VI et VIII.

[2] Estouteville porte un écu burelé au lion.

[3] SIMON : *Nobil. du Beauvaisis*; Paris, 1704, p. 39.

[4] Un Jean d'Estouteville, seigneur de Torcy et de Blainville, fut capitaine de Beauvais en 1479. (SIMON : *op. et loc. cit.*) Nous trouvons dans le même ouvrage d'autres personnages ayant porté ce titre, notamment Louis de Soyecourt en 1449, un sieur d'Offémont en 1439, etc. Voir l'observation que nous faisons plus haut à ce sujet et *Pièces justific.* V.

de son second mari, Jean Le Clerc, ainsi que nous l'avons vu plus haut [1]. De son mariage avec Jacques de Moy, Jacqueline eut six enfants :

> Guy, dit Nicolas, qui continua la descendance;
> Jean, seigneur de *Charlesmesnil*, qui fut tué dans les guerres du Piémont;
> Jacques, qui suit;
> Charles, vice-amiral de France, auteur de la branche de *Moy-la-Meilleraye*;
> Jeanne, mariée à Jacques de La Haye, seigneur de *Hotot*, et
> Antoinette, qui épousa Jean de *Mailly*, seigneur d'*Auchy*.

XI. Le troisième de leurs fils, appelé Jacques, comme son père, porta d'abord le titre de Châtelain héréditaire de Beauvais. Il épousa *Madeleine Sanguin de Meudon* et fut tué à la bataille de Marignan, en 1515.

XII. Après lui, son frère aîné Nicolas, baron de Moy, releva le titre de Châtelain de Beauvais, dont il rendit la foi et hommage en l'année 1524 [2]. Il épousa *Françoise de Tardes*, héritière des baronnies de *Biart, Nehou* et *Auffreville*, dont il eut quatre filles et un fils, Antoine, qui suit :

XIII. Antoine, baron de Moy, capitaine de Saint-Quentin en 1538. Il fut marié :

1° A *Charlotte de Chabannes*, dont il eut :

> Charles, qui suit.

2° A *Jeanne de Brouillard*, dont il eut :

> Charles, seigneur d'*Alaincourt*;
> Martin seigneur d'*Ondefontaine*, et
> Charl... mariée, par contrat du 16 février 1571, à *Pierre de Ro..... illes*, seigneur de *Pont-Saint-Pierre*, sénéchal de Ponthieu [3].

---

[1] Moy porte : De gueules, fretté d'or de 6 pièces. (P. Anselme, t. xi.)

[2] Simon : *op. cit.*, p. 70.

[3] C'est par erreur que M. Graves classe Charles de Moy-la-Melleraye, vice-amiral de France, parmi les Châtelains de Beauvais, et qu'il lui attribue la construction partielle de l'*hôtel de la Châtellenie*, actuellement hôtel de la subdivision militaire, rue Saint-Pantaléon. Il le confond sans doute avec son neveu Charles, fils d'Antoine.

XIV. Charles, premier marquis de Moy, Châtelain de Beauvais, épousa *Catherine de Suzanne, comtesse de Cerny*, dont il eut pour fille et unique héritière :

XV. Claude, marquise de Moy, qui apporta la Châtellenie de Beauvais en mariage : 1° à *Georges de Joyeuse, seigneur de Saint-Didier*, dont elle n'eut point d'enfants ; 2° à *Henri de Lorraine, comte de Chaligny*, petit-fils d'Antoine, duc de Lorraine, et frère de Louise de Lorraine, épouse d'Henri III, roi de France ; ce second mariage créait à l'époux l'obligation de porter le nom et les armes de Moy; mais le fils qui en naquit, Henri de Lorraine, deuxième du nom, comte de Chaligny, marquis de Moy, mourut sans alliance le 10 juin 1672 [1].

C'est à Henri, marquis de Moy, que l'évêque Augustin Potier racheta, en 1627, la Châtellenie de Beauvais et les privilèges qui en dépendaient, heureux de supprimer ainsi un vassal qui avait été si incommode à ses prédécesseurs.

La Châtellenie produisait alors 4,700 livres de revenu, et le marquis de Moy en demandait 120,000 livres ; en même temps, M. de Mailly-Lépine mettait en vente, au prix de 37,800 livres, une propriété qu'il possédait à Laversine, à côté de celles de l'évêché et de la Châtellenie de Beauvais [2]. Augustin Potier, qui désirait depuis longtemps, pour des raisons de sage économie et de bonne administration, vendre un certain nombre de propriétés et de droits féodaux disséminés un peu partout dans le diocèse et ailleurs, saisit avec empressement cette occasion de réaliser son projet, et de former à Laversine un

---

[1] Pour toute cette famille de Moy, qu'il ne faut pas confondre avec les Mouy du Beauvaisis, v. Melleville : *Dictionnaire du Département de l'Aisne*, passim.

[2] L'Evêché possédait depuis longtemps des propriétés à Laversine, et la Châtellenie de Beauvais également. Nous publions à la fin de nos *Pièces justificatives*, X, quelques mentions que nous avons trouvées dans un manuscrit de la Bibliothèque Nationale et qui nous paraissent intéressantes pour la topographie ancienne de Laversine.

groupement important de biens appartenant à l'Évêché, ce qui devait en rendre l'administration plus facile. Il le soumit par écrit au Chapitre qui avait à donner son avis motivé, et cet avis ayant été contraire au sien, il en appela au métropolitain et au roi, qui lui donnèrent l'autorisation de passer outre. Il aliéna donc la châtellenie de Saint-Just-en-Chaussée, les seigneuries de l'Evêché, de Fouquerolles, des bois de Baleu et de Feuquières et les champarts de Savignies, et une partie des ressources créées par ces aliénations servirent à racheter la Châtellenie de Beauvais, qui fut ainsi réunie définitivement à la seigneurie principale, de laquelle elle avait été détachée, après une existence indépendante de plus de huit siècles.

PIÈCES JUSTIFICATIVES

A. — *Sentence du Parlement dans un Procès entre l'Évêque et la Châtelaine de Beauvais.*

Février 1269 (1270).

Mota contestatione inter Castellanam Belvacensem ex unâ parte et Episcopum Belvacensem super quadam justicia quae dicitur *Arrestum* apud Belvacum. Proponebat dicta Castellana quod defunctus Castellanus Belvacensis quondam vir suus, tempore quo ea desponsavit, erat in saisina justitie quæ dicitur *Arrestum* de corpore hominis de catallis pro debito et pro convencionibus in villa Belvacensi, ratione hereditatis suæ. Item quod ipsa Castellana est et fuit post decessum dicti viri sui in saisina ejusdem justicie arrestandi apud Belvacum ratione dotalicii sui. Quod quidem negabat Episcopus de dicto viro suo, scilicet de ipsa bene credebat scilicet non pacifice usa fuerat ut dicebat. Proponebat...... Episcopus quod predecessor suus qui tunc temporis erat, inhibuit...... dicto Castellano ne arrestaret et arrestacionem utetur in dicta villa belvacensi practer..... ratione minagii sui, quod dicta Castellana negabat. Item quod similis inhibicio facta fuit dicto Castellano post mortem dicti Castellani quod ipsa bene fuit confessa. Et quamdiu ipsa tenuit ballivium filii sui et propter ballivium ipsum tenere desiit. Item proponebat Episcopus quod si aliquis Castellanus vel Castellana tempore quo habebat ballivium filii sui et tempore finiti ballivii arrestaverunt et hoc devenerit ad noticiam Episcopi vel suorum Episcoporum qui tunc erant vel sui, de arrestaverit illud quod erat arrestatus per ipsos, quod ipsa negavit. Item Episcopi qui per tempus fuerunt, usi sunt jure arrestandi et dictum jus possident et possiderunt pacifice et quieto; ad quod respondit quod hoc credebat; scilicet nichilominus ipsa, ut credit, potest et potuit arrestare. Item quod ipse Episcopus qui nunc est..... erat et est in possessione de Arrestandi; et quum arrestabant..... Castellani vel Castellano tempore quo captus fuit Bernardus. Ob cur arrestum hoc quo fuit mota, quod ipsa negavit. Item quod iste dominus Episcopus est civitatem Belvacensem et huic justiciam altam et bassam in eadem civitate, quod ipsa

fuit confessa. Tandem visis attestacionibus, testimoniis quos utraque
pars produxit ad intencionem suam fundandam, visis etiam prædictis
confessionibus partium, quae dicta Castellana sufficienter probante,
judicatum fuit quod dicta Castellana remaneret in saisina justicie arrestandi in villa seu civitate Belvacense corpora hominis pro catallis, pro
debito et pro conventionibus, si primus ad hoc veniat serviens suus,
quum serviens que..... prior eorum venerit, prior potest arrestare prout
dictum fuit. Potest etiam arrestare Castellana ratione minagii sui quod
hoc sibi bene confitetur Episcopus, et hoc facere potest Castellana
ratione dotalicii sui. Præterea cum gentes Episcopi quemdam latronem
captum ab eis ducerent per Belvacum prope domum Castellane quam
sita est apud Belvacum; dictus latro fugiens ab eis dictam domum
Castellane intraverit, eum que gentes Episcopi inde extraverunt. Orta
igitur super hoc contestatione inter Episcopum et Castellanam prædictos;
petente que eadem Castellana domum ipsam resarsiri de latrone predicto et asserente quod domus ipsa est de feodo Castellanie predicte,
quod que domus ipsa libera est, et ipsa Castellana ibidem habet justiciam ratione dotalicii sui. Respondit Episcopus quod dicta domus sita
est in dominio Episcopi Belvacensis et in civitate predicta; quod confessa fuit dicta Castellana. Item proposuit Episcopus quod habet in dicta
domo justiciam et quod sita est in justicia sua, et quod est de censiva
sua..... et quod est in possessione justiciandi in domo praedicta et in
porpriso ejusdem domus; et quod est in possessione capiendi in domo
predicta et in porpriso ejusdem domus, quod omnia sibi dicta Castellana negavit. Demum visis super hoc confessionibus partium et attes-
tationibus testium hino inde productorum, judicatum fuit quod Episcopus
haberet et habebat justiciam in domo predicta et super hoc fuit silen-
cium impositum Castellane.

(*Olim.* 1, 63 et 64.)

B. — *Quittance de Guillaume III° du nom, Châtelain de Beauvais.*

20 Octobre 1339.

Sachent tout que nous Willaume de Biauvais, chevalier, avons eu et
reçcu de Nicolas Legros lieutenant de Jehan le Miro, trésorier des
guerres du roy nostre sire, pour tous les gaiges de nous et trois esculers
de nostre compaignie desservis en ce derrain voiage de Flandre et de
Hénaut, sous le gouvernement de monsieur le connestable de France,
compte Eus [1], chincquante sept souls sept deniers tournois pour droic-

---

[1] Le comte d'Eu.

ture et poig..... vint et six livres douze souls tournois; desquels vint et six livres douze souls tournois nous nous tenons a bien paiez. Donné à Tournay, sous nostre seel, le xx° jour d'octobre, lan de grâce mil ccc xxx viii.

(Fragment de sceau rouge à la croix chargée de cinq coquilles.)

(*Clairambault*, titres scellés, Registre 12, fol. 745.)

C. — *Quittance de Colart, Châtelain de Beauvais.*

22 août 1348.

Sachent tout que nous Colars, Chastellains de Byauvais, chevaliers, congnissions avoir eu et reçue de honneste homme et sage Robert de Guyse, receveur général de l'imposicion de six deniers pour livre, œuvrant au présent ou bailliage de Vermandoy et ou ressort, la somme de quarante et chienc livres tournois pour les gages de nous bacheler et six esculers de nostre gouvernement desservis ou à desservir en le compengnie de haut homme et noble monseigneur Guy de Neelle, mareschal de France, au nombre de ii° hommes d'armez que le pays de Vermendoys fait au roy nostre seigneur, pour le prest de quinze jours dez quels xlv livres tournois dessus dis nous nous tenons pour bien paiez et en quictons le roy notre sire, ledit Mons. le Mareschal, ledit Robert de Guyse et tous autres à qui quictance en appartient. Donné à Saint Omer en tesmoing de ce, soubz nostre seel, le xxii° jour d'aoust lan de grâce mil ccc quarante et wit.

(Sceau de cire rouge.)

(*Clairambaul'*, titres scellés, reg. 12, fol. 745).

D. — *Quittance de Colart, Châtelain de Beauvais.*

1350.

Sachent que le Colart de Beauvès, Castellain de Beauvès, chevalier, ay eu et receu de Ioh. Dugarding, receveur de la terre d'Estouteville pour le roy nostre seigneur, cinquante livres tournois par la main Mahieu d'Angiers (?), les quiex me sont doues chascun an sur la terre de Vallemont au terme de S. Michel, de laquelle somme d'argent je quite le roy nostre seigneur et ledit receveur. En tesmoing de ceu, jay donné audit receveur ceste quitance, scellé de mon seel, faicte l'an de grâce mil iii° cinquante, le jeudi (?) après la Candeleur.

(Fragment de sceau sur cire rouge.)

(*Cabinet des titres*, tome 251.)

E. — *Quittance de Colart, Châtelain de Beauvais.*

1351.

A tous cheus qui ches présentes lettres verront et orront, Colart de Biauvais, Castelain de Biauvais, chevalier, salut. Sachent tous que jay eu et recheu de Joh. du Gardin pour remise de me cens de Valemont, chinquante livres tournois qui me sont deus chascun an au terme de Pasques. En tesmoing de la quele cose je li ai donné cheste présente lettre seelé de mon seel. Donné l'an de grâce mil trois chens chinquante et un le lundi après..... Pasques.

(Traces de sceau sur cire brune.)

(Cabinet des titres, tome 251.)

F. — *Montre de Guillaume IV, Châtelain de Beauvais.*

25 avril 1369.

La monstre de messire Guillaume, Castellain de Byauvais, chevalier banneret et des gens d'armes de sa compagnie receue à Saint Riquier le xxv° jour d'avril l'an mil ccc soixante et nuef de nostre compagnie et souba nostre gouvernement. Premier :

Ledit messire Guillaume, cheval bay......................	IIc lt.
Regnaut de Capy, pour la banière, cheval................	xl lt.
Mess. Walles, sire de Quiquempoit, cheval gris..........	c lt.
Mess. Flament de Crièvecuer, cheval noir................	lx lt.
Mess. Mahieu d'Anseauviller, cheval noir................	l lt.
Mess. Jehan d'Espineuses, cheval fauve..................	lx lt.
Mess. Osto Havet, cheval gris rouen	c lt.
Mess. Henry, seigneur de Lihus, cheval fauve............	c lt.
Mess. Guillaume de Laudencourt, cheval noir gris........	lx lt.
Mess. Robert de Sains, cheval sor bay...................	IIIIxx lt.
Le seigneur de Pisseleu, cheval brun bay................	c lt.
Mess. Walles de Villers, cheval bay.....................	xl lt.
Mess. Sangler du Fay, cheval bay estelle................	lx lt.
Mons Eustace de Chanie, cheval gris.....................	IIIIxx lt.
Mons. Saillart de Coudun, cheval gris...................	c lt.

ESCUIERS.

Jehan de Laudencourt, cheval fauve estelle..............	xl lt.
Perceval d'Enneval, cheval morel estelle	xxx lt.
Guillaume de Parpes, cheval fauve stelle................	xxx lt

Tristan de Choisy, cheval bay mautaint .... XL lt.
Pierre de Bailluel, cheval bay baucent .... XXX lt.
Jehan de Lesglantier, cheval noir baucent .... XL lt.
Philippe d'Offay, cheval gris................................... XL lt.
Jehan de Folleville, cheval bay baucent .... L lt.
Pierre d'Espineuses, cheval brun bay............................ XL lt.
Mannessier de Conty, cheval noir .... XXXV lt.
Colart Mauchevalier, cheval bay................................. XXX lt.
Baudot de Bougainville, cheval gris............................. XXX lt.
Jehan de Hesdicourt, cheval tout noir .... XL lt.
Aubelet d'Haussonviller, cheval morel........................... LX lt.

(Orig. en parchemin. — (*Clairambault*, titres scellés, tome 19, fol. 744.)

G. — *Lettre d'envoi et ordre de paiement de la montre précédente.*

Hue de Chastillon, seigneur de Dampierre et de Bollaincourt (?), maistre des arbalétriers de France, à nos bien amés les trésoriers des guerres du roy nostre seigneur et à chascun d'eulx ou à leurs lieutenants, salut. Nous vous envoions enclose soubz nostre seel la montre de Monseigneur Guillaume, chastellain de Beauves, chevalier banneret XIIII chevaliers bachellers et XIIII escuiers de sa compagnie, receuz à Saint Riquier, soubz nostre gouvernement et de nostre nombre, le XXV° jour d'avril l'an mil CCC LX neuf, montés et comme en ladicte montre est contenu. Si vous mandons que audit Mons. Guillaume pour lui et ses dictes gens faites prest et paiement de leurs gaiges en la manière qu'il appartiendra. Donné audit lieu soubz nostre seel l'an et le jour dessus diz.

(Original en parchemin. — Scellé en cire rouge aux armes de Chatillon.) — *Clairambault*, titres scellés, reg. 19, fol. 743.

H. — *Montre de Guillaume IV, Châtelain de Beauvais.*

26 juillet 1369.

La monstre de Mons. Guillaume, chastelain de Biauvais, chevalier banneret, de III autres chevaliers bacelers, et XII escuiers de sa compagnie, receue à Cailly le XXVI° jour de juillet l'an mil CCC LXIX.

Ledit Chastellain, cheval bay.
Mons. Wale de Quinkempois, cheval gris.
Mons. Philippe de Biauvais, cheval morel.
Mons. Flament de Crievecuer, cheval morel mautaint.

Mons. Percheval d'Enneval, cheval morel.
Brouquait (ou Brongnart) de Bally, pour la bannière, cheval brun bay.
Jehan de Loudencourt, cheval tout bay.
Regnaut de Cappy, cheval blonc bay.
Johan d'Enneval, cheval bay baucent.
Thiébaut de Saint Remy, cheval gris.
Pierre de Bailleul, cheval bay.
Pierre de Hamel, cheval bay estele lono (?).
Jehan de Longtoit (?) (ou de Longbois), cheval bay baucent.
Willaume de Gamache, cheval brun bay.
Amaurry de Hons (?), cheval bay baucent.
Jehan de Coulon (ou de Canleu), cheval bay.
Jehan de Heudicourt, cheval gris.

(Original sur parchemin. — Clairambauld, titres scellés, t. 12, fol. 746.)

I. — Quittance de Guillaume IV, Châtelain de Beauvais.

8 août 1369.

Saichent tuit que nous Guillaume, Chastelain de Biauvais, chevalier, confessons avoir eu et reçeu de Estienne Braque, trésorier des guerres du roy nostre sire, la somme de 9 vins livres tournois en IX^{xx} francs d'or pour XX sols tournois pièce, en prest sur les gaiges de nous banneret, 4 chevaliers bacheliers et douze escuiers de nostre compagnie, desservis et à desservir ès présentes guerres du roy nostre dict seigneur. De laquelle somme de IX^{xx} livres tournois ès frans dessus dit, nous nous tenons pour bien paies et contens. Donné à Rouen, soubs nostre seel le iiie jour d'aoust l'an mil ccc lx et neuf.

(Scellé en cire rouge. — Cabinet des titres : pièces orig., t. 251.)

J. — Quittance de Guillaume IV, Châtelain de Beauvais.

16 août 1369.

Sachent tuit que nous Guillaume, Chastelain de Beauvais, chevalier, confessons avoir reçeu de Estienne Braque, trésorier des guerres du roy notre seigneur, la somme de noef vins livres tournois en IX^{xx} frans d'or XX sols tournois pièce, en prest sur les gaiges de nous banneret, quatre chevaliers bacheliers, et douze escuiers de nostre compagnie, desservis et à desservir ès présentes guerres du roy nostre seigneur. De laquelle somme de IX^{xx} livres tournois dessus dicte, nous nous tenons à content et bien paies. Donné à Hesdin soubs nostre seel le XVIe jour d'aoust l'an mil ccc lx nuef.

(Sceau en cire rouge, aux armes. — Clairambault, t. 12, fol. 747. — Titres scellés.)

K. — *Quittance de Guillaume IV, Châtelain de Beauvais.*

16 mai 1369.

Sachent tuit que nous Guillaume, Chastellain de Beauvez, chevalier banneret, confessons avoir eu et reçeu de Estienne Braque, trésorier des guerres du roy nostre sire, la somme de six cens quatre vins dix livres tournois en vi˟ iiii˟˟ x frans, en prest sur les gaiges de nous banneret, xiiii chevaliers bacheliers et xiiii escuiers de nostre compaignie desservie et à desservir ès présentes guerres dudit seigneur ou pays de Picardie, en la compaignie et soubs le gouvernement de Monseigneur Huo de Chastillon, maistre des arbalétriers de France. De laquelle somme de vi˟ iiii˟˟ x livres tournois ès dix frans nous nous tenons pour bien content et paié. Donné au siège devant Noyelle sur la mer, soubs nostre seel le xvi˟ jour de may lan mil ccc lx nuef.

(Scellé en cire rouge aux armes. — *Clairambault*, titres scellés, t. 12, fol. 747.)

L. — *Montre de Guillaume IV, Châtelain de Beauvais.*

1ᵉʳ juin 1373.

C'est la monstre de Messire Guillaume, chastelain de Beauvez, chevalier banneret, ii chevaliers bacheliers et vii escuiers de sa compaignie du nombre de la reveue ordonnée par Monseigneur le connestable de France. Receus au siège devant Brest le premier jour de juing lan mil ccc lx et treze.

Et premièrement :

Ledit Messire Guillaume, banneret.

CHEVALIERS BACHELIERS.

Mess. Guillaume de Merli.
Mess. Robert de Lingnières.

ESCUIERS.

Raoul de Rouvray.
Jean (de) Lodencourt.
Marot des Grès.
Robinet de Henovilles.

Jehan de Harecourt.
Hue de Linguières.
Robinet Bérard.
(Jean le Borgne de Rouvroy, chevalier, 1375).

(*Cabinet des titres*, t. 251, Pièce originale.)

M. — *Quittance de Guillaume IV, Châtelain de Beauvais.*

20 juillet 1380.

Sachent tuit que nous Guillaume, chastelain de Beauvès, chevalier, confesse avoir eu et receu de Jehan le Flament, trésorier des guerres du roy nostre seigneur, la somme de soixante livres tournois, en prest, sur les gaiges de nous banneret, un autre chevalier bachelier et quatre esculers de nostre compaingnie, desservis et à desservir ès présentes guerres du roy mondit seigneur ou païs de l'Icardie, soubz le gouvernement de Mons. de Coucy. De laquelle somme de LX livres tournois dessus dicte nous nous tenons pour bien content et paié. Donné à Hedin, soubz nostre seel, le XX° jour de juillet l'an mil CCC quatre vins.

(Sceau sur cire rouge [1]. — *Clairambault*, titre scellé, f. 731.)

N. — *Montre de Guillaume IV, Châtelain de Beauvais.*

1er septembre 1380.

La revoue de Messire Guillaume, Chastellain de Beauves, chevalier banneret, deux chevaliers bacheliers et cinq esculers de sa compaignie, reveus à Corbeil le premier jour de septembre lan mil CCC IIIJxx.

Ledit Messire Guillaume, banneret.
M. Lestandart de Milly, chevalier.
M. Guillaume de Laudencourt, chevalier.
Jehan de Laudencourt.
Jehan du Faiel.
Jehan de Bétancourt.
Colinet le Prévost.
Jehan de Framecourt (ou de Frémicourt ?).

(Original sur parchemin. — *Clairambault*, titres scellés, t. 12, fol. 740.)

---

[1] C'est celui que nous reproduisons plus haut, p. 93.

O. — *Quittance de Guillaume IV, Châtelain de Beauvais.*

5 septembre 1380.

Sachent tuit que nous Guillaume, Chastelain de Beauvais, chevalier, confessons avoir eu et reçeu de Jehan le Flamant trésorier des guerres du roy notre sire, la somme de neuf vins quinze frans en prest sur les gaiges de nous banneret, deux chevaliers bacheliers et cinq escuiers de nostre compaignie desservis et à desservir en ces présentes guerres à la poursuite..... en la compaignie de Monseigneur de Coucy et soubs le gouvernement de Monseigneur le duc de Bourgoigne, de laquelle somme..... dessus dicte nous nous tenons pour content et bien paié. Donné à Galardon, soubs nostre seel, le ve jour de septembre lan mil ccc iiij^{xx}.

(Scellé en cire rouge aux armes. — *Clairambauld, titres scellés,* t. 12, fol. 747.)

P. — *Montre de Guillaume IV, Châtelain de Beauvais.*

9 mai 1382.

La monstre de Messire Guillaume le Chastellain de Beauvès, banneret, de deux chevaliers bacheliers et de sept escuiers de sa chambre, receue à Brie Conte Robert, le ixe jour de may l'an mil ccc iiij^{xx} et deux.
Ledit Mess. Guillaume.
Mess. Karados des Quesnes.
Mess. Flamant de Crevecuer.
Jehan de Lodencourt.
Walet de Montegny.
Raoul de Rouveroy.
Jehan de Bertancourt.
Jehan Mauchevalier.
Colin du Jardin.
Thomas Lalemant.
(Original sur parchemin. — *Clairambauld, titres scellés,* t. 12, fol. 740.)

Q. — *Quittance de Guillaume IV, Châtelain de Beauvais.*

31 mai 1382.

Saichent tuit que nous Guill..... confessons avoir eu et reçeu de Jehan le Flamant trésorier des guerres du roy..... la somme de... frans.....

sur les gaiges de nous banneret, deux chevaliers bacheliers et sept escuiers de nostre compaignie desservis et à desservir en la compaignie du roy nostre dit seigneur. De laquelle somme de LXXV frans d'or dessus dicts, nous nous tenons pour contens et bien paiez. Donné à Troyes en Champagne, soubz nostre seel le darrein jour de may l'an mil ccc quatre vins et deux.

(Original sur parchemin. — Scellé sur cire rouge aux armes.— *Clairambauld*, titres scellés, t. 12, fol. 747.)

R. — *Montre de Guillaume IV, Châtelain de Beauvais.*

10 octobre 1387.

La monstre Mess. le Chastellain de Biauves chevalier, quatre autres chevaliers et dix et nuef escuiers de sa compaignie receuz à Therouane le pénultiesme jour d'octobre l'an mil ccc iiijxx et vij.

Ledit Mons. le Chastellain banneret.
Mess. Flamant de Crèvecueur.
Mess. Manessier de Conty.
Mess. Parris d'Espaigni.
Mess. Walles de Villers.
Johan de Lodencourt.
Le Helot de Cauveny (de Canremy?).
Flaix de Wallquierville.
Hue de Villers.
Hélot Quieret.
D'Esrainne de Fammechon.
Guillaume d'Esgueville.
Te...arin de L'Esglantier.
Raoul de Rouveroy.
Jacques de la Vieaville.
Raoul Broulin.
Colin du Garding.
Rolin de Fricaus.
Jehan de Condé.
Ernoullet de Paris (?) (de Pins?).
Regnaut de Bettencourt.
Rabace d'Otois (ou de Tois).
Aubert Coiffette.
Louys Poulle.

(Original en parchemin. — *Clairambauld*, titres scellés. reg. 12, fol. 720.)

6. — *Quittance de Guillaume IV, Châtelain de Beauvais.*

20 novembre 1387.

Sachent tuit que nous Guillaume, Chastellain de Beauvez, chevalier confessons avoir eu et reçeu de Mahieu de Linières, receveur général de l'aide nouvellement ordonnée pour le fait de la guerre, la somme de quarente trois frans, c'est assavoir sur les gages de nous banneret, iiii chevaliers et xix esculers de nostre chambre que on nous devoit de reste de viii jours xxxvi frans. Et pour deux esculers dudit nombre oultre et pardessus les dis viii jours vii frans. De laquelle somme de xliii frans d'or dessus dis nous nous tenons pour bien païés. Donné le xx° jour de novembre l'an mil ccc iiij⁎⁎ et vij. Et pour les dis ii esculers Raoulin de Friqueus et Auber Coiffet. Donné comme dessus.

(Original sur parchemin. — Scellé aux armes sur cire rouge. — Clairambauld, titres scellés, t. 12, fol. 747.)

7. — *Remissio pro Philippo de Beauvais milite et Petro de Marc scutifero.* — Archives Nat. JJ. 110, n° lxvi.

Charles, etc., savoir faisons à tous présens et avenir, Nous avoir receu humble supplicacion de Philippe de Beauvaiz, chevalier et Pierre de Marc, esculer, contenant que comme naguères, ledit chevalier feust allé en la ville de Pontoise, avec un sien amy appelé Jehan de Heronville, esculer, pour une plaidoierie que sondit amy avoit par devant le bailli de Pontoise, à l'encontre de Jehan Le Jenne de Pontoise, soy disant notre pannetier, duquel Jenne ledit chevalier avoit esté et encore pensoit estre bon amy, et avoit ledit Jenne acoustumé quand ils s'entrerencontroient, de saluer honorablement, sammussetto ostée, ledit chevalier et ycelluy chevalier aussi ledit Jehan; et en alant par ladite ville de Pontoise eust ledit chevalier veu et encontré ledit Jehan le Jenne, lequel ne fist semblant dudit chevalier et ne le salua, ne ne tint compte de luy. Et de ce se merveilla moult ledit chevalier et dist, présens aucuns qui là estoient, que puisqu'il ne l'avoit daigné saluer ne oster sammussetto, que une autre foy quant il l'encontreroit, il luy osteroit de la teste sa dite ammussetto; et puet estre par ceuls qui ainsi oïrent dire audit chevalier, l'alèrent depuis dire audit Jehan, lequel répondi et comme il fit : Rapporte audit chevalier qu'il ne la daingneroit oster devant luy, et que s'il y mettoit la main, il le tueroit tout roido. Et il soit ainsi que depuis tout ce, ledit chevalier feust venus à Pontoise avec luy et ledit Pierre, et virent ledit Jehan le Jenne à un huys d'une taverne. Et combien que ledit chevalier eust paravant dit qu'il luy osteroit sammussetto et getteroit à terre ou en la boue, toutes voyes ledit chevalier voulant de ce soy retraire et garder, cuidant que ledit Jehan, quant il vit ledit chevalier s'en entrast dedans ladite maison, se bouta en une maison pour ce que s'il feust passez oultre par devant ledit Jehan et ne luy eust osté ou fait semblant de luy oster sa dite ammussette, comme dit l'avoit, honte et villenie luy eust esté, et s'en refraingnoit de son povoir, et pour ce se tint et fu longuement oudit hostel en attendant tousiours que ledit Jehan entrast dedans la maison, prez de laquelle ycelluy estoit, pour quoy ledit chevalier peust passer oultre honorablement, sens autre cause ou villenie faire audit Jehan, lequel se tint tousiours illec; et vit ledit chevalier que ledit Jehan envoya querir une espée et à l'uys mesmes ou il estoit l'avoit ceinte entour luy. Quant ledit chevalier vit ce et que villenie luy seroit s'il n'aloit audit Jehan parler et que ledit Jehan s'estoit garnis d'espée contre ledit chevalier, s'en yssi d'icelluy hostel et ala droit audit Jehan pour luy demander pour quoy il ne l'avoit daingné saluer à l'autre fois ne oster sammussette, et ainsi luy demanda, lequel respondi moult orgullleusement qu'il ne l'osteroit point, et en se disant sacha s'espée sur ledit chevalier et dist qu'il le tueroit tout royde ; et lors ledit chevalier et ledit Pierre sachèrent les leurs espées sur ycelluy Jehan, lequel fu batus et navrez en plusieurs lieux, sens mort et senz méhaing. Pour occasion duquel fait, à la requeste de notre procureur et de celuy de nostre très chiere Dame la royne Blanche, et aussi dudit Jehan, les dis chevalier et Pierre ont esté adiournes et appelez en notre Parlement, et à présent soient les dis Jenne et supplianta d'acort ou cas qu'il nous plaira, et pour occasion dudit fait notre dit procureur s'efforce de les mettre en procès tant comme de garde enfrainte, en laquelle il dit estre ledit Jehan à cause de son office, comme pour port d'armes de leurs cottes de fer qu'il avoyent vesteues et leurs espées entour eulx, les quelles en vérité ils n'avoient pas prinses pour led. Jehan ne contre luy, mais les avoient prises pour la guerre qui estoit entre ledit Pierre d'une part, et un certain chevalier à déclarier, se mestiers estoit, d'autre part, pour laquelle guerre et soureté de leurs corps ils se tenoient garnis et non autrement, si comme dient yceulx supplians ; requérant que ces choses considérées et les bons et agréables services qu'ils nous ont fais en nos guerres es quelles ledit chevalier a esté prins par iii fois et rencoimes de grans rencomes qu'il a paiees du sien sens aucune ayde, et mesmement qu'il sont à acort avec la partie blecée, s'il nous plaist, comme dit est, nous leur veuillons sur ce notre grâce impartir. Pour ce est-il que nous, inclinant favorablement à leur supplicacion et requeste ou cas dessusdit, et satisffait à notre dite Dame la Royne Blanche ou à son dit procureur pour elle en tant qu'il luy puet toucher, et à partie blecée se fait n'est suffisamment, et en rapportant l'acort ou acors par devers notre dite Cour de Parlement, à yceulx suppleans et à chascun d'eulx avons remis, quicité et pardonné, remettons, quitons et pardonnons de grâce especial les dis fait, port d'armes et infraction de notre dite sauvegarde, se elle y estoit, avec toute offense et amende que pour ce pevent avoir encore envers nous. Et voulons que de notre dite Court puissent partir sens amende..... Donné en notre chastel du Louvre, l'an de grâce M CCCLXXXVI. Et de notre règne le XIII° ou moys de janvier.

U. — *Quittance de Philippe de Beauvais.*

31 juillet 1399.

Nous Philippe de Beauvais, chevalier, confessons avoir eu et reçeu de..... Bouchier, trésorier des guerres du roy nostre seigneur, la somme de neuf vins frans d'or en prest et paiement sur les gaiges de ung bachelier et de dix escuiers de nostre compaignie, desservis et à desservir en ces présentes guerres ou volage fait par ledit seigneur en ceste ville du Mans ou ailleurs où il lui plaira soubz son gouvernement, et en la compagnie de Messire Regnaut (ou Regnier) de Trie, chevalier. De la quelle somme de IX^{XX} frans dessus dicte nous nous tenons pour bien paié et en quitons le roy nostre dit seigneur, ledit trésorier et tous autres. Donné au Mans, soubz nostre seel, le darrain jour de juillet l'an mil ccc IIIJ^{XX} et douze.

(Original en parchemin. — Scellé sur cire rouge aux armes. — Clairambauld, t. 12, fol. 749.)

V. — *La Hire, capitaine de Beauvais.*

(Année 1437).

Parmi les personnages ayant porté le titre de « capitaine » de Beauvais, on trouve le nom du fameux La Hire qui occupait ce poste en 1437. Et ce qu'il y a d'assez curieux, c'est qu'il est placé, dans cette liste des Capitaines, immédiatement avant son mortel ennemi, le seigneur d'Offémont et le beau-frère de ce dernier, Louis de Soyecourt, seigneur de Mouy-en-Beauvaisis, qui avait aussi pris parti contre lui, comme on le voit dans l'anecdote suivante racontée par Monstrelet et qu'il nous paraît intéressant de reproduire ici :

« Chap. CCXVIII.

« *Comment le seigneur d'Offémont prinst La Hire prisonnier, où il jouoit à la palme en la cité de Beauvais* ».

« Item, durant les besongnes dessus dites, le seigneur d'Offémont, qui point encore n'avoit oublié la malvaise compaignie que La Hire lui avoit fait, lequel l'avoit prins et rançonné à Clermont-en-Beauvoisis, comme en aultre lieu est plus à plain déclairié, assembla environ six vins combatans, desquels estoit le seigneur de Moy, son beau-frère, le bastard de

Chauny, et plusieurs autres gentilz hommes. Lesquels il mena par le moyen dudit seigneur de Moy dedens la cité de Beauvais, dont La Hire estoit capitaine. Et à celle heure il jouoit à la palme en la cour d'une hostelerie où estoit l'enseigne Saint-Martin. Ledit seigneur d'Offemont, à tout ses gens y ala tout droit. Car bien le sçavoit par ses espies estre à ycelui jeu. Mais La Hire, qui en fut adverti aulcunement, s'ala mucier dessoubz une mangoire de chevaulx. Mais en fin fu trouvé et prins par les gens dudit seigneur d'Offémont, et avec lui ung nommé Pierrot de Salenoire. Si furent prestement montés à cheval derrière deux hommes. Si leur fut dit que s'ilz faisoient quelque samblant de cryer ne d'esmouvoir quelque noise pour eulx rescoure, on les metteroit incontinent à mort. Et lors, sans arrester, furent amenés au travers de la ville hors de la porte. Mais aulcuns de ses gens et de la communaulté s'assemblèrent et lo poursievyrent, pour youlz cuidier délivrer. Et y eut fait aulcunes escarmuches de trait entre ycelles parties. Nientmains, ils furent emmenés jusques au Chastel de Moy, et do là à Merlau (Mello), où ils furent aulcune espace de temps. Et depuis furent amenés au Chastel d'Encre, qui estoit au dessusdit seigneur d'Offémont, et là furent certaine espace de temps prisonniers. Pour laquelle assamblée et entreprinse, le roy de France et plusieurs de ses capitaines n'estoient mie bien contens, pour tant qu'on l'estoit ainsy alé quérir ès pays du Roy. Mais le plus grand partie de ses nobles hommes et seigneurs dessus dis, disoient de avoir fait à ycelui seigneur ce service à cause de lignage et appartenance... »

Le roi, tout mécontent qu'il fût, dut donc borner son intervention à des recommandations pressantes en faveur de La Hire, recommandations adressées au duc de Bourgogne sur les terres duquel il était retenu prisonnier. Le duc obtint que les parties se soumettraient à son arbitrage, qui eut lieu à Douai quelque temps après.

On y jugea que la prise de La Hire n'était « belle ni bonne, ne honneste, mais du tout déraisonnable »; néanmoins, le sire d'Offémont obtint quelqu'indemnité en argent, « non mie à comparer à la finance qu'il avoit paiée ». On lui rendit, de plus, le château de Clermont. Pierre de Sallenoire paya mille écus de rançon, la paix fut faite et La Hire revint vers le roi qui lui remboursa la plus grande partie de ses pertes. Quant au château de Clermont, les gens de La Hire ne l'abandonnèrent pas sans se fournir d'une compensation. Ils « alèrent réparer une vieille forteresce nommée Thoys (Thoix, Somme), appartenant au seigneur de Crièvecœur. Si reboutèrent en garnison et commencèrent de rechief à moult fort travaillier le pays devers Amiens et Piquegni, et par espécial les terres de ceulx qui avoient aidié à aler quérir La Hire, leur capitaine, dont dessus est faite mencion. Si estoit l'un des chiefs de ceulx qui ledit Chastel avoient reparé et faisans toutes ces besongnes dessus dites, ung qui s'appeloit Phelippe de La Tour... »

ENGUERRAN DE MONSTRELET : *Chronique*, publiée par Douet-d'Arcq. — Paris, in-8, 1861, t. v, p. 288, 289.

X. — *Mentions concernant des possessions de la Châtellenie de Beauvais, XVI° et XVII° siècles.*

Extr. des Manuscr. de Jault : Bibl. Nat. F. Française, 26300 à 26308. (Passim).

— Vente faite le 14 novembre 1558 d'une mine et demie de terre labourable au terroir de Laversines, au lieu dessus les Valles de Gungnes, déclarée mouvoir de la Châtellenie de Beauvais, chargée de quatre deniers parisis de cens payable chacun an le jour de feste Saint-Martin d'hiver.

— Vente faite le 23 avril 1590 d'un jardin situé à Laverchines, contenant 5 verges, déclaré mouvoir de lad. Châtellenie de Beauvais, chargé du cens d'un denier.

— Echange fait le 24 février 1605 d'une demie mine de terre au terroir de Laverchines, lieu dit la petite Solle, déclarée mouvoir de la Châtellenie dudit Beauvais, chargée du cens de deux deniers parisis, payable chacun an le jour de feste Saint-Martin d'hiver.

— Contréchange demie-mine de terre audit terroir ou lieudit Raulne (ou Baulne) déclarée mouvoir du fief de Dampierre, chargée de deux deniers parisis de cens payable chacun an le jour Saint-Remy.

— Vente faite le 24 mai 1609 de deux mines de terre au terroir de Laverchine au lieudit Vallées de Guynes, déclarées mouvoir de la Châtellenie de Beauvais, aux cens et charges qu'elles peuvent devoir.

— Vente faite le 2 décembre 1623 d'une mine de terre au terroir de Laversines, au lieudit Beaufrayes, déclarée mouvoir de ladite Châtellenie de Beauvais, chargée de 4 deniers parisis de cens, paiable chacun an au jour de Noël.

— Vente faite le dernier janvier 1634 de six verges un quart de terre séant à Laversines au lieu dit « sur le Jardin », déclarées mouvoir de ladite Châtellenie de Beauvais, aux cens qu'elles peuvent devoir.

— Echange fait le 7 juin 1636 d'une maison et dépendances, avec trois verges de pré le long et joignant ladite maison, situés à Laversine, et deux vignes, l'une de six verges, l'autre de sept verges au vignoble dud. Laversine, lieudit la Loge, déclarées lad. maison et vignes du chantre de Thillart et le pré de la Châtellenie de Beauvais, chargés de cens.

— Contréchange la moitié d'une maison, grange, étable, jardin et dépendances situés audit Laversine, déclarés tenus du seigneur de Rieux aux cens qui se peuvent devoir.

— Echange fait le 22 avril 1637 d'une pièce de pré contenant six verges, sise en la prairie de Laversine, lieudit sous le Chastel, déclarée mouvoir de la Châtellenie de Beauvais, chargée de ce qu'elle peut devoir.

— Contréchange trois quartiers de terre audit terroir de Laver... au lieudit Resue, mouvant de la J. abbaye et Eglise Saint-Symphorain les Beauvais aux cens qu'elle peut devoir.

— Echange fait le 28 février 1640 de plusieurs pièces de terre situées au terroir de Laveroines, déclarées mouvoir de la Châtellenie de Beauvais, chargées de cens.

— Vente faite le 15 décembre 1642 d'une mine de terre au terroir de Laveroine, lieudit le Beau four, déclarée tenue de la Châtellenie dudit Beauvais, affectée de ses charges seigneuriales.

— Vente le 19 mars 1644 de demie-mine de terre au lieudit les Grands Cens et demie-mine lieudit le Chemin au Chat, terroir de Tardonne, tenues de Mgr. l'Evêque comte de Beauvais à cause de sa châtellenie dudit Beauvais, à charge de cens et droits seigneuriaux.
Trois quartiers de terre au terroir de Bourguillemont lieudit le Chemin Vert, tenus du Sgr. dud. Bourguillemont, aux cens et droits seigneuriaux qu'ils peuvent devoir.

— Echange fait le 13e mars 1627 d'une masure contenante quinze verges sise à Lavercines au lieudit la Rue Hocques, déclarée tenue de Mgr. l'Evêque comte de Beauvais, chargée envers luy d'un sixiesme de chapon et un sixiesme de pain de cens, payable au jour de Noël de chacun an.

— Contréchange demie myne de terre au terroir de Bresle lieudit sous les Cannes, mouvante dudit seigneur évêque de Beauvais, chargée envers luy de deux deniers parisis de cens.
Un quartier et demi de terre au terroir de Bourguillemont au lieudit sur le Mont de Colle, déclaré tenir du seigneur de Bourguillemont.

— Vente faite le 12 mars 1644 d'une mine de terre au terroir de Laverdines au lieudit les Saize mines, déclarée mouvoir de Mgr. l'Evêque et comte de Beauvais, au cens de 8 deniers par chacun an au jour de Noël.

Y. — *Une petite rectification.*

Au cours de la réimpression de cette étude, la note suivante m'est tombée sous les yeux.

« Douet d'Arcq mentionne n° 2857 à la date de 1280 « Nicolas de
« Mollaines. Ecu à la bande accompagnée de six merlettes, 3 en chef et

« 3 en pointe + S. CHOLART DE MOLAINES ». La fille de ce Colart, que M. de Caix de Saint-Aymour dit « Châtelain de Beauvais », fut la première femme de Pierre II, surnommé le Hutin. » (MÜLLER : *Vingt-neuf Chartes originales concernant l'abbaye de Chaalis, de 1155 à 1299*, dans *Comité Archéol. de Senlis*, 1891, p. 43).

Les travaux de M. l'abbé Müller jouissent — et avec raison — d'une trop grande autorité, pour que je puisse laisser passer sans protestation la lourde inadvertance qu'il m'attribue ici. Je n'ai jamais dit que Colart, châtelain de Beauvais (v. plus haut, p. 96) fut le même personnage que Colart de Molaines, dont je n'ai, d'ailleurs, pas eu l'occasion de m'occuper. Ni les noms, ni les dates ne prêtent à la moindre confusion et je n'ai commis cette erreur, ni dans la première édition de mes *Châtelains de Beauvais*, publiée dans les *Bulletins de la Société Académique de l'Oise* en 1888, ni dans la réimpression que j'en donne ici.

VII

QUITTANCE
DE LA
GRAVURE DU SCEAU
DE LA PRÉVOTÉ FORAINE
DE CRÉPY-EN-VALOIS EN 1401.

QUITTANCE
DE LA
GRAVURE DU SCEAU
DE LA
PRÉVÔTÉ FORAINE DE CRÉPY-EN-VALOIS
en 1401.

Les pièces authentiques concernant l'art du graveur de sceaux au moyen-âge sont relativement assez rares. On peut même s'étonner à bon droit qu'une industrie qui devait tenir une si grande place dans la vie privée et publique de nos pères, ait laissé si peu de traces dans les documents contemporains.

Ayant mis la main sur une quittance [1] concernant la gravure du sceau et du contre-sceau de la Prévôté foraine de Crépy-en-Valois, je pense donc que cette petite pièce semblera assez intéressante pour être publiée.

I

Les Prévôtés étaient, comme nul ne l'ignore, des circonscriptions administratives et judiciaires, subdivisions des Comtés et des Bailliages. Elles constituaient, pour les roturiers, le tribunal de première instance dans toutes les causes qui n'étaient pas réservées aux Baillis.

La Prévôté de Crépy-en-Valois était donc sous la juridiction du bailliage de Valois, distinct de celui de Senlis à partir du XIIIe siècle.

---

[1] *Bibl. Nat. Mss. Fonds lat.* 17059, f. 144.

A côté du Prévôt de la ville, il y avait un Prévôt forain duquel dépendait toute la Châtellenie de Crépy. Ces deux titres paraissent, d'ailleurs, s'être toujours confondus ou, du moins, avoir toujours été portés par les mêmes personnes. Les fonctions étaient les mêmes, sauf quelques différences d'attribution.

D'après l'article VIII des *Coutumes du Valois*, le prévôt avait, en dehors de la ville « deux sièges, à sçavoir Villers-Cote-Raiz et Viviers, esquels lieux il va tenir siège pour cognoistre des matières personnelles seulement, et des matières réelles, le prévost en cognoist en son siège de Crespy. »

Il résulte donc de ce texte et du commentaire dont Laurent Bouchel l'accompagne [1] que « le prévost de la Chastellenie de Crespy tenoit son siège à Crespy, pour toute la Chastellenie, mais qu'il alloit parfois, à certains jours, siéger et tenir ses plaids à Villers-Coste-Retz, à Viviers et même à Assy, en consideration qu'il étoit prévost de ville, et prévost forain ou du dehors, embrassant ladite prévosté, le vray cœur de Vallois, et la naturelle habitation des premiers et originaires Valloisiens..... »

Nous connaissons les noms de quelques prévôts et gardes du scel de la prévôté de Crépy à partir du XIIIe siècle.

Robert de Saint-Just était prévôt de Crépy en 1288 avec Pierre Lormier comme garde scel. Dix ans après, en 1298, les mêmes fonctions étaient respectivement exercées par Robert de Villeneuve et par Jean Ivaux [2].

On possède aux Archives Nationales, comme nous le verrons plus loin, les sceaux de Guillaume Yaue Crasse, garde scel de la même Prévôté en 1305; celui de Jean Bazille, qui avait le même titre en 1322; celui de Jean le Coiffier, garde scel en 1327; et enfin celui de Jean de Giresme, titulaire du même office en 1329.

En 1324, Jean Grésillon était prévôt de Crépy [3], et il nous

---

[1] Laurent Bouchel : *Usages et coutumes du Bailliage et Duché de Vallois*, p. 37.

[2] Gross : *Histoire de Crépy* (Senlis, 1881) in-8, p. 92.

[3] *Bullet. de la Soc. histor. de Soissons*, t. IX (1855), p. 188.

faut ensuite arriver aux années 1431-32 pour rencontrer le nom de Jean Février, prévôt de la ville et prévôt forain de la Châtellenie [1]. C'est la seule fois que nous trouvions mentionné ce titre de prévôt forain dans nos archives locales.

II

Voici maintenant le texte du document qui a donné lieu à la présente note :

Pierre Blondel, orfèvre et bourgeois de Paris, confesse avoir eu et reçeu de Malet (ou Marot) le Grant, receveur de Monseigneur le duc d'Orléans ès vicomtes de Caen, Vire et Falaise, la somme de seze frans deux sols neuf deniers parisis, à lui deubs pour avoir fait le scel et contre-scel de la Conté ou Porcien et tout les chesnes, pesant VIII° X° d'argent, au feur de six francs douze sols parisis pour le marc d'argent, sept francs deux sols neuf deniers ; Item pour la façon des deux pièces de la chesne XXXVI sols parisis ; Item pour la graveure desdits scel et contre-scel LXXII sols parisis. Item pour la graveure des scel et contre-scel de cuivre pour la prévosté foraine de Crespy XXXVI sols parisis ; lesquelles parties font ladicte somme de XVI francs II sols IX deniers parisis. De laquelle somme il se tient pour content et bien palé et quitt. promect et oblig.... Ce (fut) fait l'an mil quatre cens et ung, le jeudy XVI° jour de Juing.

(Deux signatures avec paraphes).

On remarquera que dans cette quittance, le modeste sceau en cuivre de la prévôté foraine de Crépy ne joue qu'un rôle secondaire en face du sceau en argent du Comté de Porcien.

Le duc d'Orléans venait d'acheter, en 1400, ce nouveau domaine à Jean II de Châtillon, comte de Porcien, seigneur de Nesles et du Tour. Il n'est donc pas étonnant qu'il ait eu à faire graver un nouveau sceau pour les actes émanant de lui comme comte de Porcien ; nous n'avons pas retrouvé, d'ailleurs, dans les sceaux aujourd'hui connus, celui de Louis, duc d'Orléans, en tant que comte de Porcien.

---

[1] P. DE FLEURY : *Coup d'œil sur l'hist. du Valois et de Crépy.* (Senlis, 1834) in-8, p. 115.

Pourquoi le duc joignit-il à la commande qu'il faisait exécuter à l'orfèvre parisien Pierre Blondel, l'autre commande d'un scel et d'un contre-scel de cuivre pour la prévôté foraine de Crépy-en-Valois ? C'est ce que nous ignorons. Car aucun évènement notable ne se passa dans les juridictions du Valois en l'année 1400. Peut-être le sceau antérieur avait-il été usé ou perdu ? Peut-être le duc d'Orléans, de plus en plus ami du luxe et des belles choses, voulut-il avoir pour sa prévôté de Crépy un sceau plus orné, plus majestueux, plus digne de lui ? Nous en sommes réduits à de vaines conjectures.

Quant à ce que pouvait représenter le sceau de la prévôté foraine de Crépy-en-Valois gravé en 1400, il ne nous est pas possible de le dire exactement, ce sceau ni aucune de ses empreintes n'étant parvenus jusqu'à nous.

Nous pouvons néanmoins nous faire une idée de ce que devait être ce sceau, au moyen de types plus anciens que contiennent nos Archives publiques. Voici les sceau et contre-sceaux de la Prévôté de Crépy publiés par Demay, dans son excellent *Inventaire*, sous les numéros 4792 et 4793.

Je transcris les descriptions du savant sigillographe.

Grand sceau de la Prévôté de Crépy-en-Valois (1305). Sceau rond de 34 mill. — *Arch. Nat.* J. 163, n° 28.

Un château à trois tours percé de trois portes et de deux fenêtres ; la tour de droite surmontée d'une étoile, celle de gauche, d'un croissant.

✠ Le Seel de la Pr(evos)te de Crepi.

Premier contre-sceau.

Dans un tribole, une marmite à deux anses et à trois pieds, une cuiller et quatre quintefeuilles.

S. Guill. Yaue Crasse.

Appendu à un vidimus donné par « Guilliaume, dix Yaue Crasse, bourjois de Crespi, à ce temps garde dou grant séel de la prévostée de Crespy de par nostre seigneur le conte de Valois. » Du mardi après la Saint-Luc 1305.

Second contre-sceau.

Dans un trilobe, partagé en deux par une ligne perpendiculaire, à dextre, une fleur de lys; à sénestre, une étoile.

✠ S. Jehan Basille.

A une charte de l'an 1322 (J. 163, n° 88). — « Jehans Bazillies, de Crespi, clers, garde du séel de ladite prévosté de par monseigneur le conte de Valois. »

Troisième contre-sceau.

Deux bras qui manient un outil servant à planer une boule; au-dessus de l'outil, entre les deux bras, une fleur de lys; dans le champ, quatre points.

✠ S. Jehan de Giresme.

A une charte de l'an 1329 (J. 163, n° 103). — « Jehans de Giresme, bourgois de Crespy, à ce temps garde dou grant séel de ladicte prévosté de par nostre sire le roy de France. »

Petit sceau de la Prévôté de Crépy-en-Valois (1327).

Sceau rond de 26 mill. — *Arch. Nat. J. 163, n° 100.*

Une fleur de lys sénestrée d'un demi-château.

✠ S. Prepositi de Crispeio.

Premier contre-sceau.

Ecu chargé de deux clous surmontés d'une couronne, à la bordure endentée.

(Légende douteuse).

Appendu à une charte de 1322. J. 163, n° 89.

Deuxième contre-sceau.

Ecu à une fleur de lys et à la bordure, dans un quadrilobe.
(Sans légende)

Appendu à un acte de « Jehan le Coiffier, garde de la prévosté de Crespy-en-Valois » d'avril 1327.

D'après ces spécimens conservés dans nos collections, il est probable que le sceau gravé par Pierre Blondel représentait un château, ou peut-être encore un écu fleurdelysé.

Quant au contre-scel, il est plus difficile de faire une conjecture quelconque à cet égard. On voit que sur les cinq contre-sceaux de la prévôté de Crépy des Archives Nationales, deux sont évidemment chargés d'attributs du métier exercé par le bourgeois garde-scel : la marmite et la cuiller de Guillaume Yeaue Crasse indiquent suffisamment qu'il était quincailler ou peut-être aubergiste, et l'outil figuré sur le contre-scel de Jean de Giresme nous permet tout au moins de penser qu'il exerçait un métier travaillant le bois, menuisier ou tourneur, plutôt tourneur. Les trois autres portent des attributs moins personnels, mais qui autorisent cependant à y voir le blason particulier du personnage, blason tout professionnel, bien entendu, pris par les gardes-scel non nobles absolument de la même manière que les évêques d'aujourd'hui qui ne possèdent pas d'armoiries de famille, adoptent un écusson armorié pour en sceller leurs pièces officielles.

VIII

ANCIENNES TOMBES
DÉCOUVERTES A MONTLÉVÊQUE.

NOTE
SUR D'ANCIENNES TOMBES
DÉCOUVERTES DANS LE CIMETIÈRE
DE
MONTLÉVÊQUE

Dans le courant de novembre 1875, des ouvriers occupés à défoncer l'ancien cimetière situé autour de l'église de Montlévêque, pour en retirer les ossements épars, rencontrèrent le long des murs de cette église, des pierres ou fragments de pierres sépulcrales qui attirèrent immédiatement l'attention de plusieurs antiquaires de la localité. J'eus occasion moi-même de voir ces remarquables fragments presque aussitôt leur découverte, et, les ayant étudiés, je les publiai dans le XI⁰ volume des *Comptes-rendus et Mémoires du Comité Archéologique de Senlis* (année 1876), avec des dessins dûs à M. Thibault.

C'est cette notice que je réimprime ici avec quelques modifications ou additions. Les pierres dont il s'agit sont déposés aujourd'hui au Musée du Comité archéologique de Senlis.

I

Avant de commencer l'étude archéologique de nos monuments, il est bon de jeter un coup d'œil historique sur l'antiquité de la localité où ils ont été découverts.

M. Graves [1], qu'il faut toujours commencer par citer lors-

---

[1] *Statistique du canton de Senlis*, p. 50 (Beauvais, 1841).

qu'on s'occupe du département de l'Oise, n'indique aucun document plus ancien, en ce qui concerne Montlévêque, que la donation faite, vers 1042, du patronage de la cure de ce lieu au chapitre de Saint-Rieul, par l'évêque de Senlis, Guy-le-Bon. Puis vient immédiatement la donation de la seigneurie appelée alors simplement *Mons* ou *Mont-le-Roi*, par le roi Philippe-Auguste, à son fidèle chancelier Guérin, évêque de Senlis, qui en fit sa résidence d'été, d'où *Mons Episcopi*, Montlévêque.

Un autre document qui a échappé aux recherches de M. Graves et que nous avons retrouvé dans la *Pancarte noire de saint Martin de Tours* [1] donnerait à Montlévêque une ancienneté beaucoup plus grande et en ferait, dès le règne de Charles-le-Chauve, la résidence d'un seigneur nommé Agebaud, d'où l'on pourrait presque conclure que son existence remonte aux premiers temps de la christianisation de nos contrées du Nord de la Gaule, c'est-à-dire au IV° ou au V° siècle [2]. Nous voyons en effet, dans une charte datée de Quiersy, le 13 mars

---

[1] *La Pancarte noire de Saint Martin de Tours*, brûlée en 1793, restituée d'après les textes imprimés et manuscrits, par Emile Mabille. Paris (Hainaux), 1866, in-8°.

[2] Je n'ignore pas que certains auteurs, parmi lesquels je citerai notamment MM. Dhomme et Vattier, membres du Comité archéologique de Senlis (*Recherches chronol. sur les Evêques de Senlis*, dans *Mém. du Comité archéol.*, 1864, p. 158), suivant en cela les traces de M. Blond (*Premières recherches sur la date de l'Apostolat de Saint-Rieul*, dans *Mém. du Comité archéol.*, 1862-63, p. 68), font remonter jusqu'au 1er siècle la prédication de l'Evangile dans le pays de Senlis. Sans prétendre entrer dans la discussion de cette grave question, il me suffira de dire que j'adopte ici la date donnée par d'autres auteurs des plus compétents, et particulièrement par M. Edm. Le Blant dans ses *Inscriptions chrétiennes de la Gaule antérieures au VIII° siècle* (Paris, 1850), p. XLII :

« De Rome, où elle (la foi) grandit, nous la voyons venir et apparaître d'abord dans la Viennoise et la Première Lyonnaise... Le centre se montrera moins docile. Saint Martin n'y fera prévaloir la vraie croyance que vers la fin du IV° siècle. Les textes le disent, et les conciles, les vies des saints, nous apprennent que deux cents ans plus tard la lutte contre le paganisme n'était point éteinte dans ces contrées.

« Au nord, l'évangélisation se fera plus tardivement..... Aux V°, VI°,

849 que « Charles-le-Chauve donne pour le rachat de ses fautes, au monastère de Saint-Martin (de Tours) et à l'église de Notre-Dame, située près dudit monastère, pour subvenir aux frais de sépulture des pauvres, certains biens à lui appartenant, situés dans le pays de Senlis, au lieu dit Balagny et aux environs »[1]. Parmi ces localités s'en trouve une appelée *Mons Agebodi*, le Mont-Agebod, et M. Emile Mabille, l'auteur regretté de la restitution de la *Pancarte noire*, traduit[2] à la table de son travail, mais avec un point d'interrogation, ce *Mons-Agebodi*, par Montlévêque. Bien que nous devions avoir les plus grands égards pour cette détermination du savant archiviste qui avait sans doute quelque bonne raison de la faire, nous ne pouvons accepter cette attribution comme certaine. Ce nom *Mons-Agebodi* peut convenir aussi bien à tout lieu ancien situé sur une colline et à proximité de Balagny sur 〈…〉nette, et pour n'en citer qu'un seul, n'avons-nous pas Montépilloy, dont l'existence à l'époque Gallo-Romaine est amplement démontrée[3] et qui peut parfaitement avoir été ce *Mons-*

VII° et VIII° siècles, c'est-à-dire presque aussi longtemps que dans la Grande-Bretagne et les pays d'Outre-Rhin, de nombreux apôtres parcourent le nord de notre sol; la Douzième, la Troisième Lyonnaise, les deux Belgiques, les deux Germanies, la Grande-Séquanaise, qui, au VI° siècle, gardait encore des temples païens, etc... » L'épigraphie est ici complètement d'accord avec les textes (Voir E. LE BLANT, *op. cit.*, *passim*). Nous devons cependant ajouter que l'on possède des monuments chrétiens du IV° siècle considérés comme très authentiques et trouvés en Angleterre, à Chedworth, dans le Glocestershire (Rossi, *Bull. d'archéol. chrét.*, édit. franç., 1877, pp. 136 et suiv.). L'existence de ces monuments peut paraître contredire, jusqu'à un certain point, l'affirmation que M. Le Blant résume ainsi : « Au nord... plus tardivement encore (que le IV° siècle). » Mais ces monuments sont-ils bien du IV° siècle ?

[1] *Pancarte noire*, etc., pp. 72 et 157, n°ˢ XXXIII et 50.
[2] *Pancarte noire*, etc., p. 229.
[3] On a trouvé à différentes époques à Montépilloy des restes ʼà l'époque Gallo-Romaine (voir GRAVES : *canton de Senlis*, Beauvais, 1841, p. 76, et *Comptes-Rendus et Mémoires du Comité archéologique de Senlis*, VIII, p. 119, XII, p. LX, etc.

Agebodi de la Pancarte Noire de Saint-Martin de Tours ? Je n'ai pas à m'étendre ici sur cette question de géographie historique que je reprendrai peut-être quelque jour, et je me contente de constater aujourd'hui que l'histoire proprement dite ne peut nous donner aucune lumière certaine sur l'antiquité de nos pierres tombales, eu égard à la localité dans le cimetière de laquelle elles ont été rencontrées.

II

Si l'histoire éclaire d'une manière insuffisante notre découverte de Montlévêque, l'abondance des renseignements que nous fournit l'examen archéologique des monuments eux-mêmes ne nous permet pas, avouons-le de suite, d'arriver à une conclusion bien satisfaisante. Disons d'abord que la forme générale et la facture de nos pierres porte la marque d'une époque reculée, sans remonter cependant, sauf peut-être pour l'une d'entre elles, au-delà du XII° siècle. Ces pierres ne paraissent pas avoir été des couvercles de sarcophages, bien que les circonstances dans lesquelles elles ont été rencontrées, jetées pêle-mêle le long des murs de l'église, à une époque déjà ancienne, laissent à cet égard le champ libre aux hypothèses.

Au moins les deux plus intactes que nous possédions semblent-elles avoir été destinées à reposer sur le sol où la dépouille mortelle qu'elles avaient pour objet de protéger et de distinguer, était déposée. Mais, d'un autre côté, la massivité même de ces monuments et le soin avec lequel ils ont été sculptés, nous montre que très probablement ils étaient destinés à des personnages importants, tandis que les figures représentées sur plusieurs d'entre eux nous reporteraient dès le premier abord aux temps primitifs du christianisme. Sans prendre parti dès à présent dans cette question aussi intéressante que difficultueuse, nous pouvons dire que c'est cette dernière particularité qui nous a engagé à entreprendre cette étude. Pour essayer de la mener à bonne fin, nous allons examiner successivement chacun de nos fragments, en nous efforçant d'éclairer autant que possible cet examen, à la lumière des monuments analogues qui sont venus à notre connaissance.

Ajoutons, avant de commencer l'étude spéciale de chacune de nos dalles, qu'elles sont toutes anépigraphes, sans trace aucune d'inscription, et que les circonstances de leur découverte prouvent qu'elles avaient déjà été remuées et changées de leur primitif emplacement.

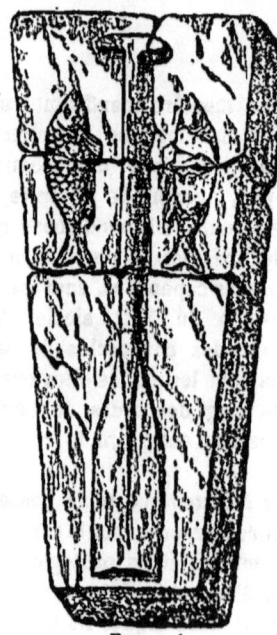

Figure 1.

La première de nos dalles (fig. 1), et la plus importante, a 1^m.70 cent. de hauteur sur 0^m.60 cent. de largeur en son milieu. Elle est plus large à la tête et plus étroite aux pieds, ce qui lui donne déjà un caractère d'ancienneté moins grande que la forme carrée qui est celle que l'on retrouve sur tous les sarcophages des premiers temps du christianisme, mais ce qui n'empêcherait pas cependant notre pierre de remonter à la prédication du christianisme dans notre contrée aux IVe ou Ve siècles, puisque nos cimetières à tombes dites en auge, qui datent à peu près de cette époque reculée, présentent déjà cette forme que l'on retrouve du reste dans tous les cercueils de pierre ou de plâtre depuis l'époque franque jusqu'au XV° siècle [1].

Au milieu de la dalle, une large rame, placée dans toute la longueur, le manche en haut, divise la pierre en deux compartiments dans lesquels se trouvent deux poissons affrontés, situés vers le haut de la pierre et qui semblent être des carpes communes. Cette rame et ces poissons, assez finement sculptés en relief, étaient intacts comme, du reste, la pierre tout entière [2], au moment de la découverte. Mais la pierre a malheureusement été brisée en cinq morceaux par la maladresse d'ouvriers ignorants et le relief d'un des poissons a été presque complètement enlevé ; on n'en voit plus, dans la plus grande partie, que la forme extérieure.

Il nous faut examiner avec soin ces intéressants bas-reliefs.

On sait que le poisson, pendant les trois premiers siècles de l'Eglise, servait à figurer le Sauveur. Il y avait là non-seulement un jeu de mots, les premières lettres de la phrase Ιησους Χριστος Θεου Υιος Σωτηρ constituant le mot ΙΧΘΥΣ, qui veut dire *poisson* [3], mais encore une allusion à une métaphore souvent employée dans les Pères de l'Eglise et s'appliquant soit au Christ lui-même, soit aux chrétiens. En tant que rébus servant à désigner le Christ, nous savons que les premiers chrétiens employaient ce signe et bien d'autres, pour pouvoir faire comprendre aux initiés des choses qu'ils voulaient cacher aux profanes. « Jamais, dit Saint-Cyrille de Jérusalem [4], il ne fut parlé à un gentil quelconque du mystère caché du Père,

---

[1] L'abbé COCHET, *passim*, et notamment dans « *Une fouille en Normandie*, ou *Notice sur des sépultures chrétiennes trouvées à Saint-Ouen de Rouen* » dans *Rev. archéol.* Janvier et Février 1873.

[2] Cette dalle, ainsi que les suivantes, est en pierre tendre ou *vergelé* du pays.

[3] SAINT-AUGUSTIN (*De civitate Dei. XVIII*, 25) et MARTIGNY (*Dict. des antiq. chrét.*) au mot *Poisson*.

[4] SAINT-CYRILLE de Jérusalem (*Cath. VI*). Voir aussi SAINT-CLÉMENT d'Alexandrie (*Paedag. III*, 106).

du Fils et du Saint-Esprit, nous n'en parlons pas même ouvertement devant les catéchumènes ; mais nous en parlons souvent d'une manière occulte, de telle sorte que les fidèles qui savent la chose, comprennent, et que ceux qui l'ignorent ne soient pas scandalisés d'une révélation prématurée. »

Cette discipline [1] du secret fut, dans l'Eglise, la première origine de ce symbolisme, dont le poisson était une des figures les plus habituelles. En dehors du signe hiéroglyphique ΙΧΘΥΣ, cette préférence se justifie par le symbolisme du baptême dans les eaux duquel les chrétiens, qui se donnaient quelquefois à cette occasion le nom de *pisciculi* [2], petits poissons, se lavaient de leurs péchés, — par la profession des apôtres dont la plupart étaient pêcheurs, — par la tradition de la pêche miraculeuse d'où Jésus-Christ considéré symboliquement comme un pêcheur [3], voire même comme un filet [4], et enfin par cette comparaison poétique, qu'ainsi que le poisson ne peut vivre hors de l'eau, ainsi l'homme ne peut faire son salut que dans le sein de l'Eglise.

Le symbolisme du navire est aussi ancien que celui du poisson ; c'est tantôt la figure d'une navigation heureusement accomplie vers le port du salut [5], tantôt le symbole de l'Eglise

---

[1] E. Reusens : *Eléments d'archéologie chrétienne*, 1872, I, p. 103. Voir aussi Secchi dans son travail sur les inscriptions d'Autun, p. 28 ; et Grimouard de Saint-Laurent : *Guide de l'Art chrétien* (Paris, 1872-75), t. II, p. 289.

[2] E. Reusens : (loc. cit.), p. 109. — Tertullien : *De Baptism*. I. — Costadoni : *Del pesce, simbolo di Gesu Christo presso gli antichi Cristiani*. Collection do Calogera (Venise, 1738-1787), tome XII, p. 41. — Montfaucon ; *Ant. expl.*, II, 370, etc.

[3] Martigny : *Dict. antiq. chr.* v. Pêcheur.

[4] « Retia cur ? Sparsas quod colligat undique gentes. » Le Blant (op. cit.), I, p. 422. On peut voir les deux idées réunies sur le fameux anneau de Saint-Arnulf, de la cathédrale de Metz, qui représente un poisson entrant dans une nasse.

[5] Voyez les exemples cités par Martigny : *Dict. des Antiq. chrét.* v. *Navire*.

ballotée par les tempêtes et dirigée par Jésus-Christ son pilote[1].

Les emblèmes se rattachant à la navigation sont très fréquents chez les premiers fidèles. « L'Eglise est un vaisseau dont tout fidèle est le passager; la tempête, c'est le démon[2]. »

Hâtons-nous de dire qu'une étude approfondie de nos monuments nous semble rendre impossible leur explication par un symbolisme aussi élevé, dont la tradition se serait conservée dans nos contrées jusqu'à l'époque probable où nos dalles furent sculptées; en effet, en ce qui concerne notamment le poisson, ce symbole se perd en Italie et dans les provinces de la Gaule les mieux romanisées, dès le IVe siècle[3], et en admettant même avec M. Edm. Le Blant qu'il faille toujours ajouter un siècle pour avoir la correspondance chronologique exacte entre les monuments chrétiens de l'Italie et ceux de la Gaule[4], cette dernière étant toujours en retard de cent ans sur son ainée, cela nous reporterait tout au plus à la fin du cinquième siècle, c'est-à-dire à l'époque même de la prédication du christianisme dans nos contrées; et il nous paraît tout-à-fait impossible de faire remonter notre pierre funèbre à une date aussi reculée. Il nous faut donc rechercher quelque autre explication des figures de notre dalle.

Seraient-ce les armes parlantes de l'individu dont elle

---

[1] BOROIA : *De cruce Velilterna* (Romæ, 1780), p. 213, etc.

[2] LE BLANT (*op. cit.*), I, p. 148. On trouve fréquemment sur les monuments l'ancre, le phare, la barque; mais je ne connais pas d'exemple de la rame.

[3] DE ROSSI : *De Christ. monum.* IXΘYN *exhibentibus*; voir aussi le P. SECCHI, dans sa remarquable étude sur l'inscription d'Autun, p. 28. — Le poisson est, du reste, très rare dans les monuments de la Gaule (LE BLANT, *op. cit.* p. v), ce qui confirme sa prompte disparition; on le trouve seulement dans le n° 201 de LE BLANT (*Inscr.* I, p. 369), dans le monument d'Autun (*Dissert.* n° 4); dans quatre débris trouvés à la chapelle Saint-Eloi (n°⁸ 130, 139, 153 de LE BLANT), dans un titulus de Saint-Romain en Gal (*Dissertation*, n° 393), et enfin dans le fameux anneau de Metz que nous avons déjà cité et dans une bague d'or trouvée à Montbazin (*Diss.* n° 321 A et 608 A).

[4] EDM. LE BLANT (*op. cit.*), I, p. xv.

couvrait le cercueil ? « Ces sortes d'armes parlantes, dit M. Le Blant [1], avaient été, comme on le sait, employées longtemps avant notre ère. Les monnaies de Rhodes portent une rose, celle d'Agrigente un crabe, allusion aux noms grecs de ces villes. Les Romains du temps même de la République se plaisaient à ces emblèmes, ainsi qu'on peut s'en assurer dans Buonarotti ; leurs marbres en offrent plusieurs exemples dont Fabretti a réuni les principaux. » Parmi ces armes parlantes, on peut citer un aigle gravé à côté du nom d'Aquilius [2], un navire accolé au nom Nabira [3], une laie à celui de Porcella [4], un serpent à celui de Dracontius [5], un âne à celui de Onager [6], une chèvre à celui de Capriolla [7], un cerf à côté de celui de Cervus [8], etc., etc. [9]. Quelques-unes de ces armes parlantes sont même compliquées de calembourgs ; c'est ainsi que nous voyons un individu qualifié de *Pater Doliens*, probablement pour *Dolens*, et à côté la figure d'un tonneau : *Dolium* [10].

Ceci exposé, notre dalle a-t-elle recouvert les restes d'un individu dont le nom avait quelque rapport au poisson ou au navire, quelque analogue au Nabira, Naucello, Nauticus, Navalis, Navigius, Marinus, Pelagia, Thalassus, etc., etc. [11],

---

[1] EDM. LE BLANT : (op. cit), I, p. 158.

[2] DE BOISSIEU : *Inscrip. antiq. de Lyon*, chap. XVII, 562 ; et BOLDETTI : *Osservazioni sopra i cimeteri de Santi Martyri*, etc. (Roma, 1720), 376.

[3] BOLDETTI : (op. cit), 373.

[4] BOLDETTI : (op. cit.), 376.

[5] Id. ibid. 380.

[6] Id. ibid. 428.

[7] PERRET : *Les Catacombes de Rome*, pl. v.

[8] H. DE VILLEFOSSE : *Rapport sur une mission en Algérie* (1875), p. 119.

[9] Voir un plus grand nombre d'exemples analogues dans MARTIGNY : *Dict. des Antiq. chrét,,* v. NOMS.

[10] MARTIGNY : *Dict. Antiq. chrét.*, v. DOLIUM. — On peut voir aussi pour des jeux de mots dans les épitaphes. EDM. LE BLANT : (op. cit.), inscriptions n°° 12, 13, 352, 481 A, 582, 624.

[11] MARTIGNY : *Dict. Antiq. chrét.* v. NOMS, p. 448 et v. NAVIRE.

que l'on retrouve sur des monuments ? C'est là une hypothèse que je livre aux réflexions de plus savants que moi sans oser m'en faire le défenseur. Dans tous les cas, et à quelque solution que l'on s'arrête, la rame ne me semble être ici que le gouvernail primitif [1], probablement pris pour le navire tout entier.

Une troisième interprétation de notre monument peut être proposée : elle consiste à voir dans la rame et les poissons les emblèmes de la profession du défunt.

On sait que les marbres païens présentent de nombreux exemples de mentions de la profession. Chez les chrétiens, ces mentions sont moins fréquentes, par suite de cette idée pieuse qu'elles pouvaient être contraires à l'humilité prescrite par la religion [2]. On connaît cependant sur les monuments chrétiens un certain nombre de ces mentions accompagnées de l'emblème sculpté des professions. C'est ainsi que les sculpteurs sont désignés par des ciseaux, des marteaux, etc. [3], les peintres par des pinceaux, des compas, etc. [4], les écrivains publics par des tablettes, un stylet, etc. [5], un cultivateur par le rateau, la bêche et la charrue [6], un boulanger par un *modius* plein de blé [7], un cocher par un char et un fouet [8], un chirurgien par sa trousse [9], les fossoyeurs par une pioche ou une lampe allumée, allusion aux ténèbres des catacombes [10], etc.

---

[1] On sait que primitivement le gouvernail n'était qu'une large rame. Cfr. FROEHNER : *Colonne Trajane* (Rotschild, 1874) et SCHEFFER ; *De Militia navali veterum* (Upsal, 1654).

[2] EDM. LE BLANT (op cit.), n° 57.

[3] PERRET : *Les Catacombes de Rome* (6 vol. in-fol., Paris), pl. XLVII, 19, ibid. pl. LXXIII, 9; ROSSI : *Inscript. Christ.*, p. 188, n° 433.

[4] MARANGONI : *Acta S. Victorin.*, p. 125.

[5] PERRET (op. cit.), pl. LXXIII, 6.

[6] FABRETTI : *Inscript. antiq. explicatio* (Romae, 1699, in-fol.), p. 574; SEROUX D'AGINCOURT, pl. VII, 5.

[7] DE ROSSI (op. cit.), p. 242, n° 495.

[8] BOLDETTI (op. cit.), p. 340.

[9] MARTIGNY : *Dict. antiq. chrét.*, p. 326.

[10] MARTIGNY (op. cit.), v. FOSSOAES et p. 326. — Voir aussi pour ces emblèmes *Bullet. d'archéol. chrét.*, édit. franç., 1873, p. 146.

Peut-être sommes-nous ici en présence de la tombe d'un pêcheur, et la plus grande difficulté ne serait pas, selon moi, l'exiguïté de la rivière Nonette [1] et l'étroitesse de la vallée, qui en ce lieu n'a jamais dû pouvoir donner naissance à des étangs de quelque étendue [2], mais bien la richesse et l'importance même de cette pierre tombale, qu'il serait tout à fait invraisemblable d'attribuer à un pauvre pêcheur.

Si la rame doit être réellement prise ici pour la figure du navire tout entier (la partie pour le tout) on pourrait peut être la considérer tout simplement comme la preuve que le défunt avait vécu et était mort dans la communion de l'Eglise, le symbole du navire étant souvent pris en ce sens sur les sépultures chrétiennes [3]. Dans cette hypothèse, les deux poissons ne seraient qu'une confirmation plus positive encore de la mort chrétienne du défunt [4]; mais, je le répète, ce symbolisme ne me paraît pas admissible en ce qui concerne nos tombes, et nous tournons toujours dans le même cercle, autour de monuments trop récents pour les symboles qu'ils portent, ou de symboles trop anciens pour les monuments qu'ils décorent.

Il faut cependant faire un choix entre une idée symbolique

---

[1] Cette petite rivière, qui prend sa source près de Nanteuil-le-Haudouin, passe à Versigny, Baron, Fontaine, Borest, Montlévêque, Senlis, Chantilly, et se jette dans l'Oise à Gouvieux.

[2] L'existence de pièces d'eau peu importantes dans les parcs de Montlévêque et de La Victoire ne peut, en aucune façon, détruire mon objection.

[3] MARTIGNY (op. cit.), p. 433.

[4] L'ancre, autre figure réduite du navire, se trouve quelquefois assistée de deux poissons (MARTIGNY, op. cit., p. 547), que LUPI (*Dissertatio et animadversiones ad nuper inventum Severae martyris epitaphium*. Panormi 1734, p. 64, note) considère comme l'emblème de la fidélité conjugale, tandis que l'abbé POLIDORI est d'un avis contraire (*Del pesce simbolo christiano* dans l'*Amico cattolico* de Milan), et les prend pour l'emblème des deux peuples, les Juifs et les Gentils, dont la réunion forme l'Eglise primitive. Quant à COSTADONI (op. cit.), il n'y voit qu'une affaire de symétrie et son explication, qui est la plus simple, est peut-être aussi la plus vraie.

ou un simple rébus, et je laisse à plus savant que moi le soin de trancher la difficulté.

Il y a pourtant une question de laquelle nous devons dire un mot ici ; c'est l'époque à laquelle on peut attribuer notre dalle. Nous avons déjà repoussé l'idée qu'elle pût appartenir à l'époque classique du symbolisme primitif. D'un autre côté, il existe des monuments portant la figure du poisson après le VI° siècle ; ces monuments, comme le marbre de Trèves (qui est de la fin du VI° ou du commencement du VII° siècle) et le couvercle de cuve baptismale cité par Münter [1] et qui appartiendrait au moyen-âge, ces monuments, dis-je, sont si rares, qu'ils constituent une exception sur laquelle il est bien dangereux d'asseoir une opinion. Tout ce que je puis donc dire à cet égard, c'est que notre dalle de Montlévêque, si elle n'est pas une sorte de fantaisie archaïque et érudite des XII° ou XIII° siècles, doit remonter à ces temps intermédiaires qui s'étendent du VII° au X° siècles, où les souvenirs de la tradition primitive n'étaient pas encore complètement effacés. Le fait que cette dalle a été rencontrée avec celles que nous allons décrire tout à l'heure et qui sont évidemment des XIII°, XIV° et XV° siècles, ne détruit pas cette affirmation, puisque toutes ces tombes auraient été violées à une époque antérieure à leur récente découverte et leurs fragments jetés pêle-mêle là où nous les avons heureusement retrouvés.

On le voit, bien que les représentations figurées sur notre dalle soient parfaitement nettes et déterminées, il est bien difficile d'en tirer une lumière certaine sur leur origine et l'époque où elles ont été travaillées. Voyons si nous pourrons être plus heureux en ce qui concerne nos autres pierres.

Le fragment le plus important après celui que nous venons d'étudier, sinon comme finesse de sculpture, au moins comme intérêt archéologique, nous montre (fig. II) sur une dalle en pierre tendre dont toute la partie inférieure est brisée

---

[1] *Sinnbilder und Kunstvorstellungen*, etc. *(Symbola veteris ecclesiae artis opere expressa)*. Altona, 1825, in-4°.

(hauteur du fragment : 1ᵐ.00 c., largeur 0ᵐ.73 c.), un dessin en creux, sorte de graphite assez grossier.

Ce dessin représente une espèce de face solaire ou lunaire entourée de rayons qui sont figurés au moyen de quatre fleurons trilobés. Cette face rayonnée est très probablement celle de saint Jean. On sait qu'au moyen-âge, on représentait souvent le Précurseur sous forme d'une face lunaire. Il n'est pas nécessaire d'être un bien grand théologien pour se rendre compte de cette espèce de symbolisme.

« Dieu, » dit l'annotateur des *Monnaies inconnues des Evêques des Innocents, des Fous*, etc. [1], « Jésus-Christ ou le

FIGURE II.

Verbe, qui ne font qu'un, est représenté dans la Bible comme le principe de la vie, et la vie, c'est la lumière : *In ipso vita erat, et vita erat lux hominum* (Evang. S. Jean). *Surge illuminare Jerusalem, quia venit lumen tuum* (Isa., 68). *Lumen* est le nom que les Pères de l'Eglise donnent le plus fréquemment à Dieu-Verbe. Les théologiens modernes, d'après des exemples tirés du moyen-âge, l'ont comparé au soleil, principe matériel de vie et de fécondité dans l'ordre des choses

---

[1] M. C. Leber. — Paris (Merlin), 1837, p. 89.

créées ; on l'a même nommé *Phœbus*, et Marchetti [1], dans ses *Explications des cérémonies religieuses des Marseillais*, soutient que le Phœbé du roi de la Fève est une invocation à Dieu *lumière* ou *Phœbus* [2]. C'est une image du soleil qui recèle l'hostie exposée à la vénération des chrétiens.

« D'un autre côté, saint Jean-Baptiste fut destiné, par le Ciel même, à précéder la lumière divine, c'est-à-dire le Messie, qu'il devait annoncer au monde : *Ejus nativitas fuit per Gabrielem nunciata*; ce fut le précurseur du Christ : *Non erat ille lux, sed ut testimonium perhiberet de lumine*.

« Jean n'était pas la lumière ; mais il était venu pour rendre témoignage à la lumière : aussi voyons-nous que, vers la fin du XIIIe siècle, les torches ou brandons du feu de la Saint-Jean étaient pris pour une figure de la mission et du caractère apostolique de ce saint, qualifié *Lumière, Lampe ardente* : *Significant Joannem, qui fuit lumen et lucerna ardens...., et præcursor veræ lucis* [3]; aussi les docteurs même de l'Eglise, d'après les prophètes, ont-ils rappelé l'idée de Jean sous le nom de *Lucifer*, dans le sens d'Ovide, qui désigne par ce composé l'étoile du matin : *Ipso primus annuntiavit gaudia æterna, et ideo dicitur Lucifer* [4]. C'est ainsi que Durand explique la qualification de *Lucifer* : Jean est à ses yeux l'astre flamboyant qui précède le lever du soleil, auquel il compare la nativité du fils de Dieu ; et de là vient, ajoute le savant évêque,

---

[1] MARCHETY ou MARCHETTI : *Explication des usages et coutumes des Marseillais*, t. I, contenant les coutumes sacrées (Marseille, 1683).

[2] *Dial.* XIII, § II, p. 280. On peut aussi consulter sur ce sujet : DESLYONS : *Discours ecclésiastique contre le paganisme des roys de la fève et du roy-boit*, Paris, 1664 (2ᵉ édit. en 1670), et NICOLAS BARTHÉLEMY : *Apologie du banquet sanctifié de la veille des Rois*, Paris, 1664. Voir aussi : Vᵗᵉ DE CAIX DE SAINT-AYMOUR : *Causeries du Besacier*, tome I.

[3] DURAND, évêque de Mende : *Ration. div. off.* — « Tanquam lumen ardens Judaismo obtenebrato lucem præferebat ad Christum cognoscendum. » (CONRADUS MEL : *De usu antiquitatum in dignoscendis superstitionibus*, sect. 3, cap. 3. Francfort, 1719. Cité dans BABUIL (*Du culte de Saint-Jean*), p. 52.

[4] DURAND (op. cit.), lib. VII, cap. 13.

que, dans certaines églises, on célèbre la messe de Saint-Jean-Baptiste à l'aube du jour : *Quia nativitas Christi fuit quasi ortus solis (ubi suprà).* Telle est enfin l'idée dominante de la dernière strophe de l'hymne que l'Eglise a consacrée à ce saint :

> « *Laus sit æternæ sua Trinitati,*
> « *Quæ novam mundo paritura lucem,*
> « *Prævium soli voluit Joannem*
> « *Surgere sidus.* »

« Cela posé, et puisque le soleil ou Phœbus a pu devenir l'emblème du Verbe ou Messie, ou fils de Dieu, celui qui l'a précédé et annoncé au monde, qui a, pour ainsi dire, réfléchi sa splendeur, et qui s'est éclipsé devant lui, saint Jean, a dû nous apparaître, dans le même système symbolique, sous la forme de l'astre secondaire et passif qui n'est pas de soi la lumière, qui tire tout son éclat du soleil, et qui, dans l'absence de cette planète pendant la nuit, est un témoignage de son existence, et de son prochain retour sur notre horizon. En un mot, on trouve une conformité presque parfaite entre le rapport physique de la lune avec le soleil, et le rapport mystique que l'Ecriture établit entre saint Jean-le-Précurseur et le Verbe-Lumière [1].

« De là, ce disque lunaire représentant le chef de saint Jean-Baptiste... »

On me pardonnera cette longue citation qui résume ce que je pourrais dire à l'appui de mon attribution iconographique. Mais ce ne sont pas seulement des textes que je puis apporter en confirmation de ma thèse, ce sont aussi des monuments figurés.

---

[1] On peut voir dans BREUIL (*Du culte de saint Jean-Baptiste et des usages profanes qui s'y rattachent.* Amiens, 1840), et notamment aux pages 12 et 50, la preuve du parallélisme que l'église établissait entre Jésus et Jean-Baptiste, surtout en ce qui concernait la nativité de chacun d'eux.

On possède [1], en effet, de grossières médailles du XIIIe siècle qui nous montrent, avec l'inscription MONETA EPI' SCTI' IHOIS, ou encore SAIN IEHAN BADDIDEN. D'AMIENS, une face lunaire soit seule, occupant par conséquent toute la médaille, soit accompagnée d'autres symboles. Une autre de ces médailles de plomb que l'on considère généralement comme des jetons de pèlerinage, est ainsi décrite par M. le docteur Rigollot :

« HIC EST SIGNVM : FACIEI BEATI IOHAVNIS BAVTISTE †. »

On voit un prêtre, entre deux acolytes, portant le précieux chef (de saint Jean-Baptiste).

La forme des caractères et le style du dessin indiquent que cette médaille remonte au XIIIe ou au XIVe siècle [2]. »

Le « précieux chef » n'est ici autre chose qu'une pleine lune, comme on peut le voir dans la gravure qui accompagne le texte que nous venons de citer ; et une autre gravure du même ouvrage [3] présente sur l'avers d'une médaille du même saint Jean-Baptiste au revers duquel est reproduite une lune aux trois quarts, une pleine lune entourée de quatre fleurons tout à fait analogues à ceux de notre dalle. Seulement ici, la lune, au lieu de porter des yeux, un nez et une bouche, contient un cœur en son milieu. Le même avers à quatre fleurons se retrouve encore sur une médaille de plomb également publiée par le docteur Rigollot [4].

Ce qui prouve bien qu'à une certaine époque, cette représentation de saint Jean-Baptiste par une face lunaire était non-seulement populaire, mais encore faisait partie du symbolisme chrétien le plus en usage, c'est que nous retrouvons ce symbole reproduit sur les monnaies du roi Jean d'Angleterre, frappées en Irlande en 1210. Je dois ce renseignement à l'iné-

---

[1] Rigollot : *Monnaies inconnues des évêques des Innocents*, etc., pp. 90-93, pl. xxi.

[2] Rigollot, *op. cit.*, p. 69, pl. xx.

[3] Rigollot : *op. cit.*, pl. xx.

[4] Rigollot : *op. cit. loc. cit.*

puisable obligeance du savant et regretté Adrien de Long-
périer, qui a bien voulu, au moment où j'écrivais cette note en
1876, faire pour moi le relevé de ces monnaies du roi Jean dans
les ouvrages des numismatistes anglais, dont plusieurs sont
aujourd'hui introuvables, et qu'il possédait dans sa riche
bibliothèque[1]. On lit sur ces médailles : + IOHANES DOM,
Jean Seigneur (d'Irlande); une face lunaire occupant toute la
partie médiane du denier;

R. + NORMAN ON DIW (Norman à Dublin), nom du moné-
taire. — Il est impossible de mettre en doute que la face représentée sur ces médailles ne soit une allusion au nom du roi [2].

Pour en revenir à notre dalle, je crois donc pouvoir tirer de
tout ce qui précède cette conclusion qu'elle représente la face
symbolique de saint Jean et qu'elle a dû être gravée, sinon au
XIII° siècle, au moins dans une période qui ne peut guère
varier que du XII° au commencement du XV° siècle, époque où
nous voyons la face lunaire de saint Jean employée à la fois
sur les monnaies anglaises et sur les médailles de plomb du
pèlerinage d'Amiens. Elle a dû vraisemblablement recouvrir
les restes d'une personne dont saint Jean était le patron ou
qui avait du moins pour le Précurseur une dévotion particulière. Peut-être même a-t-elle servi de sépulcre à quelque
pèlerin, mort des fatigues endurées en allant honorer à Amiens
le chef de saint Jean-Baptiste [3] et qui avait voulu que son

---

[1] Th. Snelling : *a Wiew of the silver coinage of England*. Londres, 1862, in-fol. pl. I, n° 35. — Wyse : *Nummorum ant. scriniis Bodleianis second. catal.* Oxford, 1750, in-fol. pl. xix, n° 21. — Martin-Folkes : *Tables of English silver and gold coins*, Londres, 1763, in-4°, pl. II, n° 9. — Rod. Ruding : *Annals of the coinage of Great Britain*. III° Edit. Londres, 1840, in-4°. Argent, pl. II, n° 9. — John Lindsay : *A view of the coinage of Ireland*, Cork, 1839, in-4°, pl. IV, n° 89; et suppl. pl. v, n° 7.

[2] On trouve, du reste, l'effigie de saint Jean-Baptiste sur un grand nombre de monnaies et médailles. Paciaudi (*De cultu S. Johannis-Baptistae antiquitates christianae*, Romae, 1750, in-4°) en a donné le catalogue.

[3] Cette relique avait été rapportée de Constantinople par un chevalier picard, nommé Wallon de Sarton, et Richard de Gerberoy, évêque d'Amiens, reçut solennellement le précieux dépôt, le 17 décembre 1206.

tombeau portât le même symbole qui lui avait été remis par les gardiens du précieux trésor, sous forme de médailles de plomb, souvenirs de son pieux voyage. Quoi qu'il en soit de cette hypothèse, je crois mon attribution iconographique appuyée sur des documents assez importants pour mériter quelque attention.

Puisque je viens de parler des médailles de plomb, auxquelles on donne souvent encore le nom d'enseignes de pèlerinage, parce qu'elles étaient vendues aux pèlerins en souvenir de leurs pieux voyages, je rappellerai ici que presque toutes les enseignes attribuées à la dévotion du Précurseur se distinguent précisément par une face lunaire. M. Forgeais qui a étudié avec beaucoup de soin ces petits monuments [1], croit que ce « masque hémisphérique en manière de pleine lune » représente probablement le reliquaire de la face de saint Jean-Baptiste. Nous ne contredisons pas à cette interprétation et nous constatons au contraire qu'elle vient à l'appui de notre thèse ; car pourquoi aurait-on donné au reliquaire du chef de saint Jean-Baptiste l'aspect d'une face lunaire si cette figure n'avait pas été justifiée par le symbolisme du Saint lui-même ? Nous renvoyons au livre de M. Forgeais cité plus haut pour les détails. Nous ferons seulement remarquer ici que ces plombs, qui appartiennent aux XIIIe, XIVe et XVe siècles, représentent d'une manière générale un prêtre montrant au peuple la précieuse relique, assisté de deux acolytes portant des torches ou flambeaux. Un d'entre eux nous montre une face rayonnante qui prouve bien que l'ouvrier a voulu figurer un astre et non un simple reliquaire rond. Un autre est tout à

Le prélat institua dans tout son diocèse une fête commémorative qu'il appela : Festum receptionis faciei S. Johannis Baptistae. (BREUIL : *Du culte de saint Jean-Baptiste*, etc. Amiens, 1846, p. 8.)

Cette relique jouissait d'une immense célébrité. Les malades et les pèlerins accouraient en foule à Amiens, surtout au jour de la Nativité de saint Jean-Baptiste (DAIRE : *Histoire d'Amiens*, tome II), et cette affluence donna lieu à l'établissement de la foire de saint Jean, qui existe encore dans cette ville.

[1] FORGEAIS : *Collection de plombs historiés trouvés dans la Seine*, 2e série. *Enseignes de pèlerinage* (Paris, 1863), pp. 90 et suivantes.

fait analogue à celui qu'a publié M. Rigollot et dont nous avons parlé plus haut p. 152.

La seule explication que l'on pourrait peut-être proposer à côté de celle qui précède, consisterait à voir dans notre face rayonnée la figure du Christ-Soleil dont on a parlé plus haut

Figure III.

(p. 151); mais en l'absence de tout monument reproduisant cette image, nous préférons de beaucoup notre hypothèse qui a le double mérite d'être conforme au symbolisme chrétien et de se trouver confirmée par l'existence de monuments figurés.

Une troisième pierre, brisée comme la précédente, et plus

grande encore que la première dont nous avons parlé, porte 2ᵐ.05 de longueur sur 0ᵐ.65 de largeur à son extrémité inférieure. La cassure qui règne du haut en bas de cette dalle nous a empêché de prendre toute autre mesure de largeur. Sur cette dalle rétrécie vers les pieds comme celle qui porte les poissons et la rame, est sculptée une croix dont l'extrémité inférieure est renflée en forme de boule, tandis que le seul bras de la croix qui nous soit conservé se termine par une sorte de fleuron fleurdelysé portant le caractère des XII° ou XIII° siècle, mais qui, néanmoins, pourrait être plus ancien. Sous ce bras de la croix, le dessin (fig. III) montre une sorte d'instrument recourbé qui ressemblerait à un outil, mais un examen plus attentif de la dalle nous a convaincu que ce relief se continuait plus bas et faisait partie d'une sorte de boudin qui se prolongeait vers le pied de la croix et paraissait même remonter de l'autre côté comme une espèce de cadre. Dans l'impossibilité de reconstituer ou d'expliquer ce relief, mais persuadé qu'il ne présente pas la forme isolée que lui donne le dessin, sur ce point inexact, que nous reproduisons ici, nous ne nous en occuperons pas.

Nos doutes ne sont pas les mêmes en ce qui concerne les fragments groupés sous les fig. IV et V, et dans lesquels nous reconnaissons facilement le fer d'une espèce de pioche dont le manche seul est détruit.

Le fragment IV mesure 0ᵐ.53 c. de hauteur sur 0ᵐ.87 c. de largeur. En rapprochant avec soin les deux morceaux dont il est composé, on voit apparaître assez facilement le fer d'un instrument que nous avons de grandes présomptions de prendre pour une pioche, autrement dit une *ascia*. On sait que l'ascia, d'après les travaux les plus sérieux, tels que ceux de M. Rossignol dont l'opinion a été reproduite plus récemment par M. l'abbé Coffinet, de Troyes[1], doit être considérée uniquement quand il est placé sur des tombeaux, comme l'instrument destiné à

---

[1] *Saint-Lupien et le tombeau de ce martyr*, conservé dans l'église de Somme-Fontaine (Aube), dans *Mém. de la Soc. acad. de l'Aube*, 1874.

creuser la fosse du mort. C'est l'outil que nous appelons *houe* et à qui les paysans, dans certaines contrées de la France, donnent encore le nom de « aiscée [1] ».

D'autres auteurs veulent voir dans l'*ascia* placée sur les tombeaux, tantôt le signe que le tombeau est neuf, n'a pas encore servi, sort de la main de l'ouvrier tailleur de pierres [2], tantôt l'emblème de la puissance des Dieux souterrains, protecteurs des sépultures [3]; tantôt encore la preuve que certaines

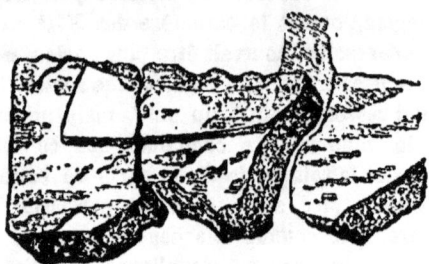

Figure IV.

Figure V.

formalités avaient été remplies, donnant au terrain de la sépulture le caractère d'une concession perpétuelle [4]; tantôt enfin

---

[1] *Rev. arch.*, nouvelle série, tome VIII, p. 544.

[2] L. Renier, ap. Spon, *Rech. d'antiq. de Lyon*, ed. de Montfalcon, 1658, p. 68.

[3] A. de Barthélemy: *Rech. sur la formule « sub ascia »*, p. 111; Ch. Gervais: *Bull. de la Soc. des Antiq. de Normandie*, I, p. 138.

[4] Charma: *Lectures d'archéologie faites à la Sorbonne en 1863*, p. 9.

une ancre de vaisseau, symbole d'espérance, une hachette en pierre emmanchée, la faulx de la mort¹, etc., etc. On n'en finirait pas si l'on voulait donner toutes les explications auxquelles ce curieux symbole a donné lieu².

Adoptant l'opinion de MM. Rossignol et Coffinet, nous renvoyons à leurs dissertations³ le lecteur curieux de connaître les raisons qui militent en faveur de l'explication qui fait de l'*ascia* un simple instrument de fossoyeur, devenu le signe attestant que toutes les cérémonies avaient été accomplies, c'est-à-dire que l'inhumation était complète, que le mort, en un mot, avait été recouvert de terre.

Cette attribution explique aussi très bien les rapports qui existent entre la figure de l'*ascia* et la célèbre formule ; *sub ascia dedicavit* ou *dedicatum*.

Si l'*ascia* est fréquemment reproduite sur les tombeaux payens, il n'en est pas de même en ce qui concerne les sépultures chrétiennes. Que les chrétiens se soient servis parfois de sarcophages de fabrication payenne pour y ensevelir leurs morts⁴, ou qu'ils aient gravé eux-mêmes l'*ascia* sur leurs tombeaux, il n'en est pas moins certain que cette figure de l'*ascia* est relativement très rare sur les sépultures chrétiennes. On peut citer dans cette catégorie le sarcophage de Saint-Lupien, à Somme-Fontaine (Aube)⁵ ; un fragment de cercueil de pierre portant le même signe et découvert à Troyes, en 1763⁶ ; une tombe de l'église Saint-Just découverte à Lyon en 1740 et

---

¹ Symmaque Mazochi (*De dedicatione sub ascia*, Naples, 1775), rapporte plus de trente opinions différentes sur cette question, sans compter la sienne. — Cf. *Revue d'Anthropologie*, 1875, p. 310, etc.

² On trouvera dans le *Dict.* de Darenbrrg et Saglio, déjà cité, à la note de la p. 465, col. 1, et sous la rubrique *Bibliographie*, l'indication d'un grand nombre d'ouvrages à consulter sur cette question.

³ Rossignol . *Op. cit.* Coffinet : *Saint-Lupien et le tombeau de ce martyr*, dans *Mém. de la Soc. acad. de l'Aube*, 1874, pp. 371 et suiv.

⁴ De Caumont : *Bull. monum.* 1866, p. 756.

⁵ Coffinet : *Op. cit.*

⁶ Coffinet : *Op. cit.* Appendice n° 4, p. 384.

portant une croix, deux colombes, et la double représentation de l'ascia [1]; à Saulieu, on rencontre le même signe sur la pierre sépulcrale de Saint-Andoche [2]. Enfin à Rome, on en trouve deux semblables publiées par M. de Rossi [3].

Est-ce à dire que nous sommes ici en présence d'une ascia placée avec l'intention symbolique qu'on y attachait à l'origine, sur la pierre sépulcrale de Montlévêque ? Je ne le crois pas [4], et s'il faut voir réellement, sur notre dalle, la reproduction d'une pioche, je serais plus disposé à la considérer seulement comme l'indication du métier du défunt. Nous avons vu plus haut (p. 146) que les instruments de la profession étaient souvent gravés sur les tombes. L'ascia pouvait servir indifféremment à particulariser les métiers de bûcheron, de charpentier [5], de tonnelier, de charron, de fabricant de meubles [6], de maçon, tailleur de pierre [7], enfin de toutes les professions où l'on travaillait le bois [8], la pierre ou le métal. Elle pouvait aussi caractériser à titre d'instrument propre à creuser la terre [9], toutes les professions agricoles et horticoles, et nous rappellerons ici qu'on a trouvé sur un marbre funéraire du cimetière de Calixte un personnage nommé Léon, vêtu comme les paysans et tenant à la main une espèce de rateau avec une

---

[1] *Hist. de l'Acad. des Inscriptions et Belles-Lettres*, t. XVIII, p. 242.

[2] LEBEUF : *Traité sur les anciennes sépultures*, dans les *Dissertations sur l'histoire ecclésiastique et civile de Paris*, etc., t. I, p. 243-244.

[3] *Roma subterranea*.

[4] La formule sub ascià ne franchit pas la limite des trois Gaules et ne se montre que du commencement du Ier siècle à la fin du IIIe. Cf. HEDDE, *Bull. monumental*, 1875, p. 609.

[5] *Berrichte der Sachs. Gesell. der Wissensch*, 18 p.; DE CAUMONT : *Bull. monum*. 1861, p. 193, DAREMB. et SAGLIO, *Dict. des antiq. gr. et r.* au mot Ascia.

[6] *Berichte der Sachs. Geselisch. der Wissensch*. 1862, pl. I, 1, et CH. DAREMBERT et SAGLIO. *Dict. des ant. gr. et rom.*, p. 464.

[7] HIERONYM. Opp. 100; *Gloss. Philox.* Ascicularius λατομος; VITR. : VII, 2.; PALLAD. I, 14; BARTOLI et FROEHNER : *Colon. Trajan.* (1874).

[8] CICERON : *De Leg.* II, 23; Isid. XIX, 12.

[9] PALLAD. I, 43.

bêche et une serpe se rapprochant plus ou moins de la forme classique de l'*ascia*. Une autre profession qui avait pour attribut l'ascia est celle des fossoyeurs, *fossores*. Mais comme à notre connaissance, on n'a jamais trouvé de représentation de *fossores* ailleurs que dans les catacombes de Rome où ils formaient une sorte de corporation à laquelle certains auteurs donnent un caractère tout à fait ecclésiastique, à côté des acolytes, portiers, exorcistes, etc., nous croyons [1] devoir éliminer cette attribution. Nous en restons donc à l'explication la plus simple et la plus naturelle, usant en cela de la vraie méthode qui, selon nous, permette de pénétrer avec moins de difficulté les secrets de l'antiquité et nous pensons que l'on doit voir dans nos fragments de dalle, si toutefois c'est bien une *ascia* qui y est figurée, la tombe de quelque riche artisan de quelqu'une des professions dont l'outil principal est la pioche, la houe, la doloire, la cognée ou l'herminette.

Enfin, une dernière petite dalle presque entière et présentant toujours la forme rétrécie vers les pieds, porte une croix toute simple en relief (fig. V). C'est tout ce que nous pouvons dire de cette pierre, qui clot la série des monuments trouvés dans le cimetière de Montlévêque, et que nous avions entrepris d'étudier.

Comme on le voit, cette notice laisse encore bien des questions obscures, bien des points à élucider; j'espère qu'un plus savant que moi parviendra à les éclaircir. Cette notice aura du moins le mérite d'avoir appelé l'attention sur des monuments intéressants, et d'en avoir donné une description fidèle qui, dans l'impossibilité de transporter des originaux d'une dimension et d'un poids considérable, permettra de les étudier à distance.

III

Il nous resterait à dire un mot de quelques fragments de poterie découverts dans la même fouille du cimetière de Mont-

---

[1] MARTIGNY : *Dict. des antiq. chrét.*, v. FOSSOR.

lévêque. Ces fragments sont de deux espèces ; ils se composent d'abord de quelques petites jattes rondes, en terre grise sans couverte, qui paraissent toutes être sorties de la même fabrique ; elles sont, en effet, toutes semblables entre elles. Ces poteries appartiennent au moyen-âge et plutôt au XV° siècle qu'à toute autre période. Il en est de même d'autres fragments beaucoup plus intéressants au point de vue de la fabrication et qui sont probablement de la même époque. Ces fragments appartiennent à cette catégorie de poteries à plusieurs couvertes successives, dans lesquelles les ornements sont grossièrement enlevés à la pointe, de manière à ressortir de la couleur de la couverte inférieure sur la couleur de la couverte supérieure. La terre brute, par exemple, était d'abord colorée en jaune clair, puis, sur ce jaune clair, une couche de brun était étendue, de sorte qu'en enlevant par endroits la couverte brune, les ornements ressortaient en jaune clair. Ce procédé était celui des célèbres fabriques des environs de Beauvais et notamment de celle de Savignies. Nous avons donc tout lieu de croire que nos fragments de poteries polychromes proviennent de ces fabriques. Quelle que soit, du reste, leur origine, ces vases ont dû servir à placer de l'encens ou de l'eau bénite, à côté des cadavres, coutume qui se prolongea fort tard dans le moyen-âge chrétien [1], et jusqu'au XVII° siècle [2], comme un lointain souvenir des vases funéraires que les payens plaçaient à côté de leurs morts, et comme une preuve de plus de la persistance des rites et des habitudes qui, sous des formes différentes, se perpétuent d'âge en âge pour former le fonds commun des traditions de l'humanité.

---

[1] Voir sur cette question COCHET : *Mémoire sur la coutume de placer des vases dans la sépulture de l'homme.* Bull. monum. vol. XXII ; — *Des sépultures romaines et des sépultures mérovingiennes,* ibid., vol. XIX, p. 471 ; — *Revue archéologique,* mai 1870, p. 367 ; — *Collection archéol. du canton de Verlou (Loire-Inférieure),* p. 34, etc., etc.

[2] *Bullet. de la Soc. arch. de l'Orléanais,* 1874, p. 27, et *Annales de la Société archéol. de Château-Thierry,* 1869, p. 35.

IX

VIE VERSIFIÉE
DE
SAINT GERMER
PAR
PIERRE, CLERC A BEAUVAIS,
Au commencement du XIIIe siècle.

VIE VERSIFIÉE
DE
SAINT GERMER
PAR
PIERRE, CLERC A BEAUVAIS
AU COMMENCEMENT DU XIII° SIÈCLE.

I

La vie de Saint Germer que nous publions ici se trouve dans la copie des recueils manuscrits du marquis de la Clayette faite — probablement par Mouchet, [1] — au XVIII° siècle, pour la Curne de Sainte Palaye et revue avec le plus grand soin par cet érudit. Cette copie d'originaux aujourd'hui disparus est conservée actuellement au Département des manuscrits de la Bibliothèque Nationale (Fonds MOREAU, 1715-1719).

M. Paul Meyer, qui signale ces documents à l'attention des érudits dans le Tome XXXIII des *Notices et Extraits des Manuscrits de la Bibliothèque nationale* [2], raconte comment Sainte Palaye eut connaissance des manuscrits appartenant à ce gentilhomme bourguignon, M. de la Clayette [3], de la famille des Noblet d'Anglure. C'est probablement par Foncemagne, vers 1770, qu'ils lui furent signalés [4]. Il en demanda le prêt,

---

[1] MOUCHET (Georges-Jean), lexicographe né à Darnétal, près de Rouen, en 1737, mort à Paris le 6 février 1807. Il fut le collaborateur et le continuateur de LA CURNE DE SAINTE PALAYE, dans la préparation de son *Glossaire de l'ancienne langue française*.

[2] Paris (Imp. Nat.), 1890, in-4°, p. 1.

[3] La Clayette, aujourd'hui chef-lieu de canton du département de Saône-et-Loire. Cette seigneurie avait été érigée en comté, par lettres de juillet 1730, en faveur de Bernard de Noblet de Chenelette.

[4] Voir des lettres et des documents à ce sujet dans la *Collection Bréquigny*, vol. 65, fol. 169 à 178.

mais c'est seulement en 1773. qu'il en obtint communication grâce au président de Brosses, son ami, lequel était le voisin du marquis de la Clayette.

Cette copie forme cinq volumes in-4°. C'est dans le premier (Fonds MOREAU, 1715) que se trouve la *Vie de Saint Germer*. Elle y occupe les feuillets 62 à 88, et, comme les originaux étaient paginés et que Sainte Palaye a pris la précaution de reproduire les numéros des pages et la division par colonnes, en marge de la copie, nous savons que cette vie de Saint Germer allait de la page 19, colonne 2, à la page 29, col. 1, du Premier Manuscrit de La Clayette, intitulé : « Recueil et Mss. du XIII° siècle, contenant Vie des Saints, en vers, le Bestiaire, en prose, etc. »

La *Vie de Saint Germer* est en vers octosyllabiques accouplés qui, en général, se lisent et se comprennent facilement. Il faut seulement noter — pour bien saisir le rythme — que dans le milieu du vers, et souvent à la fin, les syllabes muettes se prononçaient ou du moins se comptaient dans la mesure au XIII° siècle. Ainsi *estoient* faisait trois syllabes : *es-toi-ent*; *esclaroient* en faisait quatre : *es-cla-roi-ent*; *poiée* (payée) se lisait *poi-é-e*. Il y avait cependant des exceptions pour l'e muet non suivi d'une autre lettre sourde ; ainsi nous trouvons ce vers : « Li essuis *trente* ans y dura », dans lequel il y a élision complète de la dernière lettre du mot *trente*, comme dans notre prosodie actuelle.

L'œuvre du poète est évidemment une traduction d'un original latin de la Vie de Saint Germer et probablement de celle qui se trouve dans les *Acta Sanctorum* des Bollandistes, à la date du 24° jour de septembre [1]. Néanmoins, elle contient, surtout dans sa dernière partie, bon nombre de détails qui ne sont pas pris dans l'original latin, notamment l'étymologie du mot *haro*, etc.

C'est donc, avant tout, au point de vue linguistique, que ce

---

[1] Tome VII, p. 698. Publiée aussi dans l'*Additamenta* de d'ACHERY à GUIBERT DE NOGENT, p. 665 et suivant et dans MIGNE : *Patrologie latine*, T. CLVI.

poème a une véritable valeur. On sait, en effet, combien sont rares encore les écrits en langue vulgaire au commencement du XIII° siècle. A ce titre, il pouvait ne pas paraître inutile de publier une œuvre presque contemporaine de la Vie de Saint Thomas de Martyr, de notre Garnier de Pont-Sainte-Maxence, et c'est ce qui m'a engagé à entreprendre cette publication, qui pourra donner aux philologues l'occasion de quelques rapprochements intéressants.

La *Vie de Saint Germer* a 850 vers dont 120 seulement ont été publiés, à titre de spécimen, par M. Paul Meyer, dans son article sur les manuscrits de la Clayette [1], — les quatorze premiers et les cent-six derniers.

II

Je viens de dire que ce poème était surtout curieux comme document linguistique. Mais il a encore pour nous un autre genre d'intérêt, c'est d'avoir été composé à Beauvais, par un clerc nommé Pierre qui, s'il n'était peut-être pas originaire de cette ville, y résida longtemps sous la protection de Philippe de Dreux, son illustre évêque, petit-fils du roi Louis le Gros, si célèbre par ses démêlés avec Richard Cœur-de-Lion et ses exploits à Bouvines, aux côtés de notre Guérin.

Il n'est pas douteux, en effet, bien que la *Vie de Saint Germer* ne porte pas de nom d'auteur, qu'elle soit bien l'œuvre de ce Pierre, lequel se nomme explicitement dans deux autres poèmes qui, dans le manuscrit, précèdent et suivent celui-ci. Les trois poèmes sont composés en vers de huit syllabes accouplés; ils se terminent tous trois par la même formule, « tellement, dit M. Paul Meyer, qu'on peut se demander si ce n'est pas par l'inadvertance du copiste que la mention de l'auteur est ici omise. » De plus, le style et la langue sont les mêmes et l'intercalation de la Vie de Saint Germer dans le manuscrit entre celles de Saint Eustache et de Saint Josse, jointe à toutes

---

[1] *Notices et extr. des Manuscrits*, vol. cité, p. 12.

les autres probabilités, donne toute évidence à son attribution à Pierre, clerc de Philippe de Dreux.

Jusqu'à la notice de M. Meyer, l'auteur dont nous nous occupons était à peine connu. Il avait été seulement l'objet d'une mention dans l'*Histoire littéraire de la France* (T. XXIII, 292-93), à propos de l'un de ses poèmes, la *Mappemonde*. Grâce à ses recherches et aux inductions qu'il tire de certains passages de ses œuvres, le savant académicien a pu nous donner quelques détails sur la vie du clerc de Beauvais. Il nous apprend entr'autres choses, qu'après la mort, en 1217, de son protecteur Philippe de Dreux, Pierre dut chercher un nouveau maître, et qu'il fut accueilli par un comte Robert, probablement Robert d'Artois, frère de Saint Louis (tué à Mansourah en 1250) auprès duquel il se fixa et pour lequel il écrivit son poème de la *Mappemonde*.

III

M. Paul Meyer établit également la liste des ouvrages de Pierre, qui sont tous copiés dans le manuscrit du marquis de La Clayette. Nous allons, d'après lui, en donner l'énumération avec quelques renseignements sur chacun d'eux :

1° La *Vie de Saint Eustache*, en vers octosyllabiques. Il est à peu près certain que ce poème fut composé, comme plusieurs de ceux de Pierre, pour le même évêque de Beauvais, et probablement à la prière d'Eustache, abbé de Saint Germer, ainsi que nous le verrons plus loin. Il n'est guère douteux, en effet, comme le fait remarquer M. Meyer, que « le seigneur de l'Eglise en cui bontez maint et franchise » à qui l'auteur fait allusion dans le prologue de la *Vie de Saint Eustache*, ne soit son protecteur Philippe de Dreux. Cet ouvrage précède immédiatement dans le manuscrit :

2° La *Vie de Saint Germer* qui fait l'objet de cette notice et que nous publions plus loin.

3° La *Vie de Saint Josse*, en vers de huit syllabes, comme les deux précédents. Cet ouvrage, sous cette forme, n'est connu que par notre manuscrit. Saint Josse était, comme on le sait, le patron de l'abbaye du même nom, autrefois dans le diocèse d'Amiens, aujourd'hui dans l'arrondissement de Montreuil (Pas-de-Calais).

4° Un *Bestiaire*, en prose. Il existe au moins cinq copies de cette version bien connue du *Bestiaire*, y compris celle de La Clayette. Elle a été publiée dans les tomes II et IV des *Mélanges d'Archéologie* du P. Cahier, d'après le Manuscrit de l'Arsenal (n° 3516, fol. CIII et suivants). D'autres sont à la Bibliothèque Nationale (Fonds Français, 834, fol. 39, et 944, fol. 14). Ce *Bestiaire* a été composé par Pierre pour Philippe de Dreux, dans les premières années du XIII° siècle. Une dernière copie du *Bestiaire* de Pierre existe dans un Registre en papier numéroté 1323 à la Bibliothèque du Vatican (Fonds de la Reine Christine) [1]. Cette copie nous intéresse particulièrement, en ce qu'elle a été faite par un habitant de Pont-Sainte-Maxence, qui se nomme plusieurs fois et entr'autres dans l'Explicit, conçu en ces termes :

« Explicit le grand bestiaire, commensé par moy, Jehan Panier, à Pons-Sainte-Mexence, et parchevé au chasteau de Bouillencourt [2], le lundi XVIII° jour de septembre, mil IIII° LXXV. »

Ce Jean Panier n'était pas [3] un copiste de profession, mais un amateur qui copiait pour son propre compte. Il le dit lui-même au folio 258 : « Cy s'ensuit la table de ce présent livre, apartenant à *Jehan Panier, marchant du Palais*, escript de sa main ». Ce J. Panier n'est pas complètement inconnu, car c'est probablement le même qui a recueilli et copié, sur papier format in-4°, vingt-six sermons de J. Cantin, ou Quentin, « écrits le 12° jour de mai l'an 1480.... lesquels se voient écrits « à la main en la bibliothèque de Georges du Tronchay ». (Cf. le *Dictionnaire* de La Croix du Maine, au mot *Cantin*.)

---

[1] *Notice des Manuscrits français et provençaux de Rome antérieurs au XVI° siècle*, par Ernest Langlois, dans *Notices et Extraits des Manuscrits* etc. Tome XXXIII, 2° partie. (Paris, in-4°, 1889) p. 111.

[2] Probablement Bouillancourt, canton de Montdidier (Somme).

[3] V. E. Langlois, *loc. cit.*

Après Jean Panier, ce manuscrit du *Bestiaire* a appartenu à un Jehan de Gouy, au XVIe siècle.

5° La *Translation et les miracles de Saint Jacques* a été écrit également à Beauvais et en l'année 1212. C'est ce que nous apprend l'Explicit ainsi libellé : « Ci fine la translacion Monseingneur Saint Jaque et si miracle, que Calistes li apostoilles [1] traita en latin pour s'amor; et Pierre, par le commandement la Comtesse Yollent [2], mist en Romanz cest livre, as mil anz et deux cenz et douze de l'Incarnation Nostre Seingneur; hu règnement Phelippe le poissant vesque de Biauvès, en qui citez cist livres fu escriz, qui doit estre chier tenuz, fu translatez de latin en romanz. »

« Explicit la translation Sain Jaques. »

6° Une traduction en prose du *Pseudo-Turpin*, renouvelée probablement d'une version plus ancienne, à laquelle Pierre a ajouté celle du prétendu voyage de Charlemagne à Jérusalem.

7° La *Mappemonde*. Ce poème est une compilation cosmographique et géographique analogue à l'*Image du Monde* et autres ouvrages du même genre. C'est probablement, suivant M. Meyer, une œuvre de la vieillesse de notre auteur, s'il faut en croire les vers pleins d'amertume qu'on lit à la fin d'une de ses copies, conservée à la Bibliothèque de Rennes :

« Povre sont mès li guerredon,
« Courtes les cours, petit li don. »

On peut en conclure que Pierre avait alors perdu tous ses protecteurs et pleurait l'abandon dans lequel il vivait.

8° La *Diète du corps et de l'âme*, en vers. Un autre texte complet de ce poème est à la Bibliothèque Nationale (Fonds Français, n° 834, fol. 7).

9° L'*Œuvre quotidienne*, ouvrage mystique en vers.

10° Les *Trois mansions* (séjours) *de l'homme et la vertu de Saumoier* (de la récitation des psaumes). Ces trois « mansions » de l'homme sont ici : le monde, la tombe et le paradis.

---

[1] Le pape Calixte II.
[2] La Comtesse Yolande de Saint-Pol.

11° Les *Trois Maries*, en vers. On sait que le même sujet a été longuement traité par un autre poète de notre pays, Jean de Venette, qui a terminé son œuvre en 1357. L'*Histoire des Trois Maries* a, du reste, été mise en prose et publiée maintes fois au XVI° et au XVII° siècle. Le poème, très abrégé, de Pierre, n'a que 144 vers.

12° L'*Olympiade*, en prose. Cet ouvrage est une « Descriptio quotiens Jerusalem capta fuit. » C'est le titre que porte la même pièce dans un Manuscrit de la Bibliothèque de l'Arsenal, n° 5201.

13° Enfin, la *Généalogie des Rois de France* jusqu'à Saint Louis. M. P. Meyer pense que l'attribution de cet ouvrage à Pierre est douteuse.

IV

Pour en revenir à la *Vie de Saint Germer*, on ne connaît aucun autre manuscrit du poème de Pierre. La copie des manuscrits de La Clayette doit donc nous être d'autant plus précieuse qu'elle a été revue avec la plus sérieuse attention, comme nous l'avons déjà constaté, par La Curne de Sainte Palaye ; on voit, aux notes explicatives qu'il y a ajoutées, qu'il l'a collationnée avec le plus grand soin sur l'original.

Il n'est pas étonnant que le clerc Pierre, — soit par ordre de Philippe de Dreux, soit spontanément pour plaire à son puissant protecteur, — ait exercé son talent poétique sur la légende de Saint Germer. Ce saint était un des patrons les plus populaires du Beauvaisis. A la suite de la double destruction de son abbaye aux IX° et au X° siècles, ses reliques avaient été transportées dans la ville épiscopale, et finalement déposées dans l'église cathédrale où elles avaient été placées solennellement, en 1132, sous l'épiscopat de Pierre de Dammartin, dans une châsse magnifique, due à la munificence d'un chanoine de la cathédrale, appelé Regnier [1]. Le souvenir des fêtes qui avaient

---

[1] Louvet : *Hist. et antiquités du Diocèse de Beauvais*, T. I, p. 502 ; — *Histoire de Gerberoy*, p. 328 ; — Delettre : *Hist. du Diocèse de Beau-*

eu lieu à cette occasion ne devait pas encore être perdu soixante-dix ans plus tard.

Les relations entre Philippe de Dreux et l'abbaye de Saint Germer-de-Fly étaient, d'ailleurs, des plus cordiales. En 1201, son secrétaire favori, Eustache, avait été élu abbé à la mort de Hugues-le-Pauvre [1]. Ce saint abbé, à qui le peuple de Beauvais accorda les honneurs de la béatification et qui fut deux fois légat du pape en Angleterre, fut lié, jusqu'à sa mort arrivée en 1211, d'une étroite amitié avec son évêque, et il n'est pas téméraire de penser que cette liaison ne fut pas étrangère au choix du sujet de deux des poèmes du clerc Pierre, la Vie de Saint Germer, fondateur de son abbaye, et celle de Saint Eustache, son patron, martyr romain du IIe siècle, dont nous avons parlé plus haut.

V

En terminant ici cette courte notice dont j'ai emprunté les éléments au savant travail de M. P. Meyer, je ne pense pas avoir besoin de m'excuser de la rareté des notes explicatives que j'ai cru devoir ajouter au texte de la *Vie de Saint Germer*. J'ai seulement reproduit les courtes explications marginales de La Curne de Sainte Palaye et me suis contenté, pour le reste, de donner la traduction de quelques mots particulièrement difficiles à comprendre de la langue du XIIIe siècle. La publication que je fais de ce poème ne pouvant intéresser que les Philologues, j'ai voulu seulement leur éviter la peine de recourir aux Glossaires spéciaux et n'ai pas eu la prétention de leur faire une version complète, ce qui eut été, à la fois, une inutilité et une impertinence.

---

cais, II, p. 80-82. — V. aussi dans le Fonds MOREAU, T. 55, fol. 105-109, les lettres testimoniales de Pierre de Dammartin, en date du 29 juin 1132.

[1] LOUVET, op. cit. I, p. 451. — DELETTRE : op. cit. II, p. 191-193.

Ci commence la Vie Saint Germer.

(P. 19, col. 2) Au tans que Dagoubers li rois
Régna en France seur François,
Estoient haï durement,
Laidi et mené mallement
Li ami Damedieu [1] par France
Qui esclaroient la créance
A ceus qui ne savoient croire.
Véritez est qu'en cel tempoire,
Pour croistre foi et essaucier
Et pour temprer et adoucier
Des mescréanz les cuers amers,
Fu nez mesires sainz Germers
En une ville renomée
Qui fu et est Wandre [2] nomée [3].
La ville siert sous l'iaue d'Ete [4];
Là fu poide celle deste
Que Diex devoit, par sa pitié.
Moult li mostra grant amitié;
Car tant le fist et nest et monde, [5]
C'encor en vient grant biens au monde.
Rigoberz fu nomez ses pères,
Et Agacut ot non sa mère;
De noble gent furent de France.
En Dieu orent bone créance,
Qui de tel ou loué fist consence;
Moult furent lié [6] de sa naissance,
Hautement bautissier le firent,

---

[1] Dame dieu = Seigneur Dieu (Dominus Deus).
[2] Wardes.
[3] Ces quatorze vers ont été publiés par M. Paul Meyer, *op. cit.* p. 14.
[4] La rivière d'Epte.
[5] Mundus = pur.
[6] Lié = heureux (lætus).

                Bien le gardèrent, et norrirent,
                Et quant il sot onques entendre
                A letres le firent aprendre,
                Par le voloir de ses amis.
(P. 20, col. 1.) Et quant ce fu qui lui fu mis,
                De meurs, de sens et de bonté
                Erent par lui; car tant savoit
                Que de naistre le nom avoit. [1]
                Pour sa bonté et pour son estre
                Le tenoient trestout à maistre :
                A toute gens iert [2] gracieus,
                Car la grâce célestieus
                Et la resplendissors devine
                L'enluminoient de doctrine [3],
                Des Escritures et des livres.
                Toute jor s'entendoit ès livres,
                Pour Dieu, et pour le sien service,
                Visitoit souvent sainte église
                Qui est mansions [4] de decepline
                Et d'oraison et de doctrine
                Dont Saint Augustin dist raison,
                Que « li livres de tel maison
                Est vie sanz morrir vivable [5]
                Par c'on vient à la perdurable;
                Dame Diex est vraie vie.
                Qu'il vit en lui, cil ne muert mie. »
                Autre seingnor ne quéroit cist
                Fors nostre sires Jhésucrist ;
                Cestui, de tout son cuer amoit,
                De tout, à lui se réclamoit ;
                Ses desaires et sa pensée
                N'iert onques, de penser tensée
                A Dieu, qui garde tout, et tense ;

---

[1] « Je ne demesle pas le sens de ces trois vers » Note de Sainte Palaye.
[2] Iert ou ert = était.
[3] Science.
[4] Sojours.
[5] Vivable = vivante.

A lui s'afert¹ qui bien i pense
Du monde despissoit² sa gloire.
Toute jor avoit en mémoire
Deux vers, qui au Sautier les lit³
Qui si commencent, qui les lit :
Michi autem adherere Deo bonum est,
Et ponere in Domino Deo spem meam.
Ce est li uns de vers icist
Et li autres commence cist :
Diligam te, Domine, fortitudo mea Dominus,
Firmentum meum, et liberator meus.
Il qui le siècle despissoit,
Ces deux vers toute jor dissoit :

(P. 20, col. 2). Li sens de l'un ne fait à perdre
Qui dist, boen est de moi aerdre⁴
A Dieu, et mestre m'espérance
En lui, qui toute a sa poissance.
Li sens de l'autre ver veut dire :
Toi aimerai-je, biau douz Sire,
Ma vertuz et ma fermetez,
Mes refuz et ma sauvetez⁵.
Ces diz et autres ensement,⁶
Avoit en cuer présentement.
En oroisons iert ententius,⁷
D'aumônes faire volentius,⁸
En gramer estudioit,
Et le povre qui mendioit
Celui donnoit il volentiers.
A touz iert humbles, et entiers.

---

¹ S'attache.
² Méprisait.
³ Cités au Psautier.
⁴ S'attacher.
⁵ Mon refuge et mon salut.
⁶ Ensement = mêmement, pareillement.
⁷ Entendu.
⁸ Il aimait faire l'aumône.

Quan qu'il pooit onques avoir
De son père, deniers, n'avoir,
Departoit il as souffraiteus.
Larges ¹ lor estoit, et piteus.
En poi de tans ², em poi d'espace,
L'aourna Diex de si grant grace,
Que de sans, que de sainté
Seurmonta caus de son aé. ³
Se joieus iert, de lui, son père,
Ausi joieus ret ⁴ sa mère,
Et li ami de l'autre part.
Car Diex qui ses biens nos départ
Li avoit faite départie,
Par sa doucor, d'une partie
De sa très grant miséricorde,
Qui tient en pais et en concorde,
Touz ceus en qui elle se met,
Qu'ele ne font ne ne remet ⁵
Ainçois ⁶ croist là ou elle se prent,
Et de Dieu amer les esprent;
En lui iert et il en lui mis.
Joieus iert moult de ses amis ;
Qui fust ce qui n'en fesist joie.
Il remanoit, à droite voie, ⁷
Les desvoiez ; par lui croissoit
Fruiz, chacun jor, et florissoit.

(P. 21, col. 1) En moult grant chierté ⁸ le tenoient
Père et mère, qui se penoient
De Dieu rendre le guerredon

---

¹ Généreux.
² En peu de temps.
³ Il dépassa ceux de son âge.
⁴ « Ret = itératif ou reduplicatif d'estoit » (Note de Sainte-Palaye).
⁵ Remettre, synonyme de fondre, de jeter.
⁶ Ançois = mais plutôt.
⁷ Il remettait dans le droit chemin les dévoyés.
⁸ Chierté = chèreté, affection.

VIE VERSIFIÉE DE SAINT GERMER

Qui lour avoit donné tel don.
Longuement ainsi se contindrent,
Tant que viel et floibe [1] devindrent,
Et quant aages les mena,
A ce li pères assena
Son fil a tout son tenement.
De quan qu'il tint entièrement
Le fit à sa vie saisir;
Après quant Diex vint à plaisir
Andier [2] du siècle trespassèrent.
Quant leur jors vint, à fin alèrent,
Si comme à touz est convenanz.
Il remist saisiz, et tenanz,
Comme drois ers [3] de l'éritage.
Envers Dieu ot tout son courage.
En povres et en sainte Eglisse
Estoit toute sa cure [4] misse :
Communs leur estoit ses ostieux. [5]
En mémoire tenoit que Diex
En l'Esvengille nos retrait,
Qui au menors des miens bienfait
Cil le fait à moi proprement.
Ainsi se contint longuement
En povres amer et servir,
Tant que Diex voust, par son plésir,
Que sa bonté fu conneue,
Et l'ouvrage de lui seue
Car nus ne doit, ce dist la leitre,

---

[1] Faibles.

[2] Andier, mot probablement mal copié, mais signifiant évidemment : dehors.

[3] Ers = héritier.

[4] Cure = souci.

[5] Cela signifie sans doute que les revenus de ses terres (hostises), le produit du travail de ses fermiers (hostes) lui étaient communs avec les pauvres et l'Eglise.

En rescous la lumière mestro. [1]
De France, de par mainte terre,
Le commencièrent à requerre.
Il les conseilloit volentiers,
Et lour enseignoit les sentiers
De Dieu amer, et charité,
De tenir foi, et vérité,
Bien les sauroit [2], comme boen maistre,
Du pain célestiel, repaistre ;
En ores [3] a donc avint
Que Dagoubert le Roi en vint
Novelles de sa grant bonté,
Car des plusors li fu conté.
A lui le traist [4] li Rois, et mist

(P. 21, col. 2). Tant que son conseillier en fist,
Et il le conseilla ainsi
C'onques, de son conseil, n'oissi
Nulle riens, dont il n'eust droit ;
Car véritez ert qui parloit,
Par bouche de Saint Esperit,
Dont Diex a ses deciples dist
N'estes mie vos qui parlez,
Mes Sainz Espirs, que vos avez.
Ainsi parloit il voirement.
Biaus iert de forme durement,
Clere face avoit, et vermeille :
As felons iert espoventables,
Et as humeles, humeliables ;
Et, pour ce qu'en sachiez la some,
On ne savoit dont si grant home.
Li Rois l'amoit moult durement,
Et tout li françois ensement.

---

[1] En rescous = en cachette, en secret. « Car nul ne doit, comme dit le proverbe, mettre la lumière sous le boisseau. »
[2] Sauroit pour savoit.
[3] Alors.
[4] Près de lui l'appela.

Li povre, et li riche l'amoient;
Partout où il iert l'ennoroient, [1]
Car, se le voir vos en veil dire,
A touz iert, sers ne mie sire,
Que par bien faire lour pleust;
Et ja soit ce que il eust
Habit de lai [2], et contenance,
Moines iert en obediance ;
Car, à touz iert obediens.
Ne demora mie lonc tans
Qu'il pensa moult en son courage
D'avoir fame par mariage,
Dont Diex li donnast un fil naistre,
Qui peust oirs [3], après lui, estre,
Que descorde, ne mautalanz [4]
Ne nasquist entre ses parenz,
Pour sa terre, après lui, avoir.
Dont avint que, par le valoir
Dagoubert le Roi, et sa gent,
Prist fame, qui le cors ot gent :
Pucelle de grant biauté plaine,
Si ert apelée Domaine. [5]
De lui furent deux filles nées,
Qui, par moi, n'ieront ja nomées,
Car la leitre n'es nome mie,
Mais virges [6] alèrent de vie,
Si doit estre vostre créance,

(P. 22, col. 1). Qu'o les virges, sanz demorance,
Mestre les fist, a honnour grant,
En la ville que dis devant,
En un moustier de Saint Remi.

---

[1] L'honoraient.
[2] Habit de laïque.
[3] Oirs = héritier.
[4] Mautalans = colère, jalousie, haine.
[5] Domaine, femme de Saint Germer, qui eut d'elle deux filles, mortes en bas âge et un fils, nommé Acobert.
[6] Virges pour vierges.

Après poi de tans, avint si
Que nostre Sires li donna
Un fil, dont grant joie mena.
Il n'i mist mie terme lonc,
Pour bautissier [1] l'envoia donc,
A Saint Ouain [2], qui est en France,
Conseil le Roi de grant poissance.
C'est non Acobert li donna.
En bautesme, si l'apela.
Du valet fu joiauz et liez,
Sitost comme il fu bautissiez
Ou non dame Dieu le grant,
Au père, renvoia l'enfant.
Norrir le fist, car moult l'ama,
Et mois, et anz, crut et forma
Tant que granz et creuz devint.
Entre les autres se contint,
En toutes œuvres, sagement ;
Car sages estoit durement ;
Humbles iert, et en faiz parfaiz,
Estables [3] en diz, et en faiz
A boen droit, estoit sœure [4] clere
Quant tel fuiz issi de tel père,
Moult l'amoit li Rois Dagouberz,
Car preuz iert d'armes, et aperz, [5]
Mesurez, et sages palliers [6]
Et en conseil boen conseilliers.
Li Rois près de lui le tenoit,
Le lieu son père bien gardoit,
Li pères qui ne voloit mie

---

[1] Bautissier = baptiser.

[2] Saint Ouen.

[3] Estable = ferme en paroles et en action.

[4] Il y a probablement ici une faute de copie. Nous n'avons pu trouver le sens exact de ce passage.

[5] Habile aux armes.

[6] Pallier = parleur.

Perdre la celestiel vie,
Aumones et au povres gent
Donnoit du sien moult bonement,
Car le monde tenoit pour vain.
Par le conseil de Saint Ouain,
Fist une Eglisse grant et belle,
En cel lieu que ou Lisle apelle,[1]
De beaus manoirs l'edeffia,
Autres Eglisses i fonda ;
Saint Pere et Saint Pol i aourent[2]
Cil qui encore les aourent

(P. 22, col. 2). De main saint reliques i mist
Abé i mist, Acars ot non ;[3]
Sages, et de moult boen renon.
Convenablement gouverna
Son couvent, tant comme il régna.
Quant à Dieu plost, li mist en cuer
Saint Germer, ce qu'il geta puer,[4]
Et déguerpi,[5] pour lui, le monde,
Que sa vie fu nete et monde.
Au roi en vint, ne detria,[6]
Oiant ses barons, li pria
Que, de trestout son tenement
Saisist son fil, voiant sa gent.
A grant merveille vint le Roi,
Il l'en saisi, par bone foi,
Et, par deseure, li donna
Li Rois, du sien ; car moult l'ama.
Quant li pères, du tenement,
A son fil saisi bonement,

---

[1] Lieu où fut fondée une église et plusieurs autres sanctuaires dédiés à Saint Pierre et à Saint Paul.

[2] Aourer, aorer = prier en adorant.

[3] Acar, abbé du Monastère fondé à Isle par Saint Germer.

[4] Pour fuer = dehors.

[5] Déguerpir = quitter.

[6] Détrier = détourner, séparer, se séparer, décider, retarder, différer.

A Saint Ouain vint, si li dist
Qui li mostrat, et apresist
Li plus droit sentier à tenir,
Par qui peust à Dieu venir,
Car le siècle voiait muable,
Vain, et mauvais, et decevable.
Quant Sainz Ouains ot ce oï, [1]
Moult durement s'en esjoï;
Dont soupira; si li dist : « Frère,
La monstrance s'en est moult clère;
En l'esvangile oïmes dire
Que Sainz Pierre, dist nostre sires
Que les terriennes honors,
Maisons, et frères, et serours, [2]
Père, et mère, pour moi lairai, [3]
Enfanz et fame guerpirai; [4]
A cent doubles loier estable [5]
Aura en vie permenable.
Nos savons bien que ignorance
Torne les chaitis [6] en errance;
Beneurez [7] iert qui porra
Vaincre le siècle qui faudra.
Li ris du monde si est plors
Et toute sa joie est dolors;
Pour ce te di, se tu veus, frère,
En sa clarté qui si est clère,

(P. 23, col. 1). Avec les justes avoir lieu,
Les traces dame Dieu ensui. »
Il respondi dont Saint Ouain :
« Biau père, se sai-je de plain,

---

[1] Quand Saint Ouen eut entendu cela.
[2] Serours = sœurs (sorores).
[3] Lairai = laisserai.
[4] Guerpirai = quitterai.
[5] Et cent fois salaire juste, j'aurai dans la vie éternelle.
[6] Jette les malheureux dans l'erreur.
[7] Bienheureux sera.

Que tout faut,¹ et vient de nient,
Quan que du monde naît et vient.
Que vaut à home, s'il aquiert
Le monde, et quan que il } a fiert,
Pour que soit en enfer jetée,
L'arme ² de lui, et tormentée ;
Ou li doulereus ont laissié.
Quant le paller ³ orent plaissié, ⁴
Sainz Germers vint en sa meson,
Son fil, d'esperitel raison,
Estruit bien, et enlumina,
Et sa mesgniée ⁵ doctrina,
Des vertuz qui l'ame soutiennent,
Et au sauverdent apartiennent.
En cel tans, Dagoubert morut,
Et ses fiuz Clodoveus recut
La corone deseur francois.
En l'ozième an que il fu rois,
Que le resgne tint en sa mein,
Par le conseil de Saint Ouain,
Vint au Roi, Saint Germers, requerre
Qu'il otroiast son fil sa terre,
Si con Dagoubert l'otroia.
Ce li requist et deproia
Qu'à Dieu voloit, moines, servir,
Pour le sien règne deservir.
Clodoveus li créanta, ⁶
Mais as françois moult empesa,
Et Saint Ouainz, tout erraument, ⁷
Le fist moinne moult bonement.

---

¹ Faut = manque.
² Arme pour âme.
³ Paller = parler.
⁴ Plaissier signifie probablement ici : entremêler des discours, échanger un dialogue.
⁵ Mesgniée = famille.
⁶ Créanta = l'autorisa, l'approuva.
⁷ Erraument, pour erramment = aussitôt.

Les commanz Dieu, et la doctrine
Li mostra, et la decepline,
Et quant il ot fait moinne noir
Il li pria d'aler manoir[1]
Au Pont Auteu [2] en Normendie,
Qui donc avoit a non Neustrie.
Mais Rou qui puis vint seur francois,
Devers Novergue c tout danois,
Par la terre que il conquist,
Quant il en foi bauptesme prist,

(P. 23, col. 2). C'est non d'Eustrie li changa,
Et Normendie l'apela.
Les ponsions [3] orez du non :
Nors est una venz, et man o'est hom,
De Nort, et de men, que c'on die,
Li donna c'est non Normendie.
Sains Ouains ot voloir tout dis,
C'au Pont Auteus, si con vos dis,
Alast Sainz Germers abés estre
Qui du lieu fu sires et maistre.
Là avoit moines à plenté, [4]
Qui du siècle s'erent geté.
Il voust qu'abés en fust et maistre,
Pour aus saouller et repaistre
De la viande Esperitel.
Il l'otroia, puis n'i ot el
En son païs d'ileuc en vint,
Des paroles Dieu li souvint,
Les commanz fist de l'Esvangille,
Le siècle, qui plains est de guille, [5]
Sa fame, son fil et sa terre

---

[1] Manoir = demeurer (manere).
[2] Le Pont d'Auteau en Normandie, sur la Risle, ou le Pont d'Auteux, aujourd'hui Pont-Authou.
[3] Ponsions pour esponsions = explications.
[4] A plenté = en grand nombre.
[5] Guille = tromperie, mensonge.

Laissa, pour dame Dieu requerre¹..
Espris de Dieu vint maintenant
Au liu que vos ai dist devant,
Qui Pont-Auteu est apelez,
L'aigue ² du Risle court de lez.
Là fu abés, bien les reput
De tout les biens que dire seut.
Illec esclaira Dieu sa vie
Si com s'œuvre le tesmoingnie. ³
Nuit et jor iert en oroisons,
Em plors, et en afflictions,
Pour le pueple, pour Sainte Eglisse,
Que sa vertu ne fust maumisse, ⁴
N'amennissiez ne fust ses doiz; ⁵
Ne menjoit, le jor, qu'une foiz,
Petit de pain usoit a douc,
Et menues herbes, selonc; ⁶
L'aigue qu'il bevoit iert salde
Que la chars ne fust saoullée;
Morte tenoit la char de lui,
En Diex vivoit, et Diex en lui.
De toutes partz, à lui venoient
Pour le garant que il trovoient.
(P. 24, col. 1). La loi Dieu lour amonestoit.
Er l'abit où iert, estoit. ⁷
De moines i a grant plentez
Plain de diverses volentez.
Li un l'amoient durement,
Et recevoient bonement
Lui, et ses diz en toute rien; ⁸

---

¹ Requerre = servir.
² L'eau, la rivière de Risle court auprès.
³ Comme son œuvre en témoigne.
⁴ Maumisse = endommagée, corrompue.
⁵ « Doiz, mot corrompu » (Note de Sainte Palaye). — Amenuir = diminuer, affaiblir, détériorer, amoindrir.
⁶ Selonc = à proportion, à l'avenant.
⁷ Abit pour Abiet = abbaye. — Il restait dans l'abbaye où il était.
⁸ En toute rien (rem) = en toute chose.

Mais pour ce que héent le bien
Li mal, qui des boens ont envie,
I ot de touz,[1] que de sa vie,
Ne de ses diz n'orrent que faire;
Car bien ne puet as mauvais plaire.
A donc, pour son bien effacier,
Commencièrent à pourchacier,
Et traitier, tant que il eussent
Lieu, ou occire le peussent.
Entr'eus savoient, sanz faillance,[2]
Qu'il avoit en acoustumance,
Qu'après la matine, veilloit
En oraisons, et travailloit.
En ce metoit tout son délit,[3]
Puis se recouchoit en son lit.
Cil qui de mal erent espris
Un lonc canivet orent pris[4]
Merveilles tranchant et agu.
Une nuit, dementres qu'il fu[5]
As matines, le coustiau mistrent
Enginneusement[6] et assistrent
En son lit, la pointe deseure.
Dormir s'en revint, à cel eure,
Que il s'en souloit revenir;
Mais adonc ne se pot tenir
C'au lit, de sa mein, ne tatast,
Ausi comme Diex li rouvast;
Car si fist-il, il i rouva.[7]
Au taster, le coutel trouva,
N'onques ni avoit tasté,

---

[1] Touz = tels.
[2] Sans faillance = d'une manière certaine.
[3] Délit = plaisir.
[4] Canivet = couteau (Cfr. canif.)
[5] Pendant qu'il était à matines.
[6] Enginneusement = traîtreusement.
[7] Rouver = prier, demander. d'où commander, ordonner.

N'il ne l'avoit acoustumé.
Quant il ot le coustiau perçut,
Au mostier retourna orant,
Si parveilla¹ tout en plorant,
En la loenge de Dieu là.
La chose tant bien le cela ²
(P. 24, col. 2).   Ne voust que il fust relevez ³
Ne seul le lieu en mal parlez,
De ceus du païs, ne retraiz.
Erent li moinne tout venu
En chapitre, grant et menu ;
Plains de plors, as piez lour chaï : ⁴
« Seigneur, dist-il, pour Dieu vos pri
Q'un autre de moi faciez maistre,
Ne sui dignes que le doie estre.
De sour Sainne a une croute, ⁵
Ou ma volentez est trestoute
D'aler ; isi le vos demant,
Là meindrai ⁶, par vostre commant.
Sainz Sanses ⁷ d'ileuques geta
Un serpent, qui moult hi hanta.
Illeuc, dist-il, veill demorer. ⁸
Donc commencièrent à plorer,
Et à crier communément,
Cil qui l'amoient durement.
« Biau père, distrent-il, merci,
Pourquoi ? ne pour quel achoison ⁹
Volez laissier nostre maison ?
Il n'a ni a nul entre nos
Qui soit, de rien, encontre vos. »

---

¹ Parveilla = continua à veiller.
² Cela = cacha.
³ Relever pour révéler.
⁴ Probablement pour : il chût à leurs pieds.
⁵ Près de la Seine est une grotte (crypte).
⁶ Là je demeurerai.
⁷ Saint Sanson.
⁸ Achoison, achoiso = occasion, motif.

« — Nus, dist-il, ne m'a esté maus [1],
Ne durs, ne contraire, ne faus;
Tuit avez esté, comme père,
Envers moi, véritable frère. »
Dolant, recurent sa requeste;
Donc s'en ala, car tost fu preste
Sa voie; le lieu lour laissa,
En astenances [2] conversa
En cette route, moult plus grant
Qu'il n'avoit onques fait devant.
Moine clerc illeuques manoient,
Qui avec lui venu estoient;
Toux besoingneus reconfortoit,
En son cuer, dame Dieu portoit.
Quant à Saint Ouain fu contée,
De sa bonté, la renomée,
Donques li plost que il fust prestres;
Mais moult le refusa à estre;
Saing Espirs li amonesta
Qu'i le fust, si le créanta.

(P. 25, col. 1). Dont l'ordena moult dignement;
Puis se contint si saintement
En Dieu et en son saint service,
Et tuit son cors en tel justice,
Qu'à Dieu, iert toute sa pensée,
De grant vertuz avironnée.
Illeuc avoit, en tel pensé,
Cinq anz et trois mois conversé,
Quant de son fil oï nouvelle
Que la mort, qui tout amoncelle,
L'avoit pris; moult l'amoit li Rois.
Si iert aportez, des françois,
De Gascoingne, tout le voiage,
Dès qu'à lieu de son héritage [3];

---

[1] Maus = mauvais.
[2] En abstinence demeura.
[3] Jusqu'au lieu.

Virges vesquit, virges morut,
Quant la mort seure li courut.
Quant li pères ot le message,
Il prist de Saint Job le courage :
« Diex, dist-il, si le me donna,
Qui sa volenté faite en a;
Benoit soit li Sires pius,
Et loez ses nons en touz lius. »
Adonc s'en essi de la croute [1]
Avec lui des clers grande route [2]
Hymnes et loenges chantant.
Ainsi ala Sainz Germers tant
Que tout l> Venguessin outra [3]
Ou païs Biauvoisin entra,
Ou li cors de son fil estoit,
Car [4] en son païs emportoit.
Quant il vint là, ainc n'en fist chière.
Li home leverent la bière,
Pour porter l'en droit au moustier
De Saint Pierre, qu'il avoit chier,
Et de Saint Pol, si com devant
Le vos fesimes entendant.
Cil de sa terre le suivoient,
Criau.., plorant, car moult l'amoient.
A lieu vindrent [5] tout droitement,
Que Pont Baignart nomeut la gent.
Là monstra Diex, à descouvert,
Un miracle grant et apert [6]
Que tout peussent veoir cler
La mérite de Saint Germer,
Et du fil que Diex avoit pris;

---

[1] Alors il sortit de la grotte.
[2] Route = troupe.
[3] Qu'il traversa tout le Vexin.
[4] Car est ici pour : que.
[5] Ils vinrent droit au lieu que l'on nomme Pont Baignard.
[6] Apert = éclatant, évident.

(P. 25, col. 2). Par le bien, qui est en lui mis,
Li cors de lui si apesa, [1]
Que nus daus, tant n'i adesa [2]
Qu'entr'aus removoir le peussent
Pour force que mestre isseussent. [3]
Adonques fu illeuques tenuz
Li pleurs des granz et des menuz.
La grant paors lor prist adonques,
Que movoir ne se porrent onques,
Cil derriere, ne cil devant.
Sainz Germers connut maintenant
Que c'estoit, par Dieu de lassus, [4]
Le commanda à mestre jus [5].
Quant jus fu mis, n'i demora,
Volant eus touz, à Dieu ora.
Quant il ot s'ouroison finée [6],
Il commanda que fust ostée.
Deseur le cors, la couverture,
Que veue fust l'aventure.
Si tost con li cors descouvrirent,
Apertement sa face virent,
Qui de sanc iert toute merveille.
Miracles fu et granz merveille,
Par les narines li issoit
Li sanz qui sa face arousoit,
Si iert jà, dou tans, alez [7] assez,
Qu'il iert du siècle trespassez.
Tenuz doit estre, ce est la voire [8]
Cist miracles en grant mémoire,

---

[1] Si aposa = devint si pesant.
[2] S'y appuya.
[3] Isseussent = ils seussent.
[4] Mot obscur et probablement mal copié.
[5] Jus = en bas, à terre.
[6] Quand il eut fini son oraison.
[7] Alez = pâle, livide.
[8] Voire = vérité.

Car là monstra Diex, en apert,[1]
Que l'anme[2] du boen Acobert
Vit en Dieu, n'en devons douter,
Par la mérite Saint Germer.
En cel lieu qui moult fait à plaire,
Commanda donc Saint Germer faire,
De Saint Jehan, moult belle Eglisse,
Et autres manoirs à devisse.
Douze moinnes i assena[3],
Rentes et villes li donna
Que ils vesquissent sanz souffraite.[4]
De ce, lour en fu chartre faite.
Fi œvre Diex pour ses amis.
Si tost comme il ot ce permis,
Fu li cors si légiers trouvez

(P. 26, col. 1). O'une touz ceus hons, c'est voirs, privez[5]
Le portast tout légièrement.
Granz est la vertuz voirement
De Dieu, qui si les siens honeure.
Ne se targièrent, puis celle eure;[6]
A tout le cors on vindrent droit,
Au moustier que fondé avoit,
Ainçois[7] que dr. siècle fust hors.
Là mist, a grant honneur, le cors.
Quant enterrez fu hautement,
Saint Germers, de son tenement,
Fist oir Dieu, si conime il estoit,
Comme cil qui moult se hastoit
As biens celestieus atendre,
Dont la clartez ne puet estendre.
A autre chose n'entendoit,

---

[1] D'une manière évidente.
[2] Anme = âme (anima).
[3] Il y assigna, y plaça douze moines.
[4] Souffraite = disette.
[5] Privés — seuls.
[6] Ils ne perdirent pas un instant alors.
[7] Ainçois = avant.

Sa lampe a alumer tendoit,
A celle heure que doit venir
Li Espos, ses noces tenir.
Aus noces, c'est au Jugement;
Li Espos, c'est Diex voirement,
Qui donc avec lui n'enterra [1],
Jamais lumière ne verra,
En tenièbres iert toz jors néz.
Ainsi se pourveoit à dés ; [2]
A ses moines disoit souvent :
« Seingneurs, tenons à Dieu convent,
De ses œvres c'avons emprises.
Au grant jor que nos l'atendons,
Que les armes [3] a lui rendons. »
Tout ainsi les enluminet [4]
Des œvres Dieu, et doctrinoit,
Parcoi leur volentez est une
En Dieu, qui touz les biens aüne. [5]
Entre ses amis, et assemble,
Un jor, lour a atouz ensemble :
« Seingneur, je lo que nos aillons
A Seint Ouain, si le proions
Qu'il priast pour nos Dieu, et requière
Qu'il nos veille, par sa proière,
Ou que soit un lieu, demostrer
Hou nos puissiemes habiter
En bone euvre, jusqu'à la fin. »
A cel conseil, furent enclin,
A touz leur plot, ainsi le tindrent ;
D'iluec, à Saint Ouain en vindrent ;

(P. 26, col. 2). Saint Germers li dist erraume [6] :

---

[1] N'entrera.
[2] A dés = dès lors, toujours.
[3] Armes pour âmes.
[4] Les éclairait.
[5] Aüner = réunir, assembler.
[6] Erraument = aussitôt.

« Biau douz père, moult durement
Me fi en tes biens, et en toi ;
Si te requier pour Dieu, et proi,
Qu'à Dieu veilles pour moi orer,
D'un liu où puisse demorer
M'ensaint [1], car il orra ton pri. [2] »
Et Sains Ouains li respondi :
« Frère, de ce, te doiz bien taire,
Ne suis tiens que le puisse faire ;
Se tu as foi, tu trouveras
Tout ce qu'à Dieu deproieras. [3]
En s'amor fu Abrahans pris
Par la foi dont il iert espris;
Saint Pierres meismes sauva
Par la foi qu'il en lui trouva.
Ma volentez à ce s'acorde,
Qu'atendons sa misericorde,
En geunes, en oroisons
Trois jors, et en afflictions
Savoir se, p... sa grant pitié,
Vos demonstreroit s'amitié. »
Par son commant, tout s'aünèrent [4]
En pleurs, en larmes, geunèrent;
Trois jors le firent tout adès. [5]
Droit à la tierce nuit après
Que chauscuns en oraisons jut, [6]
Li angles [7] à euls s'aparut,
Qui lor dist : « Diex a entendues
Vos proières, et reçeues;
Alez au lieu qui est nomez

---

[1] Tu m'enseignes (au subjonctif).
[2] Car il entendra ta prière.
[3] Deproieras = demanderas.
[4] S'aunèrent = se rassemblèrent.
[5] Tout adès = tout de suite.
[6] Jut (jacebat) = gisait en prières.
[7] Angles = anges (angeli).

Flaiz ; ileuques trouverez
Vostre desirrier, sanz douter. »
L'endemain prist à raconter
Chaucuns ce qu'il avoit veu ;
Merciant Dieu, sont esmeu ;
D'ileuques, en vindrent tout droit,
Si com li angles dit avoit,
Au liu qui Flais a à non.
Savoir devomes, par cest non,
Que, pour ce, est Flaiz apelez,
Que li cors iert flaelez,
C'est li lieus que le char flaele,
Raison à qui Flai l'apele.

(P. 27, col. 1).
Flais, cist nons autre sens porte,
Car il mostre que c'est la porte
Du ciel certement, et l'entrée,
Car, par l'angre, fu démostrée,
La place là où establie,
En l'église de l'abaïe.
Li saint home qui le quéroient
Près en èrent ; mès ne savoient
N'en erent mie loinz granment
Quant Diex, par son commandement,
Les desvoia du sentier droit
Cà et là, et en maint endroit,
Ont, par le désert tornoiez,
Desconfortez, et devoiez,
Tant c'au lieu se sont asséné
Que Diex lour avoit destiné ;
Si comme Ileuc èrent pensiu,
Esbais, et douteus du lieu,
Si qu'il ne savoient que faire,
De par Dieu, qui touz bien esclaire,
Du ciel erraument descendi

---

1 Flais = Flaix (Saint Germer de Flaix).
2 Esmeu = parti, acheminé.
3 Flaeles = flagellé.
4 Flaele = flagelle.
5 Flais = fléau d'une porte.
6 Angre = ange.

Une nue, qui s'estendi,
Environ le lieu où l'Eglise
Devoit estre, par eux, assise.
De la nue, une voiz issi [1],
Qui parla, si lor dist ainsi :
« Eslu de Dieu, sachiez de voir
Que cist lius fait moult acremoir [2]
Dame Diex le santefia,
Pour Saint Germers, quarante anz a,
Et benei, qui dignement
Se li destina proprement :
De moines i aura plenté, [3]
I tant comme la volenté.
Et les commanz de Dieu feront,
De ses biens assez i auront;
Mais ce vos di, onques n'aviengne,
Que fame, dedenz cest liu, viengne. » —
Quant li saint home ce oïrent,
Moult durement s'en esjoïrent :
Comme oil gardoient celle part,
Tout erraument, de lor esgart [4]
Se retrait la nue, et parti;
M'es, adonques, remest de li,
Entour le lieu, une rousde
A la manière pourgetée, [5]
D'une verge dont on mesure
Ces terres ; c'est la véritez pure,

(P. 27, col. 2).
Ce fu que Johans entendist
Que c'est voire que la voiz li dist.
Le liu adone avironnèrent,
Le signe bien empraint trouvèrent,
De la célestiel rousée,
Dont fu la jole grant mende,
De la voiz qui si les aprist.
Sains Ouains une verge prist,

---

[1] Issi = sortit.
[2] Acremoir = craindre, vénérer.
[3] Plenté = quantité.
[4] Esgart = vue.
[5] Pourgetée = dessinée, tracée.

Touz environ, selonc la trace
Pourtrait, et mesura la place,
Où estre devoit li mostiers.
Quant Sainz Ouains ot compassé
Le liu, et très bien devisé,
Congié prist, dou pais oissi,
Et illeuques remest ainsi.
Sainz Germers qui, sanz détrier,[1]
Commença à edefier,
Ou liu, un mostier, par verté,
Ou non de Sainte Trinité ;
Ainsi le fist, et en l'aunor[2]
De la mère nostre Seingnor,
De Saint Jehan et de Saint Pierre,
Qui fu des granz biens preschierre.
Là fist Saint Germers maint manage,[3]
Sa terre et tout son héritage
Pour Dieu servir, illeuc donna,
De trestoute rien l'aourna
Que il convint onques à moinne
Quiunque[4] ne queissent par besoingne
Nulle riens[5] hors, ainsi le fist,
Quanque mestiers lor fu i mist.
Quant le lieu ot bel acompli[6]
Euz met, et mist tout en oubli
Le monde, si grant comme il est,
Ou nus n'avient, fors que prest.
A clers, à lais estoit fontaine
De l'Esperitel boivre plaine.[7]
Puis que il ot tout achevé,
Cuer fichié en Dieu, et levé,
Ficha le cors en oraisons,
En larmes, en afflictions.
Six mois et trois anz fu ainsi,

---

[1] Détrier = retarder.
[2] En l'honneur.
[3] Manage = demeure, habitation.
[4] Quoique, tout ce que...
[5] Nulle chose.
[6] Acompli = achevé.
[7] Ce mot « boivre » est-il mal copié ?

      Que du servise Dieu n'oissi,
      Ne d'urer [1] à Dieu ne cessa.
      Ainsi du siècle trespassa,
      L'arme [2] rendi son créator.
      Mis fu li cors, a grant ator, [3]
      En honeur, et en seingnorie,
      Ou mostier dedenz l'abaie
(P. 28, col. 1.) Que il avoit fait, et fondée.
      Ileuques à Diex puis mondé
      Maint enferm, [4] de sa maladie,
      Et à maint sourt, rendu s'ouie,
      Maint avugle realuminé
      Et mains de divers maus sené [5].
      De plusors terres environ
      I venoient, pour garison.
      Li pueples forment l'ennora,
      Tant con li cors i demora,
      Encor iest moult honorez,
      Et Diex, serviz et aourez,
      Qui vit, et règne, et règnera,
      In seculorum secula.
      Deuz cenz anz et cinquante fu [6]
      Cele abaie en grant vertu.
      Dedenz ces anz que j'ai nomez,
      I ot, par conte, vint abbez,
      Qui moult partindrent [7] le leu chier,
      Estre [8] Saint Germer le premier.
      Ainçois que fussent acompli
      Cist deux cent anz, que je vos di,
      Amena de gent grant poissance
      Haustens, [9] qui danois ert, en France.

---

[1] Urer = orer, prier.

[2] Arme = âme.

[3] Ator = atours (en grande cérémonie).

[4] Enferm = infirme, malade

[5] Sené = guéri (sanatus).

[6] A partir de ce vers, le reste est publié par M. Paul Meyer (Notice et extraits, etc., loc. cit.).

[7] Tinrent.

[8] Estre = outre.

[9] Haustens = Hasting, prince danois.

Moult la destruit, et empira.
Li essil trente anz i dura.[1]
Après Hausten, qui vint ançois,
Vint Rou[2] en France, seur françois;
De Hauten mut donc, et de Rou
Que la gent crièrent harou.
Neuf cent avoit donc anz et six
Que Diex avoit nessance pris,
Quant le regne[3] orent envaī.
Adonc li moine de Flaī
Le cors Saint Germer emportèrent,
Pour Rou que durement doutèrent.[4]
A Biauvais, dedenz une tor,
Le mistrent; illeuc fu maint jor.
Puis fu portez, par grant devise,
Laienz[5] dedenz la maistre Eglise.
Ileuques fu, et est encore.
Bien l'a mostré, de ci à ore,
Diex, par deux dons qui li donna,
Dont Biauvoisins enlumina[6]
Pour lui, tant est de grant mérite.
Des dons, vos iert véritez dite.
Voirs est ja n'iert si grant destresce
En Biauvoisins, de sécheresce,

(P. 28, col. 2). S'on porte fors de la cité,
Son cors, à grant sollempnité,
A profession[7] bonement,
Que Diex n'asouage erraument[8]
La terre de pluie trempée;
Ceste vertuz est esprouvée.
De l'autre don fait bien à dire,
Que li donna Diex nostre Sires,

---

[1] Essil = ravage, ruine, destruction. M. Moyer met: Esuil; c'est sans aucun doute une faute d'impression.

[2] Rou = Rollon, duc des Normands.

[3] Regne = royaume (regnum).

[4] Doutèrent = redoutèrent.

[5] Laienz = léans = plus loin.

[6] Enlumina = illustra.

[7] Profession pour procession.

[8] Que Dieu ne soulage.

VIE VERSIFIÉE DE SAINT GERMER

Dont tuit se doivent réclamer :
Qu'ainc, puis que li cors Saint Germer
Dedenz Biauvais aporté fu
Ni art nus de dolereus fu [1]
Dedenz deux liues environ.
Pour ceste grant garandison [2]
I doit coure touz li pais.
Vos qui estes de Biauvoisins,
Moult vos devez éleescier, [3]
Son cors chiérir, et tenir chier.
Moult a lonc tans que il avint
Que cist (malage) [4] en France vint ;
Par le regne, si le trouvomes,
Ardoit les fames et les homes
Pour ce que trop èrent en vices,
En luxures et en malices.
Moult en estoit France esmarie. [5]
Nostre Dame Sainte Marie
Requeroient les genz trestoutes
A Chartres ardanz, à granz routes ; [6]
Quant à Biauvais fu reconté
Moult en furent espoventé.
Par la paour de cest malage
Alèrent en pèlerinage
A Chartres la dame [7] requerre,
Qu'en aus ne venist, n'en lor terre.
Si comme il èrent en l'Eglise,
Où la planté de gens s'est mise,
Un clers se leva anciens :
Vieux iert (il) et boens crestians ;
Au pueple voloit preschier.

---

[1] Personne ne fut brûlé ni calamiteux. Il y a ici une allusion au « mal des ardents », sorte d'épidémie dont il sera question quelques vers plus bas.
[2] Garantie, guérison.
[3] Pour éleeschier = réjouir.
[4] Malage = maladie.
[5] Esmarie = affligée.
[6] Maladie des « ardents » à Chartres.
[7] N. D. de Chartres.

Quant son sermon vost commencier,
Il parla donc et dist ainsi :
« Vos de Biauvais qui estes ci,
« Pour ceste paour assamblé,
« Ne soiez tristre, ne troublé,
« Car donné vos à Nostre Sire
« Contre cest mal souverain mire [1].
« C'est Sainz Germers, bien le sachiez ;

(P. 29, col. 1).   « Gardez c'au cors honneur faciez ;
« En quelconque liu de lui ait,
« De cest mal, nul ne s'en esmait. »
Seingnor, miracle a ci moult grant :
Estre doit li pueples en grant
De lui amer, de lui requerre ;
Car Diex qui lui donna en terre
Povoir on cors de fu [2] estaindre,
Que il ne puet enfin remaindre,
Ce sachiez que entièrement
Li donna pooir ensement
En l'âme du feu permenable ;
Ne devomes estre doutables.
Or, déprions tuit Saint Germer,
Que dame Diex puet tant amer,
Qu'ainc no failli qui ne trouvast
Proière, dont il li proiast,
Qu'il prist à Dieu, qui li souviengne
De ceus, et qu'en vertu les tiengne,
Qui bonement le requerront,
Et mémoire de lui feront ;
Et ceus, et nos, et touz ordanz [3],
Soit Diex, par sa proière, aidanz,
Et à la mort, et à la vie,
Chaucun de nos, amen en die.

— Explicit la vie Saint Germer. —

---

[1] Mire = médecin.
[2] Lo mal du feu, le mal des « ardents. »
[3] Tout ådèle.

X

UN
SCEAU
DU PRIEURÉ
DE
BRAY-SUR-AUNETTE

UN SCEAU

DU PRIEURÉ
DE
BRAY-SUR-AUNETTE [1]

Dans la « *Description des collections de sceaux-matrices de M. E. Dongé* » [2] donnée par M. J. Charvet, nous lisons, sous le numéro 91, ce qui suit :

« †. S. FRATRIS. PETRI. PRIORIS. DE. BRAIO. — Entre deux cordons perlés. Légendes en capitales gothiques du quatorzième siècle.

« Dans le champ est représentée une scène de martyre, véritable petit tableau en bas-relief dont la composition est d'un effet saisissant ; un personnage debout, enveloppé d'un vêtement à longs plis, la tête couronnée, tenant de la main gauche un sceptre, indique du doigt ce qu'il faut faire ; un pauvre chevalier, la tête et le corps couverts de mailles avec cotte d'armes sans manches, est assis et à la jambe posée sur un billot ; un troisième personnage, tête nue, tient de ses deux mains une épée à large lame avec laquelle il coupe la jambe du chevalier, qui a les mains jointes et la tête nimbée.

« Sceau ogival. Diamètre, 40 millimètres sur 20. Matrice plate munie d'un appendice percé d'un trou.

---

[1] Cette étude a paru pour la première fois dans les *Comptes-Rendus et Mémoires* du Comité Archéologique de Senlis, en 1875.

[2] Grand in-8°. Paris, 1873.

« La richesse d'exécution de ce sceau et le voisinage de Paris nous font penser que ce sceau a dû y être exécuté; il nous donne une large idée de l'habileté de certains graveurs de cachets au moyen-âge; rien n'est forcé dans la composition de ce petit monument : le personnage debout, malgré l'anachronisme de son costume, semble ici représenter quelque proconsul ou gouverneur romain, les plis du vêtement sont bien entendus, la pose est noble et le geste expressif; en un mot, ce sceau est un bijou qui vient s'ajouter à tant d'autres de cette riche collection.

« Le *Bray* dont il est ici question doit être *Bray-sur-Seine*, ville, baronnie-pairie où il y avait un chapitre et un prieuré (*Op. cit.* n° 91). »

Comme on le voit, M. Charvet attribue cette jolie matrice à la ville de Bray-sur-Seine ; nous croyons que c'est là une erreur complète et que le sceau qui nous occupe doit être donné sans aucune espèce d'hésitation à notre prieuré de Bray-sur-Aunette.

En ce qui concerne Bray-sur-Seine, M. Charvet l'indique comme le siège d'un chapitre et d'un prieuré. N'ayant pu m'assurer de l'exactitude de ce renseignement, en ce qui concerne le prieuré, et ayant cherché vainement dans tous les dictionnaires historiques et géographiques que j'ai à ma disposition, je m'adressai enfin, sur le conseil de notre collègue, M. de Maricourt, à M. Bourquelot, bibliothécaire de la ville de Provins. Des documents que ce savant archéologue a bien voulu me communiquer, il résulte que le seul prieuré qui ait existé à

Bray-sur-Seine, fut fondé en 1630 et supprimé peu d'années après. Il y a bien un prieuré de Saint-Sauveur-lez-Bray-sur-Seine, mais il ne peut avoir aucun rapport avec notre sceau.

Cette absence de prieuré à Bray-sur-Seine au XIII° siècle, m'engagea à poursuivre ma petite étude sigillographique. J'avais toujours été fort étonné, d'ailleurs, qu'on n'eût pas encore retrouvé de sceau du prieuré de Bray-sur-Aunette [1], et que les immenses collections des Archives Nationales et des Archives de Picardie et d'Artois, si bien décrites par MM. Douet d'Arcq et Demay, ne renfermassent aucun document appartenant à notre petit monastère.

Frappé du cachet tout spécial de la scène de martyre représentée sur notre sceau, je me promis de rechercher le saint dont le supplice formait le sujet principal de ce petit monument, espérant qu'il me mettrait sur la voie. Ma recherche ne fut pas longue. En effet, me souvenant que le prieuré de Bray dépendait de l'abbaye de Saint-Victor de Paris, je relus la vie du patron de cette abbaye, et voici ce qui me tomba immédiatement sous les yeux.

On sait que Saint-Victor, martyr, était d'une illustre famille de Marseille, et faisait profession des armes.

« Il se signala, dit un de ses biographes, par plusieurs belles actions au service des empereurs romains, tant que sa foi et sa religion le lui permirent; mais lorsque l'an 320, Dioclétien et Maximien eurent fait publier un édit, par lequel il était ordonné à tous les sujets de l'empire d'offrir de l'encens aux anciennes divinités du peuple romain, bien loin d'obéir à cet édit, il encouragea tous les chrétiens de Marseille à souffrir plutôt les tourments dont on les menaçait, que de renoncer au christianisme et d'adorer les faux Dieux. Alors il fut emprisonné, puis tourmenté par plusieurs supplices qui ne purent ébranler sa constance. Enfin l'empereur ordonna qu'on apportât devant lui une statue de Jupiter, avec du feu et de l'encens, et commanda à Victor d'adorer cette idole ; mais au lieu de fléchir le genou, il renversa d'un coup de pied le petit autel de la statue. Cette

---

[1] Voir sur ce prieuré : *Com. arch. de Senlis*, 1865, pp. 109 à 128 ; — GRAVES : *Cant. de Pont-Sainte-Maxence* ; etc.

action remplit d'indignation l'empereur, qui commanda aussitôt de couper le pied à Victor. » (Moréri).

Nous n'avons pas besoin d'aller plus loin dans notre citation. La scène représentée par notre sceau, est précisément celle de la mutilation du patron de l'abbaye de Saint-Victor de Paris, qui était en même temps celui du prieuré de Bray-sur-Aunette. Et il n'y a rien d'étonnant à ce que cette mutilation fût même plus en honneur dans ces deux monastères que les autres supplices qui consommèrent le martyre du saint lequel, comme on le sait, eut la tête tranchée, après que son corps eut été écrasé sous une meule. En effet, l'abbaye de Saint-Victor de Paris, d'abord dépendante de celle de Saint-Victor de Marseille, n'avait reçu que le pied du saint, qui y fut déposé en 1362 par Jean, duc de Berry, tandis que les autres reliques du martyr étaient restées à la maison-mère de Saint-Victor de Marseille. Il est donc aisé de comprendre pourquoi les moines de Bray, ayant à représenter une scène du martyre de leur patron, ont choisi celle qui rappelait directement les reliques qui étaient l'honneur de l'abbaye dont ils dépendaient.

Le personnage debout qui, la tête couronnée et tenant à la main un sceptre, semble donner des ordres au bourreau, n'est autre que l'empereur persécuteur.

Il nous resterait maintenant à déterminer quel est exactement le prieur de Bray-sur-Aunette, auquel appartient ce sceau. Mais ici nous ne pouvons faire que des conjectures plus ou moins fondées.

Notre matrice est très certainement du XIV° siècle, comme l'indique M. Charvet. Or, nous connaissons au cours de ce siècle deux prieurs du nom de Pierre. Le premier, dont on retrouve la mention en 1356, est Pierre de Barre: ce fut lui qui rendit au prieuré sa prospérité fort compromise par les troubles du temps. Le second est Pierre Chablis, qui devint prieur en 1391.

Nous serions très disposés à croire que notre sceau est celui de Pierre de Barre. Ce n'est et ne peut être qu'une hypothèse, mais si l'on considère que Pierre de Barre gouverna le prieuré plus de 21 ans, et que son administration eut une importance exceptionnelle ; si l'on se rappelle, de plus, que le pied de saint Victor fut déposé à l'abbaye de Paris en 1362, pendant l'administration de Pierre de Barre, et que ce don fut très certainement pour tous les moines de Saint-Victor un grand évènement qu'ils durent célébrer de toutes manières ; enfin, si l'on examine attentivement la finesse de la gravure de notre matrice, si vantée, et à juste titre, par M. Charvet, la sévérité de son ornementation et le caractère de la légende dont les belles capitales gothiques indiquent très certainement le milieu du XIV° siècle, on trouvera que notre hypothèse est préférable à celle qui attribuerait notre sceau à Pierre Chablis qui, par la date de sa mort (1410), appartient tout à fait au siècle suivant.

Nous irons même plus loin, et nous avouerons que nous sommes disposé à croire que le sceau qui nous occupe a été gravé en 1362 ou presque immédiatement après, à l'occasion du don fait à Saint-Victor de Paris, par le duc de Berry.

Quoi qu'il en soit, le doute est permis, et je laisse à plus compétent que moi, le soin de résoudre ce petit problème de sphragistique, me trouvant déjà très heureux d'avoir pu restituer à un de nos établissements religieux les plus dignes d'exciter notre attention, un petit monument aussi intéressant au point de vue artistique qu'au point de vue historique.

XI

FRAGMENT

D'UN

CARTULAIRE SENLISIEN
DU XIIIᵉ SIÈCLE

FRAGMENT

D'UN CARTULAIRE SENLISIEN DU XIII° SIÈCLE.

I

Le fragment de Cartulaire publié ci-après, a été trouvé à Amiens par M. Alfred de Puisieux, membre de la Société des Antiquaires de Picardie, qui a bien voulu le mettre obligeamment à ma disposition, par l'intermédiaire de M. G. de Witasse, mon parent.

Ce fragment est, en effet, détaché d'un Cartulaire senlisien et, à ce titre, il nous intéresse tout particulièrement. Afforty ne reproduit, dans sa partie chronologique, aucune des pièces que nous avons ici. Ces pièces sont donc absolument nouvelles pour nous.

Avant de parler de chacune de ces pièces, il nous faut donner quelques indications relatives à l'état matériel des trois feuillets dont se compose notre fragment. Ces feuillets, écrits au recto et au verso, sont sur parchemin de format petit in-quarto (haut. 21 centimètres, largeur : 15 centimètres). Ils ont fait partie d'un volume relié, comme il est facile de s'en rendre compte par les piqûres et les bouts de fil qui y sont encore adhérents. Ils ont en moyenne 27 lignes à la page, d'une écriture minuscule, avec majuscule noire au commencement de chaque pièce. Chacune de ces pièces est précédée d'une rubrique à l'encre rouge.

L'écriture est bonne, et sauf un ou deux mots, bien conservée. La rubrique de la première pièce est seule très effacée ; il est néanmoins facile, avec ce qui en reste, de la reconstituer intégralement, comme nous l'avons fait.

Enfin, nous en aurons fini avec l'état matériel de nos feuillets, quand nous aurons dit qu'une main du XVII° siècle a ajouté une cote en marge des lettres d'Eudes de Chaufri.

Il nous faut passer maintenant à l'examen de chaque pièce en particulier.

II

La première est une lettre de Lambert de la Porte, maire, des pairs et des jurés de la commune de Senlis, attestant que Guiart ou Girart le Sellier et Marie, sa femme, ont reconnu tenir de Simon de Villers et d'Emeline, son épouse, la maison dans laquelle ils demeurent, située à la porte de Senlis, près la rue de Paris. Parmi les redevances dues pour cette tenure, se trouve un cens payable aux héritiers de Barthélemy de Bruières, chevalier. La Charte est du mois d'octobre 1237. Le Villers dont Simon porte ici le nom est, comme l'indiquent les actes suivants, Villers-Saint-Paul. Quant au chevalier Barthélemy de Bruières, son nom n'est pas inconnu dans nos annales, et Afforty cite (tome XV, p. 854), un Philippe de Bruières, tout à fait contemporain.

Le nom de Lambert de la Porte se retrouve deux fois parmi les maires de Senlis au XIII° siècle. Le premier, celui dont il est ici question, était mort en mai 1244, laissant une veuve appelée Marie [1].

---

[1] Afforty : XII, 7181, n° 72 ; renvoi à III, 1125 et V, 2103. — Voir sur divers actes de ce personnage le *Tableau... des Maires*, de M. Mabory, *Comité archéol. Mémoires*, 1879, p. 270-271. — Voir aussi Dom Grenier : *Collect. de Picardie* : Tome 163, fol. 227 et 244.

On rencontre le second cité au mois de mars 1266 comme maire de Senlis, entre Renier de Creil et Renaud de Saint-Vincent.[1]

Dans la seconde charte de notre fragment, portant la même date que la précédente, les mêmes Maire, Pairs et Jurés de Senlis certifient que Eudes de Saint-Vincent et Adde, sa femme,[2] doivent au même Simon de Villers-Saint-Paul et à ses héritiers une rente annuelle de cent sous sur la maison qu'ils tiennent de lui dans la rue de Paris. La famille des Saint-Vincent était considérable à Senlis pendant le Moyen Age. Afforty donne sa généalogie, dans son tome XVIII, p. 295 ; mais cette généalogie ne remonte pas plus haut que le XIV° siècle et ne nous renseigne, par conséquent, en aucune façon, sur le Eudes de Saint-Vincent dont il est ici question dans la première moitié du XIII°, lequel était probablement le père de Renaud de Saint-Vincent, qui fut maire de Senlis en 1249, 1250, 1251, puis en 1261, en 1268[3] et enfin en 1279.

C'est encore de personnages de la même famille que s'occupe notre troisième pièce. Elle nous apprend que Emeline, femme d'un autre Eudes[4] de Saint-Vincent, s'appelait de son nom de famille : Fille (dicta Filia), qu'elle était veuve en ce même mois d'octobre 1237, et elle nous donne les conditions d'une transaction amiable qu'elle avait faite avec Simon de Villers et sa femme au sujet d'une portion de maison située dans la rue de Paris, d'un pré joignant le moulin de Valgenceuse, de vignes, terres, prés et jardins baillés à cens à un

---

[1] Margry, *Tableau... des Maires*; *Com. arch.* 1878, p. 225. Pour les Echevins, v. *Com. archéol.* 1879, p. 83 ; *Tableau chronol. des Echevins de Senlis*, dressé par Afforty et publié par M. Margry ; ce tableau ne donne aucun nom pour l'année 1237. Il y a lacune complète entre 1204 et 1260.

[2] Pour la famille de Saint-Vincent, v. Muller : *Monographie...* p. 652, 620, 365, 272, 159. Toutes ces mentions concernent des Saint-Vincent du XIV° siècle, postérieures de beaucoup à Eudes, ici nommé.

[3] Margry, *Tableau.....* etc., passim.

[4] La rubrique de cette pièce traduit ici Odo par Odon, tandis que dans la pièce n° II, il le transcrit par Oudart.

nommé Hugues Petit, et pour tous les droits qu'elle pouvait avoir, soit à titre dotal, soit à titre d'acquet, soit de toute autre manière, sur les biens susdits et sur tout ce qui avait appartenu audit Eudes, son mari décédé. Cette transaction est faite moyennant un douaire de quinze livres de cens payables à Emeline « Fille », et à la réserve formelle et explicite des droits de la commune de Senlis sur les biens sus-mentionnés.

Par la charte quatrième de notre fragment, datée du mois de décembre suivant, l'Official de Senlis confirme à son tour la transaction précédente. Le seul renseignement complémentaire que nous fournit cette charte est le droit pour Emmeline « Fille » d'occuper, sa vie durant, la maison qu'elle habite au moment de la signature de l'acte, sans être obligée d'y faire aucune réparation et sans qu'on puisse lui boucher les jours dont elle jouit actuellement. Les quinze livres à payer se divisent en quatre échéances de 75 sous chacune.

Les lettres qui viennent ensuite nous font sortir de Senlis, tout en s'occupant encore de Simon de Villers-Saint-Paul. Elles ont trait à la vente qui lui est faite par Eudes de Chaufri,[1] chevalier, avec le consentement de sa femme Marie et de ses fils Thibaut et Eudes, du bois qu'il possédait près d'Aumont et de tous les droits et propriétés qu'il avait dans cette localité. Cette vente est faite moyennant la somme de cinq cents livres parisis. Cette pièce, quoique placée après elles dans le cartulaire, est antérieure aux précédentes, car elle est datée de mai 1237.[2]

Nous y retrouvons encore un nom bien connu dans notre contrée au Moyen âge, et Afforty (T. XV, p. 872), cite, au Lis, un Thibaud de Chaufry, qui n'est autre probablement que le fils aîné du vendeur indiqué plus haut.

C'est encore une acquisition de Simon de Villers que nous

---

[1] Caufry, canton de Liancourt.

[2] C'est en marge de cette pièce qu'un annotateur du XVII° siècle a ajouté la cote dont nous parlons ci-dessus, laquelle cote est ainsi conçue : « Odon de Chaufri vent à Simon de Villers tout ce qui lui apartient au village d'Aumont, juridiction, cens, boys, terres, domaine, et..... 1237. »

signale notre pièce n° VI, datée du mois de février 1237 (n. st.).
Jehan du Plessis de Resinvillers déclare, en effet, lui vendre
douze livres de rente annuelle qu'il possédait à Villers-Saint-
Paul et deux « hôtes » qui lui appartenaient près du manoir
de Verderonne, moyennant la somme de deux cents livres
parisis. Ce Jean du Plessis de Resinvillers appartenait sans
doute aux Plessis-Choisel. Nous avons aux Archives de l'Oise
(G, 2254) une pièce de mars 1261 qui nous indique qu'à cette
date Jean « Choisiaux » du Plessis et Jean de Montgrésin,
écuier, étaient seigneurs dominants de certaines terres situées
à Villers-Saint-Paul.

Enfin, par le dernier acte dont la date nous est inconnue,
parce que là s'arrête notre fragment, mais qui devait être très
certainement tout à fait contemporain des précédents, l'Official
de Beauvais atteste la vente faite au même Simon de Villers-
Saint-Paul par Monseigneur Jean de Villers, chevalier, et sa
femme Hélisende, des deux fiefs que tenaient d'eux Simon de
Tiverny et Renaud de Maucrois, chevaliers,[1] à l'exception de
deux arpents de pré sis à Verneuil et d'un droit de gîte qu'ils
possédaient à Verderonne sur Martin du Jardin, moyennant le
prix de 120 livres parisis. Jean de Villers fut probablement le
père d'un Gaucher de Villers-Saint-Paul, chevalier, que nous
voyons en mars 1261 (Arch. de l'Oise, G, 2254) vendre et
amortir, concurremment avec sa femme Marie et d'autres,
divers biens situés à Villers, aux exécuteurs testamentaires
d'Adam I de Chambly, évêque de Senlis.

III

En additionnant les prix payés par Simon de Villers-Saint-
Paul pour ces diverses acquisitions, et en capitalisant approxi-
mativement les revenus que nos actes accusent en sa faveur,

---

[1] Faut-il voir dans ce Maucrois un ancêtre de Pierre de Maucroix, dit
Trouillard, bailli bourguignon de Senlis en 1407, dont le choix se trou-
verait peut-être ainsi expliqué par des attaches locales ?

[2] Cartul. noir de Corbie, F.F. 17759, fol. 159. V°.

nous arrivons à la somme respectable d'au moins 1200 livres parisis, laquelle, au commencement du XIII° siècle, constituait une véritable fortune.

La question qui se pose maintenant est celle de savoir qui était ce Simon de Villers-Saint-Paul. M. Graves (canton de Liancourt, p. 89), indique un Simon de Villers, chevalier, qui possédait, dit-il, Villers-Saint-Paul, Montigny, Rieux, Labruyère, Rozoy, Mogneville, une partie de Liancourt, et qui reçut, vers 1240, d'Alphonse de Portugal et de Mathilde de Boulogne, sa femme, comtesse de Clermont, un fief situé à Verderonne, lequel devint la souche de cette nouvelle seigneurie.

Est-ce notre Simon dont il est ici question ? Cela est très possible. Et cependant, l'acquisition qu'il fait de deux fiefs situés à Villers, de Jean, chevalier, c'est-à-dire seigneur dudit Villers-Saint-Paul, pourrait autoriser à croire que Simon portait seulement le nom de son lieu d'origine.

Dans cette dernière hypothèse, Simon serait-il simplement quelque gros négociant du temps, peut-être l'un de ces riches merciers qui, déjà à cette époque, accaparaient en grande partie le haut commerce ? Nos documents nous fourniraient alors une nouvelle preuve de la possibilité pour les roturiers, même dès le temps de Saint-Louis, d'acquérir des fiefs, quand ils avaient le moyen d'y mettre le prix.

L'identification de Simon de Villers-Saint-Paul reste donc douteuse pour nous, jusqu'à présent, et nous laissons à de nouvelles découvertes le soin d'apporter la lumière sur ce point de détail.

IV

Mais, quelle que fût la situation sociale de Simon de Villers-Saint-Paul, il n'est pas douteux, je le répète, que c'était un riche personnage, et cette constatation de sa brillante situation de fortune me permettra peut-être d'exprimer avec quelque vraisemblance une hypothèse au sujet de l'origine du Cartulaire dont nous publions ici un fragment. J'ai dit plus haut que ce

Cartulaire paraissait complètement inconnu. D'autre part, les pièces que nous reproduisons ne nous autorisent nullement à croire qu'il se rattachait, soit aux possessions de la ville de Senlis, soit à celle de quelqu'établissement religieux du pays.

Nous croyons donc très probable que ce Cartulaire était tout simplement la copie faite par les ordres et les soins de Simon de Villers, de toutes les pièces éparses relatives à la gestion de sa fortune : actes d'acquisition, titres de vente, etc., etc.

Au XIII° siècle, toute famille un peu aisée faisait comme les communautés, les monastères et les administrations publiques et réunissait en un seul volume, pour sa plus grande commodité, et pour assurer plus facilement la conservation des originaux, les copies de tous les actes concernant son avoir et sa vie civile. Ces cartulaires privés firent foi jusqu'à l'époque où le développement de l'institution du notariat et le caractère d'authenticité reconnu aux actes des tabellions, aient fait refuser par la jurisprudence à tous les cartulaires sans exception, toute valeur légale, en vertu de cet axiôme de droit : nul ne peut se créer un titre à soi-même.

Je conclus donc en exprimant l'opinion que les fragments publiés ci-dessous sont ceux d'un Cartulaire privé de Simon de Villers-Saint-Paul et j'appelle d'autant plus volontiers sur ces curieux fragments l'attention de mes confrères, que ces registres familiaux sont devenus extrêmement difficiles à rencontrer.

Il est bien certain en effet, qu'ils ont dû disparaître beaucoup plus facilement que ceux des établissements publics et on n'en rencontre plus que de rares fragments dans nos archives.

I

Les lettres Guiart le Sellier.

Ego Lambertus de Porta, major, pares et jurati Communie Silvanectensis, notum facimus universis presentes litteras inspecturis, quod Guiardus Sellarius et Maria uxor ejus coram nobis constituti, confessi sunt se tenere de Symone de Villaribus et Emelinâ ejus uxore, domum in quâ manent, cum estallis sicut se comportant, preter estallum villa versus vicum parisiensem; qua domus sita est in portâ Silvanectensi, pro novem libras parisienses, recipiendas annuatim, ad manum ejusdem Symonis vel ejus nunt...., duobus terminis, scilicet quatuor libras et dimidium ad Natale et totidem ad festum Sancti Johannis Baptiste, et pro sexaginta solidos heredibus domini Bartholomei de Bruerlis, militis, reddendos annuatim; scilicet medietatem ad Natale, et aliam medietatem ad festum Sancti Johannis Baptiste, pro capitali censu. Idem autem Symon et Emelina uxor ejus, confessi sunt coram nobis et voluerunt quod idem Guiardus et heredes ejus in perpetuum teneant et possideant dictam domum, sicut superius annotatur, pro censum antedictum eisdem Symoni, uxori ejus, eorumque heredibus annuatim, sicut superius dictum est, persolvendum. In cujus rei testimonium, ad petitionem dictorum Symonis et Emeline uxoris ejus, Guiardi et Marie uxoris ejus, presentes litteras sigillo Communie Silvanectensis f cimus communiri. Actum anno Domini m. cc. xix. septimo, mense octobri.

II

Les lettres Oudart de Saint Vincent.

Lambertus major, pares et jurati Communie Silvanectensis, omnibus presentes litteras inspecturis, salutem in Domino. Noveritis quod Odo de Sancto Vincentio et Ada ejus uxor, coram nobis confessi sunt se debero Symoni de Villaribus et ejus heredibus, centum solidos annui redditûs super domum suam sitam in vico parisiensi, quam tenent de Symone antedicto. Tali modo quod dictus redditus reddi debent annuatim, eidem Symoni et suis heredibus ad duos terminos, videlicet ad Natale quinquaginta solidos et ad festum sancti Johannis Baptiste quinquaginta solidos. In cujus rei testimonium, ad petitionem partium, presentes litteras sigillo Communie Silvanectensis fecimus communiri. Datum anno Domini m. cc. tricesimo septimo, mense octobri.

III

Les lettres dame Fille ki fu feme Oedon de Saint Vincent.

Lambertus maior, pares et jurati Communie Silvanectensis, omnibus presentes litteras inspecturis, salutem in Domino. Noveritis quod sicut Symon de Villaribus Sancti Pauli et Emelina uxor eius ex unâ parte, et Emelina dicta Filia, relicta Odonis de Sancto Vincentio ex alterâ, coram nobis recognoverunt, taliter inter eos conventitur, et talis inter eos amicabilis compositio intercessit : Quod predicta Emelina dicta Filia, pro portione que eam contingebat in domo predicti Odonis Sancti Vincentii, sita in vico parisiensi, in prato sito iuxta molendinum de Valle Joncosa, in vineis, terris, pratis et ortis, que data sunt Hugoni Parvo sub annuo censu et pro omnibus aliis que reclamare posset, sive ratione dotis, sive acquisiti, seu alio modo, in predictis et aliis rebus que fuerunt dicti Odonis, percipiet et accipiet quindecim libras parisienses annui supercensûs, terminis inferius annotatis, in predictâ domo Odonis in vico parisiensi, in prato predicto Vallis Joncose, quamdiu vixerit dicta Emelina cognomine Filia antequam aliquis alius accipiat in dictis domo, prato, et non tenebitur aliquid ponere ad retinendum vel meliorandum domum vel pratum dicta Filia, nec etiam ad reparandum vel reedificandum, si necesso esset, domum forsitan reparari vel reedificari et tenebit tenebunt. Tenentur etiam idem Symon et Amelina eius uxor fide media omnes conventiones predictas, et res eis a nobis predicto modo concessas, tenere et fideliter conservare. Nec permittent homines sive hospites nostros predictarum Villarum, possessiones suas in toto vel in parte in manum mortuam ponere, nisi de consensu nostro. Post decessum autem ipsorum, omnia predicta eis a nobis predicto modo concesso cum fructibus illius temporis ab ipsis vel altero ipsorum non perceptis, ad nos libere et absolute revertentur. Volunt etiam quod ipsi vel alter ipsorum, vel heredes sui vel alterius ipsorum, vel quicumque successores sui possint compelli per censuram ecclesiasticam ad observationem omnium premissorum. In cuius rei testimonium presentes litteras sigilli nostri munimine fecimus roborari. Actum anno Domini m. cc. tricesimo septimo, mense octobri.

IV

Ce sont lettres des XV livres que dame Fille a de cens par an sour le cloatre à Senliz.

Omnibus presentes litteras inspecturis, Officialis Curie Silvanectensis salutem in Domino. Noveritis quod sicut Symon de Villaribus Sancti Pauli et Emelina uxor ejus ex unâ parte, et Emelina dicta Filia, relicta Odonis de Sancto Vincentio ex alterâ, coram nobis recognoverunt taliter inter eos convenit et amicabilis compositio intercessit. Quod predicta Emelina dicta Filia, pro portione que eam contingebat in domo predicti Odonis Sancti Vincentii, sita in vico parisiensi, in prato sito juxtà molendinum de Valle Joncosa, in veneis, terris, pratis et ortis, que data sunt Hugoni Parvo sub annuo censu, et pro omnibus aliis que reclamare posset, sive ratione dotis, sive acquisiti, in predictis aliis rebus que fuerunt dicti Odonis, percipiet et accipiet quindecim libras parisienses annui super censûs, terminis inferiûs annotatis, in predictâ domo Odonis Sancti Vincentii in vico parisiensi, in prato predicto Vallis Joncose, quamdiu vixerit dicta Emelina cognomino Filia antequam alius aliquid accipiat in dicits domo et prato, et non tenebitur aliquid ponere ad retinendum vel meliorandum domum vel pratum dicta Filia, nec etiam ad reparandum vel reedificandum, si necesse fuerit, domum forsitan reparari vel reedificari. Et tenebit quamdiu vixerit dicta Filia totaliter sicut tenebat totam domum in quâ morabatur tempore hujus compositionis, et cameras et appenticium libere et quiete et absque diminutione et sine calumpniâ et de quindecim libris et de domo in quâ morabatur dicta Filia et cameris et appentitio predictis, poterit omnino facere voluntatem suam quamdiu vixerit, omnibus modis quibus eide Filie videbitur expedire. Si post mortem dicte Filie, tam quindecim libre quam domus in quâ morabatur, quam supradicta omnia et quicquid juris in eis posset dicta Filia reclamare, sive ratione aequisiti, sive quocumque alio modo, erunt dictorum Symonis et uxoris ejus et heredum eorum, absque omni calumpniâ et sine diminutione. Tenebitur autem ille qui dictam domum dicti Odonis tenebit, resarcire propriis sumptibus solaria dictarum camerarum quod cumque opus erit quamdiu vixerit predicta Filia. Nec poterit auferri dicte Filie lux quam habent predicte camere vel aliqua dictarum camerarum per appenditium predictum. Hanc compositionem promiserunt dicte partes se bonâ fide observaturas, et quod contra eam nec per se nec per alios aliquatenus venient in futurum, et hec iide data corporali firmaverunt. Termini autem solutionis quindecim librarum annui supercensûs dicte Filie solvendarum, tales sunt : scilicet ad Nativitatem Domini septuaginta et quinque solidos, et totidem ad Pascha, et ad festum Sancti Johannis Baptiste septuaginta et quinque solidos, et totidem ad festum Sancti Remigii. In cujus rei testimonium, ad petitionem partium, presentes litteras sigillo Curie Silvanectensis fecimus communiri. Datum anno domini m°. cc°. xxi. vii. mense decembri.

V

Les lettres mon signeur Oedon de Chaufri del vendage de sen bos.

Ego, Odo, miles de Chaufri, omnibus presentes litteras inspecturis, notum facio quod Ego, de assensu et voluntate Marie uxoris mee, et filiorum meorum, scilicet Theobaldi et Odonis, vendidi imperpetuum Symoni de Villaribus Sancti Pauli, nemus meum quod est in duabus peciis iuxta villam de Aumont. Vendidi etiam in perpetuum dicto Symoni quicquid in dicta villa de Aumont habebam, tam in hospitibus quam in campi parte, censu, jurisditione, et omnibus rebus aliis, cum omni jure, justicia, et dominio que in rebus omnibus supradictis habebam et habere poteram, pro quingentis libris parisiensibus mihi plene et integre persolutis. Fidem quoque prestiti corporalem quod de cetero in rebus supradictis nichil roclamabo vel faciam reclamari, per me vel per alium ratione alicujus juris, et quod hoc omnia dicto Symoni et heredibus suis legitime garandizabo. In cuius rei testimonium, presentes litteras sigilli mei appensione communivi. Actum anno Domini m. cc. xxx. vii, mense maio.

VI

Lettres Jehan dou Plaissie de le taille de Vilere.

Ego, Johannes de Plesseio de Resinvillers, notum facio universis presentes litteras inspecturis, quod ego vendi Symoni de Villaribus Sancti Pauli et heredibus eius, Duodecim libras annui redditûs quos habebam apud Villare Sancti Pauli et duos hospites quos habebam iuxta manerium de Verderone, et quicquid juris habebam vel habere poteram in eisdem, pro ducentis libris parisiensibus, de quibus michi est plenario satisfactum in pecunia numerata. Et promisi fide prestita, quod contra venditionem istam per me vel per alium venire nullatenus attemptabo et quod dictas duodecim libras parisienses annui redditûs et predictos duos hospites cum omni jurisdictione quam in ipsis habebam ad usus et consuetudines patrie guarantizabo, contra omnes, Symoni antedicto. In cuius rei memoriam et testimonium, presentes litteras sigilli mei munimine roboravi. Actum anno Domini m. cc. tricesimo sexto, mense februario.

VII

Les lettres des II homages que me sire Jehans de Vernueil [1] vendi à Simon de Vilers.

Omnibus presentes litteras inspecturis, Officialis Belvacensis salutem in domino. Universitati vestre notum facimus quod in nostrâ constituti presentiâ, dominus Johannes de Villaribus, miles, et domina Helisandis eius uxor, recognoverunt se vendidisse imperpetuum pari assensu et pro communi utilitate ac necessitate suâ, Symoni de Villaribus Sancti Pauli totum feodum quod tenebat ab ipsis do...nus Symon de Tiverni et totum feodum quod tenebat ab ipsis dominus Renaudus de Maucrois, milites, ubicumque fuerit, exceptis duobus arpentis prati siti apud Vernolium, et unam gistiam quam habebant ad tres milites apud Verderone super Martinum de Gardino et eius socios ut dicebant, cum omni dominio, jure et justitiâ que in predictis habebant et habere poterant, pro sexties viginti libris parisiensibus suis quittis sibi persolutis, ut coram nobis recognoverunt. Dicta vero domina Helisandis que in predictis se dotem habere dicebat, in nullo coacta sed spontanea ....

(Le reste manq'

---

[1] C'est par erreur du copiste des rubriques qu'il a mis ici Verneuil pour Villers.

XII

LA
MAISON DE NÉRY
AUX XIVᵉ & XVᵉ SIÈCLES

LA MAISON DE NÉRY

AUX XIVe & XVe SIÈCLES

La suite des seigneurs de Néry [1], comme celle de beaucoup de possesseurs des fiefs de notre contrée au Moyen âge, est très confuse et pleine d'obscurités. Il paraît certain, d'après Carlier et Graves, que le domaine de Néry appartint d'abord aux comtes de Crépy et que Raoul II, ayant partagé vers 1027 ses terres entre ses deux fils, Néry entra dans le lot échu au second, Thibaud le Riche, tige de la branche des seigneurs de Nanteuil.

Suivant le même Carlier, les Nanteuil démembrèrent leur terre de Néry au point qu'à la fin du XIIe siècle elle formait plus de quarante fiefs. Mais Guy II de Nanteuil reconstitua la plus grande partie du domaine au XIVe siècle.

Guy III en fournit, vers 1376, un dénombrement et en prit le nom ; c'est de lui que la seigneurie aurait passé à la famille des Le Fuzelier de Crépy.

Il est certain, néanmoins, qu'il existait une maison féodale dont le nom était Néry, car nous voyons, au commencement du XIVe siècle, le célèbre Pierre de Cugnières épouser une

---

[1] Néry, commune du canton de Crépy-en-Valois.

Jeanne de Néry, fille de Philippe, seigneur de Néry, au moins en partie.

Quelle était cette famille et d'où venait-elle ?

La description suivante du sceau de Jeanne de Néry, description qui nous a été conservée par Afforty (XVIII, p. 256), nous sera un indice précieux pour la reconstitution de la filiation des Néry :

« Une dame debout, les deux bras étendus, ayant sur le poing gauche un oiseau, accompagné de deux petits écussons, celuy de la gauche semé de fleurs de lys, 3, 2 et 1; celuy de droite semblable au contre-scel chargé de lis en orle; quelque chose au milieu qu'on ne distingue pas, et pour supports deux oiseaux. »

Ce dernier écu du contre scel de la femme de Pierre de Cugnières est précisément celui que nous allons retrouver tout à l'heure sur les sceaux de Guyot et de Pierre de Néry et ce « quelque chose au milieu qu'on ne distingue pas » est évidemment l'écusson en abîme qui complète les armoiries du premier, comme on le voit dans notre figure. Il n'est donc pas douteux que Jeanne, dont Afforty indique le sceau à la date de 1343 et Guyot dont nous allons bientôt parler d'après un premier document de 1366, étaient très proches parents, et probablement la tante et le neveu.

J'ajoute que je serais très disposé à penser que le Jean de Néry, écuyer, cité dans un acte de 1339, était le frère de Jeanne et le père de Guyot [1].

Ces Néry étaient très probablement des cadets de la maison de Nanteuil, dont les armes se retrouvent sur le sceau de Jeanne de Néry, décrit plus haut par Afforty. Les Nanteuil portaient, en effet, sur un champ d'azur, suivant les uns, et de gueules suivant les autres, 6 fleurs de lys d'or posées, 3, 2 et 1 [2]. Les 6 fleurs de lys « en orle » des Nanteuil-Néry ne sont qu'une modification sans importance, nécessitée par l'adjonction d'un écu en abîme, qui n'est sans doute qu'une brisure ou marque distinctive de branche.

---

[1] Voir mes *Causeries du Bessacier*, T. 1, p. 252 à 256.
[2] P. Anselme : *Histoire général.*, II. p. 265.

C'est probablement à la suite de quelque partage de famille que les représentants de la branche aînée de la maison de Nanteuil devinrent seigneurs dominants de Néry, pour très peu de temps, d'ailleurs. Mais la branche cadette, qui avait définitivement abandonné le nom de Nanteuil pour prendre le surnom de Néry, n'en continua pas moins à subsister et nous allons la voir pendant tout le XV° siècle, sans doute encore possessionnée à son lieu d'origine, puisque deux de ses membres sont encore qualifiés sire ou seigneur de Néry.

Le premier de ces personnages est Guy, sire de Néry, dont nous venons déjà de parler, et que nous connaissons par deux documents.

Le plus ancien, — dans lequel, suivant une habitude constante au Moyen âge chez les jeunes gentilshommes, son nom est écrit sous la forme diminutive Guyot, — ne lui donne que la qualité d'écuyer. C'est une quittance de la somme de 37 livres 10 sols tournois pour ses gages et ceux de deux autres écuyers de sa compagnie employés au Mans pour la garde et défense de cette ville. Cette quittance, datée de Paris, le 24 septembre 1366, est scellée d'un sceau rond de 21 millimètres, en cire rouge sur lacs de parchemin, et sur lequel se voit encore un écu portant six fleurs de lys en orle accompagnées d'un écusson en abîme. De la légende on ne lit plus que ces lettres :

.... JOT .... ERJ ....[1]

La seconde pièce est encore une quittance ainsi conçue :

« Sachent tuit que nous, Guy, sire de Néry, chevalier, confessons avoir eu et reçu de Jehan le Flament, trésorier des

---

[1] Bibl. Nat. CLAIRAMBAULT : *Titres scellés*, Reg. 81, pièce n° 9, p. 6329. — DEMAY : *Sceaux de Clairambault* : n° 6694.

guerres du Roy nostre seigneur, la somme de quatre vins deux livres dix souls tournois en prest sur les gaiges de nous et neuf escuiers de nostre compaignie, desserviz et à desservir ès guerre d'icelluy seigneur ès parties de Flandre, en la compaignie de Monseigneur d'Aumont et soubz le gouvernement du Roy nostre dict seigneur. De laquelle somme, etc. Donné à Arras, soubz nostre scel, le derrain jour d'aoust l'an mil ccciiii^{xx} et trois. »

Restes de sceau de cire rouge sur lac de parchemin [1].

Quelques années plus tard, nous rencontrons un Philippe de Néry, chevalier, maître d'hôtel du duc d'Orléans, qui donne quittance le 17 novembre 1403 des gages qui lui étaient dûs pour accompagner son maitre « ès parties de Lombardie et d'Itale » [2].

Le mois suivant, autre quittance du même chevalier et de deux écuyers, Pierre de Précy et Bernard de Théméricourt, tous trois maitres d'hôtel du même duc d'Orléans, de chacun 20 francs pour leurs gages « des XV derrains jours de ce présent mois de décembre pour aller à sa compagnie (audit duc) ou voiage qu'il entent présentement faire ès parties de Lombardie et d'Itale. » [3]

Enfin, autre quittance encore le 5 janvier 1404 (nouv. st.), du même chevalier, concurremment avec Enguerran de Marcoignet, aussi chevalier, et Oudart de Breuil, écuyer, tous trois maitres d'hôtel du duc d'Orléans, de 60 livres tournois pour quinze jours de gages (à chacun XX livres) « pour alor en sa compaignie, etc.... » [4]

On remarquera que ce Philippe n'est pas qualifié de seigneur de Néry.

Il n'en est pas de même du personnage suivant, Pierre, seigneur de Néry, écuyer, qui, le 26 août 1414, donne quittance à Hémon Ragnier, trésorier des guerres du roi, de ses gages et

---

[1] Clairambault : *Titres scellés*, reg. 81, pièce 10.

[2] Bibl. Nat. *Cabinet des Titres ; Pièces Originales* ; Tome 2097, dossier Néry, pièce 2.

[3] Id. Ibid. pièce 3. (20 décembre 1403). A cette pièce sont suspendus trois sceaux de cire rouge sur lacs de parchemin.

[4] Id. Ib. pièce 4. Trois sceaux de cire rouge sur lacs de parchemin.

de ceux de neuf écuyers de sa compagnie au service du roi « ou voiage et en l'armée que présentement il fait pour remectre en son obéissance le duc de Bourgoingne et ses complices, au Roy nostro dict seigneur désobéissans, et partout ailleurs où il plaira à ycelui seigneur ordonner, en la compaignie et soubs le gouvernement de Mons. de Vertuz. »

A cette quittance est appendu un sceau de 25 mill., de cire rouge sur queue de parchemin, portant pour armorial six fleurs de lys en orle et dont la légende effacée, laisse encore visibles les lettres suivantes : [1]

... ERRE DE ....

Comme on le voit, ce sceau a le même armorial que celui de Gui, sire de Néry au siècle précédent. Nous sommes donc bien là en présence d'une même famille de seigneurs. D'ailleurs, le nom de Néry est unique en France; aucun hameau ni lieu-dit ne le porte, en dehors de notre village du canton de Crépy; il ne peut donc y avoir aucune confusion. [2]

Nous avons vu tout à l'heure un Néry maître d'hôtel du duc d'Orléans ; nous allons en voir un autre, son fils peut-être ou son petit-fils, attaché au même prince en qualité d' « escuier d'escuierie. » Celui-là s'appelait Louis de Néry, sans qualification seigneuriale.

La première pièce dans laquelle nous trouvions son nom est une quittance du 28 avril 1453 concernant l'acquisition de

---

[1] CLAIRAMBAULT, Titres scellés, reg. 81, pièce 11.

[2] La seule localité dont le nom puisse parfois donner lieu à quelque doute, est Néris en Bourbonnais, que l'on écrit souvent Néry au Moyen âge. C'est ainsi que le P. Anselme (Hist. généal, III, p. 160) nous parle de Guy de Bourbon, sgr. de Néry en 1266. Il s'agit évidemment ici de Néris.

deux mulets pour le duc [1]. Cette pièce n'a pas de sceau, mais elle porte, particularité plus rare, la signature autographe de Louis de Néry.

Il en est de même de la suivante que nous croyons devoir transcrire en partie à cause des détails qu'elle contient.

« Je, Loys de Néry, escuier d'escuierie de Madame la Duchesse d'Orléans et de Milan, confesse avoir eu et reçeu de Michel Gaillart, trésorier et recevour général des finances de Mgr le duc d'Orléans et de Milan, la somme de vingt-trois solz neuf deniers tournois, laquelle somme j'ay baillée et délivrée par l'ordonnance et commandement de ma dicte dame la Duchesse, c'est assavoir au curé de Saint-Pierre de Boille à Tours, qui a baptisé ung enfant que ma dicte dame a faict tenir sur fons en son nom, X s. t., et à la saige femme qui aporta ledit enfant baptiser XIII s. IX den. t. Pour don à eulx faict par madicte Dame. De laquelle somme, etc... Tesmoing mon seing manuel cy mis le derrain jour d'avril l'an mil cccc cinquante-sept. »

(Signé) : « Louys de Néry ». [2]

Le 8 mars 1460, le même Louis de Néry était envoyé par son maître en mission confidentielle « par devers beau cousin de Bourbon pour certaines nostres besongnes et afaires... » [3].

Comme on le voit, il était fort avant dans les bonnes grâces du prince qu'il servait. Sa femme, Jaquette du Perche, était du reste gouvernante de la princesse Marie d'Orléans et cela contribuait encore à la faveur dont il jouissait et dont il reçut une preuve nouvelle le 24 août 1463, par sa nomination au poste lucratif de « concierge et cappitaine de Villers Coste Retz et garde de la Forêt... »

« ... Considérans les bons et agréables services que nostre dict serviteur et escuier d'escuierie, Loys de Néry, nous a faict le temps passé en plusieurs manières ou fait de son dict

---

[1] *Pièces Originales*, dossier Néry, pièce 5.

[2] *Pièces Originales*, dossier Néry, pièce 6.

[3] Quittance donnée à Blois. Sceau manquant. *P. O.*, pièce 7.

office et autrement. Semblablement à nos... très chière et très amée compaigne la Duchesse, et espérons que plus face le temps à venir. Et en oultre, les grans et louables services que nostre chière et bien amée Jaquette du Perche, sa femme, fait continuellement à nostre très chière et très amée fille Marie, de laquelle nous et nostre dicte compaigne lui avons baillé la garde, et les grans poinos (peines) et..... qu'elle prent par chacun jour avecques nostre dicte belle fille; pour ces causes.... » etc.[1]

La duchesse d'Orléans dont il est ici question est la troisième femme de Charles, duc d'Orléans, Marie de Clèves, qu'il avait épousée à Saint-Omer, en revenant de sa captivité, le 26 novembre 1440. Quant à sa fille Marie, dont la dame de Néry était la gouvernante, c'est la même qui fut fiancée cette année là même 1463, à Pierre de Bourbon, sire de Beaujeu. Ces fiançailles, d'abord confirmées par le roi Louis XI en 1465, furent ensuite rompues par ce prince quand il crut dans l'intérêt de sa politique, devoir donner sa fille aînée, Anne, pour femme au sire de Beaujeu. Marie d'Orléans épousa alors Jean de Foix, comte d'Etampes et vicomte de Narbonne; elle mourut en 1493.

Le 31 décembre 1464, nous voyons Louis de Néry, faisant l'office de sa charge de chef des écuries d'Orléans, certifier que Jean Martin, sellier de Blois, a fourni à la Duchesse au mois de novembre précédent « ung licol double garny de deux resnes pour le moreau (cheval brun) de madicte dame, deux colliers doubles pour l'ours et deux paires d'entraves, l'une pour ledit moreau et l'autre paire pour la hacquenée que chevauche madicte Dame... »

Cette pièce porte la signature autographe de Louis de Néry[2]. On y remarquera cette curieuse mention d'un « ours », mention qui nous rappelle un des luxes préférés des grands seigneurs de ce siècle.

Enfin, à la date du 5 juin 1466, nous possédons une dernière

---

[1] *P. O.*, pièce 8. — La pièce 11 est l'ordre de paiement des gages par le trésorier Pierre du Refuge, en date du 18 octobre 1463.

[2] *Pièces Originales*. Pièce 10.

pièce encore signée du même personnage. C'est un reçu de 40 l. t. que lui a ordonné la Duchesse, — veuve depuis le 4 janvier 1465 — « pour le parfait et parpaiement des gaiges que deux m'estoient du temps de feu Monseigneur le Duc, que Dieu absoille ! de huit mois commençans au premier jour de may mil cccc soixante-quatre et finissant au derrenier jour de décembre ensuivant ; laquelle somme ledit trésorier m'a baillié en une descharge levée sur la veuve et héritière feu Jehan le Aynois (?) en son vivant grenetier des grains de Villers Coste Rest, sur ce qu'ils peuvent devoir à cause de la recepte desdits grains. » [1]

Le dernier personnage du nom de Néry que nous indiquent les documents analysés ici, est un Guillaume de Néry, maréchal des logis du duc d'Orléans en 1485. [2] C'était sans doute le fils de Louis de Néry et de Jaquette du Perche, resté dans la maison des princes que ses parents avaient si longtemps et si fidèlement servi.

Mais, à cette époque, il semble que les derniers lambeaux de terre que les Néry avaient encore conservé dans leur seigneurie originaire avaient été définitivement aliénés, et cette vieille famille — rameau déjà déchu de l'illustre maison de Nanteuil — finit sans doute bientôt comme tant d'autres maisons chevaleresques, épuisée par les désastres de la guerre de Cent ans, ruinée par la nécessité de continuer à faire figure sans moyens suffisants, et submergée enfin par la marée montante des parvenus de la robe et de la finance, dont le règne s'ouvrit sans conteste avec le XVIe siècle.

---

[1] *P. O.* Pièce 11.
[2] *P. O.* Pièce 12 (?).

TABLE ANALYTIQUE

TABLE ANALYTIQUE

A

Aconin, près Soissons, 41.
Acan, abbé d'Isle, 181.
Achery (Dom Luc d'), cité, 166.
Aconent, fils de Saint Germer, 179, 180, 191.
Acy-en-Multien, 38, 64.
Adam, châtelain de Beauvais, 85, 89, 90.
Aelips de Beauvois, femme de Robert d'Evreux, 101.
Affonty, cité, 19, 20, etc.; 211, 212 et passim.
Agaclt, mère de Saint Germer, 173.
Agebaud, Sgr. de Mons (Montlévêque), sous Charles-le-Chauve, 133.
Alaincourt (Charles de Moy, Sgr d'), 107.
Allegrain (Mademoiselle), dame de Vez, 34.
Allonne (église d'), 83.
Amiens, 6, 123; — (évêque d'), 153.
Anclins (Baudoin d'), chevalier, 91.
Ancre (château d'), 123.
Anclune (Saladin d'), 47; — (Françoise d'), femme de Pierre le Génevois, 10.
Anjou (Françoise d'), comtesse de Dammartin, 15. — (René d') Sgr de Mézières, St-Fargeau, Tucé et Puisaye, 11.
Anseauvillers (Mahieu d'), chevalier, 113.
Anselme (le P.), cité, 90, 95, 97, etc.
Anthonsis (famille), 52.
Antilly (canton de Betz). v. Billy (Pierre de).
Antoine, baron de Moy, châtelain de Beauvais, 107.
Apaper (Pierre), 100; — Catherine, sa fille, 100.
Archives Municipales de Senlis, 21.
Armentières, Sgrie (Aisne), 46.
Arras (Châtelains d'), 80, 95.
Arson-le-long. v. Ressons-le-Long.
Arsy, canton de Nouy, 80, 89.
Artois (Robert d'), 169.
Arzillemont (Nicolas d'), 45.
Assy-en-Valois, 130.
Athies (famille d'), 52.
Aubert (Madeleine), femme de Méry II de Vic, 9, 10.
Audenville, ou bailliage de Caux, 99.
Auch (ville), 1, 2, 9.

Auchy (Jean de Mailly, Sgr d'), 107.
Auoy, Sgrie (Aisne), 46.
Aultieux (le fief des) à Largny. v. Cirier (Guillaume le).
Aumale (le chevalier d'), 4.
Aumalle (Louis d'), chevalier, 45, 46.
Aumont, près Senlis, 214, 221; — (Maison des seigneurs d') 228. — Pierre II, le Hutin d'), 97, 120.
Arqvoy (Claude d'), 47.
Auteuil en Valois, 37.
Autreches, Sgrie, 12, 42.
Autry (Charles d', Sgr de Lévignen et Betz, 60, 61; — (famille d'), 60.
Avenescourt, seigneurie, 98.
Avranches (ville), 5.

B

Bailleul (Pierre de), écuyer, 114, 115.
Bailly (Brongnart de), écuyer, 115.
Balagny-sur-Aunette, 139.
Ban-Bavoy (Marie de), femme de Dominique II de Vic, 13, 14; — Gabriel de), Sgr de Silly, 13.
Barbet Bel (damoiselle), dame de Montigny, 37.
Bardin (Elzear), baron de Broyes, premier baron de Champagne, 14, 16.
Baron, seigneurie, 65, 66.
Baronnet (Antoinette de), femme de Gabriel de Bar-Bavgy, 13.
Baune (Pierre de), prieur de Bray-sur-Aunette, 206, 207.
Barthelemy (Jean), 45; — (Charles) historiographe de France, 45; — (Nicolas), 180; — (Anatole de), son ouvrage « sur la formule sub ascia », cité, 157.
Bastille (la), à Paris, 5.
Baudry, 42.
Baulne (la), Sgrie (Aisne), 48.
Haussan (Pierre de), Sgr de Brinville, de la Bimplerie et de la Chauvallère, 14; — (Marie de), deuxième femme de Dominique II de Vic, 14.
Bazille (Jean), garde du scel de Crépy, 130, 133.
Beaujeu (Anne de), 234; — (Pierre de Bourbon, sire de), 234.
Beauvais (évêques de), 82, 83, 84, 85, 87, 167, 174; — (Chapitre de), 80, 99; — (Les Jacobins de), 106;

— (ville de), 161, 198, 199, 200; — (siège de) en 1113, 84; — (les Châtelains do), 77 et suivantes; (Charles de), 43, 44; — (Colart de), écuyer, 97; — (famille de), 43; — Guillaume de), clerc, 91; — (Jean de), 97; — (Philippe de), chevalier, 100; — (Capitaine de), v. Capitaines.
Beauvoisin, (le), 189, 198, 199.
Bec-Hellouin, abbaye, 9.
Beffroi de Senlis (le). Essai de restitution, p. 17 et suiv.
Benoist (Pierre), — le fief Benoist, à Fresnoy-en-Gombries, 62.
Bérard (Robinet), écuyer, 117.
Bergeries (les), Sgrie, près Corbeil, 3.
Bernier (Adhelm), ses Monuments inéd. de l'Histoire de France, cités, p. 21.
Benny (Jean, duc de), 206.
Bertaucourt (Jean de), 99.
Berthecourt, Sgrie, 83.
Bertrand-de-Briquebec (Alix), mère de Jeanne d'Estouteville, 95.
Besacier (Causeries du), citées, 23.
Bétancourt (Jean de), écuyer, 117, 118.
Béthisy, p. 30; — (Châtellenie de), 48, 51; — (Charles de), 40.
Bettencourt (Renaud de), écuyer, 119.
Betz, v. Romain (Charles).
Beyne, v. Blandin.
Bienville, près Compiègne, 45.
Billard (Rodolphe), vicomte d'Orival, 58; — Jeanne, sa fille, femme de Colas de Blois, 58.
Billemont, Sgrie à Auteuil-en-Valois, 50.
Billy (famille de), 35; — (Pierre de), Sgr d'Antilly, 31.
Biray, Sgrie v. Sévin.
Blanche de Navarre (la reine), 121.
Blandin (Robert de), S' de la Motte Flamen, Beyne et Patonet, à Bonneuil, 36.
Blard (le sire de), 97.
Bleigny (Pierre le Genevois, baron de), 10; — (Léonard le Genevois, baron do), 10.
Blois (États Généraux de) en 1591, p. 20; — (Colas de), sieur de la Noue, 58.
Blond (abbé), cité, 138.
Blondel (Pierre), orfèvre à Paris en 1401, p. 131, 132, 134.
Boham (Perrotte de), 41.
Bohier (Antoine), 48.
Bois-Giraume (Jean de), chevalier, 92.
Bois-Mauloy (de), fief, 49.
Boissy-les-Gombries, au, Boissy-Fresnoy, 61; — v. Vaudetar.

Bonaparte (Lucien), propriétaire du Château de Chamant, p. 27.
Bonneuil - en - Valois, 66; — v. Blandin (Robert de); — v. Ligoine et Costeretz.
Bonvouloir (N. de), 42.
Bordes (Guillaume des), chambellan du Roi, 100; — (Jean des), chatelain de Beauvais, comme mari de Jacqueline, châtelaino, 101; — (fief des), à Crépy, 65
Bossebec (Catherine de), 42.
Bouchel (Laurent), cité, 130.
Boudet (Antoine, éditeur, 71.
Bougainville (Baudot de), écuyer, 114.
Bouillancourt, canton de Montdidier, 169.
Boullenier (abbé Charles), cité, 71.
Bouillon (famille de), 45; — (le duc de), 5.
Boulainvilliers (Louis de), baron de Courtenay, 11; — (Catherine de), femme de Gédéon I de Vic, 11, 12, 13.
Boulogne (Mathilde de), 216.
Bourbon (Pierre de), sire de Beaujeu, 231.
Bourdin (famille), 64.
Bourdineau (Marie), femme de Méry I de Vic, 8; — (Jacques), Sgr de Beronville, 9.
Bourges, v. île, 12, 13.
Bourgfontaine (les religieux de), 39.
Bourgogne (le duc de), 98; — (Hôtel do), à Paris, 11.
Bourneville, commune de Nafrolles, v. Vaudetar.
Bourquelot (M.) cité, 201.
Boursonne (vicomté de), 50.
Boutaric (M.), cité, 60 et suiv.
Brachet (maison de), 51.
Braine (comté de), 45.
Brandano (Scipion), Sgr de fiefs à Acy-en-Mulltion, 38.
Brandemont, v. Haramont.
Branges, Sgrie (Aisne), 45.
Braque (Etienne), trésorier des guerres, 115, 116.
Braquemont (Marguerite de), 89.
Brassoire, comm. de Morienval, 64.
Bray-sur-Aunette (un sceau du prieuré de), 201 et suiv.; — Bray-sur-Seine, 201, 205.
Bréauté (Roger, Sgr de), 103.
Brégy-en-Mulcien, Sgrie, 59.
Bresles, près Beauvais, 01, 125.
Brest (siège de), en 1373, 98.
Breteuil (abbaye et sgrie de), 102, 103; — (Evrard de), 85; — (Renaud de), 81; — (Simon de Beausault, Sgr de), 81.
Breuil, son ouvrage sur le « Culte de Saint Jean Baptiste », cité, 150, 151.

TABLE ANALYTIQUE 237

Breuil (Oudart de), 228.
Brinville, Sgrie, v. Baussan.
Brion (Antoine de), 42; — (Guillaume de), Sgr du fief de Chatillon, à Glaignes, 37; — (René de), 51; — (Rachelle de), 41.
Brissac (le comte de), 3; — colonel général de l'infanterie, 7.
Broisse (M.) ses « Recherches historiques sur la Ville de Senlis » citées p. 19 et suivantes.
Brosses (le Président de), 166.
Brouillard (Jeanne de), femme de Antoine, baron de Moy, 107.
Brouilly (Antoine de), 50.
Broutin (Raoul), écuyer, 119.
Broyes, Sgrie, v. Bardin.
Bruières (Barthelemy de), chevalier, 212, 218; — Philippe de), 212.
Brunetz, Sgrie (Aisne), 50.
Bureau de Dicy, Sgr de Vaux et de Luzarches, maître de l'écurie du Roi, 102.
Bury, Sgrie (Aisne), 45.
Buy (fief du), à Morienval, 63.

C

Cahier (le Père), cité, 169.
Caix de Saint-Aymour (V{{te}} de), ses « Causeries du Besacier », citées, 23, 150.
Calais et Pays Reconquis, 6, 7; — (Notre-Dame de), 6.
Calore (Paul de), Sgr de Demesville, 36.
Cambrai (siège de), 5.
Campremy (Le Helot do), écuyer 119.
Canleu (Jean de), écuyer, 115.
Capendu (famille de), 50.
Capitaines de Beauvais, v. Lahire, Offemont, Soyecourt, Thir.
Capy (Renaud de, chevalier, 113, 115.
Caquart (le sieur de), 45.
Cardillac (le baron de), 48.
Carlier, historien, cité, 225.
Carrefour du Beffroi, p. 23.
Cartulaire senlisien (fragment d'un) du XIII{{e}} siècle, 211 et suiv.
Cassinel (famille), 66.
Castelain (Jean le), maire de Beauvais en 1260, 91.
Causeries du Besacier, voir Caix de Saint-Aymour (V{{te}} de).
Caumont (M. de), cité, 158.
Cerny (Catherine de Susanne, comtesse de), femme de Charles, marquis de Moy, 108.
Chaalis ; Charles-Louis de Lorraine, abbé de), 9.
Chabannes (Antoinette de), femme de René d'Anjou, 11; — (Charlotte de), femme d'Antoine, baron de Moy, 107; — (Sgr de la Tour), à Pisseleu, 39.
Chablis (Pierre), prieur de Braysur-Aunette, 206, 207.
Chalons-sur-Marne (Eglise de), 26.
Chamant (Château de), 22.
Chambly (Adam de), évêque de Senlis, 215.
Chamboudon (Jean de), 61.
Chamle (Eustache de), chevalier, 113.
Chantre de Senlis au XIV{{e}} siècle (sceau de Pierre Poucin), 69 et suiv.; — Chantres de Senlis, 74; — Chantre d'Evreux (Raoul, sous-...), 76; — Jean, chantre du Mans, 76; — Robert, chantre d'Orléans, 76.
Charantigny (fief de), (Aisne), 48.
Charles-le-Chauve, empereur, 138, 139.
Charles, marquis de Moy, châtelain de Beauvais, 108.
Charlemesnil (Jean de Mouy, Sgr de), 107.
Chartres, 199.
Charvet (M.), cité 71, 73, 203, 204, 206, 207.
Chastillon (fief de), 47.
Chateau-Porcien, ville, 5, 131.
Chatelain de Beauvais (les), 77 et suiv.; — Châtelains et Châtellenies, 79 et suiv.; — (seconde race des), 89.
Chatellenie (Hôtel de la), à Beauvais, 107; — (biens de la) de Beauvais à Laversines, 124, 125; — de Crépy, 33; — les cinq Châtellenies du Valois au XVI{{e}} siècle, 30.
Chatillon (Hue de), maître des Arbalétriers, 98, 102, 114, 116; — (Jean II de), comte de Porcien, 131.
Chaudet (Antoine), Sgr de Lassenay, 3.
Chausni (Eudes de), chevalier, 214, 221; — (Thibaud de), 214, 221.
Chauny (le bâtard de), 123.
Chaussée (Raoul de la), 88.
Chauvalière (La), seigneurie, voir Baussan.
Chavres, 40.
Chéry, seigneurie, 45.
Chesnois (le), v. Romain (Charles de).
Chevenny (le chancelier de), 3.
Choisel (Ferry du), 40.
Choisy (Tristan de), écuyer, 111.
Choqueuse (Madame de), dame d'Ulval, 33.
Chiera (famille le), 36; — Alexandre le), Sgr des Osteux, Neufchelles et Troesne, 37; — (Guillaume le), Sgr de Martigny, etc. 36, 37.
Cité (la) romaine de Senlis, 19.

CLAUDE, marquise de Moy, châtelaine de Beauvais, 108.
CLAYETTE (le marquis de la), 165 et suiv.
CLERC (Geoffroy de), au tournoi de Hem, 91, 92.
CLERCQ (M. Louis de) architecte. Sa restauration graphique du beffroi de Senlis, 24, 25, 26.
CLERMONT-EN-BEAUVOISIS, 122; — (Mathilde, comtesse de), 216.
CLÈVES (Marie de), duchesse d'Orléans, 230, 231, 232.
CLOCHER (petit) du Beffroi de Senlis, 21, 26.
CLOCHES du Beffroi de Senlis, p. 20 et suiv.
CLOVIS II, roi de France, 183.
COCHET (Abdenago de), 40; — (Claude de), 40; — (Claude de), Sgr de Giiocourt, 33, 39; — (abbé), cité, 112, 161.
COCHON (famille) ou Cauchon, 17.
COFFINET (abbé), de Troyes. cité, 156, 158.
COIFFETTE (Aubert), écuyer, 119.
CONFLANS (famille de), 46; — (Antoine de), 46; — (Eustache et Gilles de), 46.
COLART, châtelain de Beauvais, 95, 96, 112, 126; — Colart de Beauvais, Sgr de Cressancourt, 102.
COMMUNE DE SENLIS, sa suppression au XIV° siècle, 20.
CONDÉ (Jean de) écuyer, 119.
CONDREN (famille de), 63.
CONTE (Mannessier de), chevalier, 114, 119.
CORDEIL, ville. 3.
CORCY, fief, (Aisne), 50.
COSTENETZ (Christophe de), écuyer, S' de Peroy et Bonneuil-en-Valois, 35.
COURBERTIN (Catherine Quatresols de), femme de Charles de Vic, Sgr de Morans, 15.
COUCY (sires de), 80, 98, 117, 118.
COUDÉAN (Guillaume de) sieur du Bois, à Lagny-le-Sec, 38.
COUDUN (Saillart de), chevalier, 113.
COULEURS fines sur les plombs des toitures, 26.
COULLIOLES, v. FOSSÉS (Pierre des).
COULOMBIER (LE), fief, v. ERNENCAT.
COURCELLES-EN-BRIE, Sgrie, 10, 17.
COURTENAY, v. BOULAINVILLIERS.
COUTUMES DU VALOIS, citées, 130.
COUVRELLES, Sgrie (Aisne), 47.
COURTEMONT (Françoise de), 42.
COURTIGNON (S.-et-M.), 41.
COYOLLES, canton de Villers-Cotterêts (Aisne), v. FOSSÉS (Pierre des).
CRAMAILLES, baronnie (Aisne), 48.
CRAMOIZELLES, Sgrie (Aisne), 47.

CREIL (Renier de), maire de Senlis, 213.
CRÉPY-EN-VALOIS (quittance de la gravure du sceau de la prévôté foraine de), 127 et suiv.; — (Saint Michel de), 10, 65; — (Saint-Thomas de), 61, 62, — (ville de), 14, 30; — (château de), 60; — (châtellenie de), 33,130; — (comté de), 67; — (Raoul III, comte de), 225; — (fief à), 65.
CRESPIN (Éléonore), dame de Ferrières, de Ri et de St-Denis le Thibout, femme de Guillaume II, châtelain de Beauvais, 91-95, 101, 110.
CRÉQUY (le Sgr de), 103.
CRESSANCOURT (Colart de Beauvais. Sgr de), 102.
CRÈVECŒUR (Flamant de), chevalier, 113, 114, 118, 119, 123.
CROIX-SAINT-OUEN (la), 44.
CROUSSOY, v. TROUSSOY.
CROUY-SUR-OURCQ (S.-et-M.), 62.
CUGNIÈRES (Pierre de), 225, 226.
CULTRU (M.), cité, 23.
CUTS (Sgrie), 85.
CUVERGNON, 63.

D

DAGOBERT, roi de France, 173, 178, 179, 180, 183.
DAIRE (le P.) son Histoire d'Amiens, citée, 151.
DAMMARTIN (Lancelot ou Lancelin de), seigneur de Bulles, 81 à 84; — (Foulques de), 82, 83; — (Pierre de), évêque de Beauvais, 171.
DAMPLEU, cant. de Villers-Cotterêts, v. DROUIN (Charles de).
DAREMBERG et Saglio, leur Dictionnaire, cité, 158.
DELETTRE (abbé), son « Histoire du Diocèse de Beauvais », citée, 81, 82, etc., 171, 172, etc.
DEMAY (M.), cité, 132 et suiv.
DEMERVILLE pour EMEVILLE.
DESCHAMPS (Eustache), bailli de Senlis et poète du XIV° siècle, 73.
DESLYONS, cité, 150.
DICY (Bureau de), 102; — (Hue de), son frère, sgr de Luzarches, 101.
DIMPLERIE (la), Sgrie, v. HAUSSAN.
DOMAINE, femme de Saint Germer, 179.
DONNEVAL, Sgrie, (commune d'Orrouy), 51.
DOUAI (châtelains de), 80.
DOUYE-LA-RAMÉE (S.-et-M.), 49.
DOUET D'ARCQ, cité, 74, 75, 76, 125.
DOUY (fief de), à Crouy-sur-Ourcq, 62.
DREUX (Philippe de), évêque de Beauvais, 167 et suiv.

DROUIN (Charles de), s' de Damplou, 96.
DRUCY, v. GREFFIN.
DULVAL, v. CHOQUEUSE.
DUPRÉ (Guillaume), sculpteur, 7.
DUVY, v. GREFFIN.

E

ECURIES DU ROI, à Senlis, au faubourg St-Martin, 20.
ELUATS (les), Sgrie, 38.
EMÉVILLE, cant. de Crépy, v. CALORE
ENCYCLOPÉDIE (la Grande), citée, 99.
ENGELOS (Nicolas), 86.
ENNEVAL (Perceval d'), écuyer, 113, 114; — (Jean d'), écuyer, 115.
EPINEUSE (Jean d'), chevalier, 113; — (Pierre d'), écuyer, 114.
EPTE (la rivière d'), 173.
ERMENONVILLE (Sgrie et vicomté d'), 3, 6, 7, 9. 11, 12, 13, 14, 15, 16, 59, etc.
ERNENCAT (Antoine), Sgr du fief du Coulombier, à Fresnoy-les-Gombries, 38.
ESCUIRY (Sgrie d'), près Soissons, 105.
ESQUEVILLE (Guillaume d'), écuyer, 119.
ESLINCOURT, v. HÉLINCOURT.
ESPAGNY (Parris d'), chevalier, 119.
ESSARTS (Charlotte des), 9; — (François des), marquis de Lignières, 59, 60.
ESTAMPES (Jacques d'), Sgr de Valiencay, 12.
ESTOUTEVILLE (famille d'., 106, 112, 113; — (Jacqueline d'), femme de Jacques de Mouy, 104; — (Jeanne d'), femme de Guillaume III, châtelain, 95; — (Robert IV d'), son père, 95; — (Robert d'), Sgr de Vallemont, 98.
ESTRELAIN (fief de Poulain), à Ithuys, 54.
ETAMPES (le Sgr d'), 6.
ETAPE AU VIN (l'), à Senlis, 21.
EU (Raoul, comte d') connétable, 96, 101.
EUDES I", évêque de Beauvais, 84, 85; — Eudes de Beauvais, fondateur de la collégiale de Saint-Barthélemy, 84, 83; — Eudes, châtelain de Beauvais (en 1062), 84; — Eudes III, châtelain, 83; — Eudes IV (1164), 85, 86; — Eudes V, 87, 88.
EVÊCHÉ (seigneurie de l'), 109.
EVREUX (Aubert d'), dit Valiquet, Sgr de Valiquerville, châtelain Beauvais, 101, 102; — (Jean d'), son père, 104; — (Robert d'), son grand-père, mari d'Ælips de Beauvais, 101.

F

FAGNON (Jacques de), 86.
FAMMECHON (d'Esraine de), écuyer, 119.
FAVEROLLES (Aisne), 43.
FAY (le), seigneurie, 43; — Fay-Château-Rouge (Marguerite de), 51; — (Sanglier du), chevalier, 113.
FAYEL (Jean du), écuyer, 117.
FEIGNEUX, 39; — v. GROUCHES (François de).
FERTÉ-MILON (la), 30; — (Châtellenie de la), 49.
FÉVRIER (Jean), prévôt de Crépy, 131.
FEU (famille du), 65.
FEUX, comm. de Néry, 51.
FIENNES EN BOULONNOIS, 3.
FILLE (Emeline), 213, 214, 218, 219, 220.
FILLEU ou Pilleu, Sgrie (Aisne), 47.
FLACOURT (Charles de Morainvillers, Sgr de), 6.
FLAIX (Saint-Germer de), 194, 198.
FLANDRE (guerres de), en 1318 et 1338, 95; — (guerre de), en 1383, 228; — (Yolande de), comtesse de Longueville, 100.
FLAMANT (Jean le), trésorier des guerres, 227.
FLAMMERMONT (M.), cité, 20.
FLAVACOURT (le s' de), Sgr de Peroy, 33.
FLEURY (marquis de), cité, 131.
FOIX (Jean de), comte d'Etampes et vicomte de Narbonne, 231.
FOLLEVILLE (Jean de), écuyer, 114.
FONCEMAGNE, érudit, cité, 165.
FONTAINE (Antoine de la), 40.
FONDEUR DE CLOCHES XIIIe siècle, 20.
FORÊT-LE-ROI (Alix la Blonde, dame de), femme de Philippe de Beauvais, 102, 104.
FORGEAIS (Arthur), cité, 154.
FOSSÉS (Pierre des), écuyer, s' de Coulloles, 33, 35; — (la demoiselle des), 36.
FOUCARMONT (abbaye), 86, 88.
FOUCAULT (Guillaume de), 38.
FOULQUES, châtelain de Beauvais en 1015, 81.
FOUQUEROLLES (Sgrie), 109.
FOUR D'EN HAUT (le), à Morienval, 40.
FRANECOURT (Jean de), écuyer, 117.
FRANCS-FIEFS (les) du duché de Valois à la fin du XVIIe siècle, 55.
FRESNOY-LES-GOMBRIES, 38, 62; — Fresnoy-le-Luat, 37; — (Louise de), femme du Sgr de Flacourt, 6.
FRICAMPS (Rolin de), écuyer, 119.
FROIMONT, abbaye, 9.
FUZELIER (famille le) 225.

G

GAILLART (Michel), trésorier du duc d'Orléans, 230; — (Michel), Sgr de Lonjumeau, 43.
GALLAY (Jeanne de), 37.
GAMACHES (Guillaume de), écuyer, 115.
GAMAIN (Pierre), conseiller au Parlement, 10.
GARGES (François de), Sgr de Macquelines, 38; — (Henry de), Sgr de Villers et d'Ormoy en partie, 38, 64, 65; — (Jean de), Sgr de Macquelines, 31; — (Jean de), Sgr de Ville-Saint-Benoist, 37.
GARLANDE-POSSESSE (Alis de), femme de Dreux de Germigny, 96.
GARNIER de Pont-Sainte-Maxence, cité, 167.
GENEVOIS (le), v. BLEIGNY.
GERBEROY (Guillaume de), 86; — (Jean de Beauvais, chanoine de), en 1195, 86; — (Richard de), évêque d'Amiens, 153.
GÉRIN (M.), dessin de lui, 72.
GERMIGNY (Dreux, Sgr de), père de Marguerite de Roye, 96; — (Marguerite, dame de), 90.
GEULX, pour GUEUX.
GIGNY (fief de), à Trumilly, 65.
GILOCOURT (Sgrie), 60; — v. COCHET et PIERREFITTE.
GIRARDIN (famille de), Sgrs d'Ermenonville, 16.
GIRESME ou GERÊME (Jean de), garde scel de Crépy, 130, 133, 134.
GLAIGNES (Sgrie), 37, 41, 52.
GLENGNES, v. GLAIGNES.
GORDREVILLE, 37.
GONNELIEU (Marianne de), 43. — (Nicolas de), 42.
GORGEAN (Philippe de), Sgr du fief des Feret à Lery, 39.
GORGEAS ou GORGIAS, v. GORGEAN (Philippe de)
GORGIAS (famille de), S" de Lévignon, 35; — (Jean), dit l'orc épic, écuyer, Sgr de Brégy, 58, 59.
GOURDON, ville de Quercy, 2; — (Notre-Dame de), abbaye, 9.
GOUY (Jean de), 170.
GRANDCHAMP, v. HART (Robert du).
GRANCHE (François de la), 50.
GRANTCAMP, fief, 40.
GRAND-OERMAINCOURT-LES-THORRY, fief à Cuvergnon, 11.
GRANVILLE (sergenterie de), 99.
GRAVES (M.), cité, 30. 79, 99, 137, 139, 205, 216, 225, etc.
GREPPIN (Robert de), écuyer, s' de Dury, 35.
GRENÉ (François de), Sgr de Courcelles en Brie, 10.
GRENIER (Dom), cité, 212.
GRÈS (Maret de), écuyer, 116.
GRÉSILLON (Jean), prévôt de Crépy, 130.
GRIMAUCOURT, comm. de Morienval, 64; — v. VILLIERS (Anne de).
GRINONNAL (François de), 44.
GRINOUARD DE SAINT LAURENT, son « Guide de l'Art chrétien », cité, 143.
GRISET, maître fondeur à Paris), 23.
GROLIER (Bibliothèque de), 14.
GROSS (abbé), son « Histoire de Crépy », citée, 130; — sa « Notice sur Lévignen », citée, 67.
GROUCHER (famille de), 39, 59, 60; — (François de), Sgr de Morcourt, 34.
GUÉNÉGAUD (Claude), trésorier, Sgr du Plessis-Belleville, 62.
GUÉRARD (M.), cité, 87.
GUÉRIN, évêque de Senlis, 138, 167.
GUEUX (fief de), à Coyolles, 35.
GUIBERT DE NOGENT, 166.
GUILLAUME I", châtelain de Beauvais, 90; — Guillaume II, 90 à 95; — Guillaume III, dit le Velu, 90, 95, 111; — Guillaume IV, 97, 113 à 120; — Guillaume de Beauvais, fondeur de Cloches au XIII° siècle, 20; — Guillaume, chantre de Senlis (en 1212), 74, 76; — Guillaume, chantre de Saint-Frambourg de Senlis (en 1216), 74.
GUIRON, Sgrie, 48.
GUISARD, députés partisans des Guises aux États de Blois, 31.
GUISE, v. LORRAINE; — Les Guises, massacrés à Blois en 1589; 31.
GUISTELLE (Jean de), 103.
GUY, évêque de Beauvais, 82, 83; — Guy-le-Bon, évêque de Senlis, 138.
GUYENNE (campagne de), 3.

H

HALVEQUIN (Antoinette de), 41.
HAMEL (Pierre de), écuyer, 115.
HANGEST (Roques de), Sgr d'Avenescourt, maréchal de France, 96.
HARAUDIER (Catherine de), femme de Pierre de Baussan, 11.
HARCOURT (Jean de), écuyer, 117.
HARLUS (maison de), baron de Givroy, 43.
HAMPS (Adam de), 38.
HARAMONT, cant. de Villers-Cotterêts (Aisne), v. Fossés (la D"" des).
HARENGERIE (la), à Senlis, 21.
HARTENNES, cant. d'Oulchy, 38, 44, v. GARGES (Jean de).
HASTING, prince danois, 197, 198.

HATANNE, v. HARTENNES.
HAUSTON (maison de), 49.
HAUSSONVILLER (Aubelet d'), écuyer, 114.
HAVET (Oste), chevalier, 113.
HÉRICOURT (Jean de), écuyer, 114, 115
HÉLISCOURT, commune de Morienval, 63.
HENERY, Sgrie, 43.
HENOVILLER (Robinet de), écuyer, 116.
HENRI III, cité, 31.
HENRI IV, roi de France, 4, 32.
HENRI DE LORRAINE, marquis de Moy, châtelain de Beauvais, 108.
HERBANNES (Bonne de), femme d'Estout d'Estouteville, 105.
HÉRICOURT (Antoine de), 43.
HERMANT (Scipion de), 48.
HÉRUNVILLE (Jean de), écuyer, 120.
HONLOZER en 1604 (Nicolas de Beauvais), 21.
HOSDENC (Gauthier de), 86.
HOSPITALIERS de S. Jean de Jérusalem, à Senlis, 19
HOUDENC (Pierre de), chevalier, 92, 94.
HOZIER (d'), cité, 81.
HUGUES LE PAUVRE, abbé de Saint Germer, 172.
HULEU, près Béthisy, 48.

I

IOV (Raoul d'), 86.
ISLE, abbaye, 181.
ISLE-DIEU (abbaye de l'), au diocèse de Rouen, 95.
IVAUX (Jean), garde scel de Crépy, 130.
IVORS (cant. de Bets), v. NICOLAI.
IVRY (bataille d'), 4.
IZAMBOURG (N d'), Sgr en partie d'Ormoy-Villers, 39.

J

JACOBINS DE BEAUVAIS (les), 96.
JACQUELINE, châtelaine de Beauvais, fille de Guillaume IV, 99, 100, 102; — Jacqueline d'Estouteville, châtelaine de Beauvais, femme de Jacques, baron de Moy, 106.
JACQUES DE MOUY ou MOY, châtelain de Beauvais, 107.
JARDIN (Colin du), écuyer, 119; — (Martin du), 222.
JARNAC (bataille de), 2.
JAUX, près Compiègne, 44.
JAVELLE, fief de la paroisse de Claignes, 40, 41.
JEAN DE BEAUVAIS, de la famille des Châtelains, 91. — Son fils, également nommé Jean, 91.
JEANNE DE BEAUVAIS, dame de la Forêt-le-Roy, femme de Bureau de Dicy, puis de Jean le Clerc, chancelier, 100, 102, 103, 104, 105, 105; — Jeanne, dame de Fayel et de Condemarches, sœur de Guillaume IV, châtelain, 96.
JOIGNY (Oudart de), baron de Bellebrune, 6; — (Jeanne de), femme du sgr d'Étampes, 6; — (Louise de), 12.
JOYEUSE (Armand, marquis de), 61; — (Charles de), mari de Claude de Moy, 108; — (Robert de), 41.

K

KERMONT (M. le général baron d'Avrango du), 24.

L

LAAGE (François de), 61.
LA CURNE de Sainte-Palaye, cité, 165 et suiv.
LA DOUYE, fief, 52.
LA FAYETTE (Esther de), 50.
LAGNY-LE-SEC, 38.
LA HIRE, capitaine de Beauvais, 122.
LAIGNEVEL (Nicolas, sieur de), 46.
LAISTRE (Eustache de), évêque nommé de Beauvais, chancelier de France, 105; — (Jean de), 49.
LALLEMANT (Louis), comte de Lévignen, 59; — (Thomas), écuyer, 118.
LAMBERT (la Loge), château ruiné à Morienval, 64.
LA MORLIÈRE, ses « Maisons nobles de Picardie, » citées, 95.
LAMY (Guillaume), conseiller et maître d'hôtel du Roi, Sgr de Villiers-Adam, 14; — (Nicole), Sgr de Cressancourt, 102.
LANGLOIS (Ernest), cité, 169.
LANCELOT ou LANSCELIN de Dammartin, v. DAMMARTIN.
LAON (siège de), 5.
LARÈCHA (Antoine), 50.
LARGNY (Aisne), 63; — v. CIRIER (Guillaume le).
LA RIVIÈRE, Sgrie, 50.
LASSENAY (Antoine Choudet, Sgr de), 3; — (le Sgr de), fils du précédent, 8.
LA TOUR (Philippe de), 123.
LAUDENCOURT (Guillaume de), chevalier, 113, 117; — (Jean de), écuyer, 113, 115, 116, 118, 119.
LAUDRICOURT, 41.
LAUNOY (Zacharie de), 44.
LAVARDIN (le marquis de), 4.
LAVERSINE, Sgrie, 108, 109; — fiefs de la Châtellenie de Beauvais, 124, 125.
LA VILLENEUVE, Sgrie, 50.

16

Le Blant (M. Edmond), cité, 138, 143, 144, 145, 146.
Lebrun (M.), instituteur, cité, 61.
Le Clerc (Jean), chancelier de France, 102, 103, 104; — sa famille, 104; sa biographie, 104, 105, 106, 107; — (Pierre), petit-fils du chancelier, 104; — baron de Fleurigny, 106.
Le Coiffier (Jean), garde scel de Crépy, 130, 134.
Leffe (Pierre de), sieur de Noue, 36.
Legendre (Charles), sieur de Gondreville, 37.
Léger, fils de Renaud et neveu de Guillaume II, châtelain de Beauvais, 91.
Léolantien (Jean de), écuyer, 114; — (T. de), écuyer, 119.
Legrain, v. Allegrain.
Le Grand (Malet), receveur du duc d'Orléans en 1401, 131.
Le Gruier (fief Raoullin), 61.
Le Jeune (Jean), pannetier du Roi, à Pontoise, 102, 120.
Le Muet (Hugues), 105. — Agnès, sa fille, femme de Jean Le Clerc, chancelier, 105.
Léon (Hervé de), Sgr de Noyon-sur-Andelle, 65.
Le Père (famille), 49; — (Damoiselle Antoinette), 39.
Le Poulier (Robin), 65.
Lbull'er (Jean), 34.
Levesque (François), écuyer, 42.
Levignen, comté, 49; — (tour ou donjon de), 58, 59, 60, 69; — v. Gorgias et Romain (Charles de).
Lesine (famille de), 44.
Leziony (famille de), 51.
Liancourt-sous-Clermont, Sgrie, 216.
Lieutenant particulier du duché de Valois, 33.
Lionesses (François des Essarts, marquis de), 59, 60, 66, — (Hue de), écuyer, 117; — (Mahieu d., 120; — (Robert de), chevalier, 116.
Liony (maison de), 48; — (famille de), Sgr de Chantilly, 65.
Lihons (forêt de), au pays de Caux, 90, 101.
Lihus (Henri de), chevalier, 113.
Limé, Sgrie (Aisne), 47.
Lionval, fief, (Aisne), 49.
Liviller (Jeanne de), femme de Jean de Beauvais, 91.
Livre (Nicolas de), bailli de Senlis, 42.
Lizine (maison de), 43; — (Symphorien de), 45; — (le sieur de), Sgr de Bonneuil, 38.
Loisel (Antoine), cité, 60, 85.
Lombard (Claude-Louis), Sgr de Valescourt et d'Ermenonville. 15; — (Gédéon-François), vicomte d'Ermenonville, 15.
Longjumeau, 49.
Longueil, Sgrie, 83.
Losourval (famille de), 51; — (Charles de), Sgr de Châvres, 40; — (Jean de), 47.
Lorfèvre (famille), 59.
Lormier (Pierre), garde scel de Crépy, 130.
Lorraine (Henri de), comte de Chaligny, mari de Claude, marquise de Moy, 108; — (Louis de), cardinal de Guise, archevêque de Reims, 9; — (Louise de), fille du cardinal de Guise, 9.
Louatre, Sgrie (Aisne), 49.
Louis le Gros, roi de France, 83, 84.
Louvet, historien de Beauvais, cité, 83, 171, 172.
Luzancy (le sieur de), 65.
Luzarches (seigneurie de), 102, 104, 105; — (Bureau de Dicy, Sgr de), 102.
Luxembourg (Philippe de), femme de Raoul de Rayneval, 99.
Lys (le), 214.

M

Mabille (M. Emile), sa « Pancarte noire de Saint-Martin de Tours, » citée, 138.
Macquelines, 38; — v. Garoes (Jean de).
Madaillan (Louis de), 51.
Magnant (Christophe), 49.
Mallet (Jean), chroniqueur de Senlis, cité, 21.
Mans (forêt du), en Brie, 62.
Mansion (les frères), constructeurs du Beffroi de Senlis, 22.
Marans, Sgrie, en Touraine, 13.
Marc (Pierre de), écuyer, 120.
Marcoignet (Enguerran de), 228.
Mareil-sur-Mauldre, Sgrie de Dominique de Vic, 4, 6, 8.
Marres (château des), 67.
Marguerite de Beauvais, sœur de Guillaume III, châtelain, et femme de Jean, Sgr de Créquy (dit l'Etendard), 95.
Mabory (M.), cité, 212, 213.
Maricourt (le comte de), cité, 204.
Marolles (fief de la Mothe, à), 49.
Marsy (le comte de), cité, 71.
Martigny, v. Montigny.
Martigny (abbé) et son « Dictionnaire des Antiquités chrétiennes, » cité, 142, 143, 144, 145, 146, 147, 160.
Martimont, commune de Croutoy, seigneurie, 42; — (le sieur de), 61.
Martin (Jean), sellier à Blois, 231.

MAUCHEVALIER (Colart), écuyer, 114; — (Jean), écuyer, 118.
MAUCROIX (Pierre de), dit Trouillard, bailli de Senlis, 215; — (Renaud de), chevalier, 215, 222.
MAYENNE (Charles de Lorraine, duc de), 3.
MARANCOURT (Jean de) écuyer, s' du Plessis-Vivier, 33, 40.
MEAUX (Louis de), 49.
MELLO, Sgrie, 123; — (sires de), 88.
MENBAC (François de), seigneur de Pierrefite, 37; — (É. de), 41; — (Didier de), 41.
MERCADANTIS (Julie de), épouse de Raimond de Vic, 1.
MERLI (Guillaume de), chevalier, 116.
MESMIN, seigneurie, 43.
MEYER (M. Paul), cité, 165 et suiv.
MÉZIÈRES, Sgrie, v. ANJOU.
MIGIEU (famille de), 72; — (Le marquis de), son « Recueil de sceaux du Moyen Age », cité, 71.
MIGNE (abbé), cité, 166.
MILLESCAMPS (M. Gustave), cité, 71.
MILLY (François de), Sgr de Tartiers, 41; — (Sawalion, sire de), 85; — (L'Estendard de), chevalier, 117.
MISSY AU BOIS, canton de Vic sur Aisne, 41.
MOGNEVILLE, Sgrie, 216.
MOLLAINES (Nicolas de), 125.
MONJAY (la Tour de), 66.
MONRECOURT, Sgrie, 100, 101.
MONS, v. MONT-LE-ROI.
MONS AGENDDI, v. AGENAUD.
MONSTRELET, historien, cité, 122.
MONT (du), 41.
MONTALANT, Sgrie, près Montargis, v. VIEIL-CASTEL.
MONTATAIRE (Marguerite de Fay, dame de), 51.
MONTÉPILLOY, 139.
MONTFAUCON (de), son « Antiquité expliquée », cité, 143.
MONTGAY, fief, 45.
MONTONRSIN (Jean de), 215.
MONTGODENT, cant. de Villers Cotterets, 41.
MONTHEILLE (Jean de), 49.
MONTIGNY, Sgrie, 216; — (Jean de), écuyer, 47; — (Walet de), écuyer, 118; — Montigny-Lallier (Aisne), v. CIRIER (Guillaume le); — Montigny-Lengrain (Aisne), 47; — Montigny, fief à Fresnoy-le-Luat, 37.
MONTIVILLE, Sgrie, 6, 8.
MONT-NOTRE-DAME, Sgrie, 45, 46.
MONT-LE-ROI, ancien nom de Montlévêque, 138.
MONTLÉVÊQUE (anciennes tombes découvertes à), 134 et suiv.

MONTMOR (Guillaume de), 91.
MONTMORENCY (Charles, Sgr de), 98; — Marguerite, sa fille, 98; — (le Connétable de), 11; — (Jean de), Sgr de Breteuil, 103.
MONTPENSIER (le duc de), 5; — (Mademoiselle de), 11, 15.
MONTREUIL, ville, 5.
MORAINVILLERS (Charles de), Sgr de Flacourt, 6; — (Jeanne de), femme de Dominique de Vic, 6.
MORANS en Touraine, Sgrie, 16.
MORAS (en Brie), fief, 62.
MORCOURT, v. GROUCHES (François de).
MORÉRI (Dictionnaire de), cité, 206.
MORET (Gilles), 62.
MORIENNE (famille de), 46.
MORIENVAL, 40, 63.
MORINVILLIERS (Jeanne de), 11, 12.
MORNAY (Louis de), marquis de Villarceau, 59, 60.
MOTTE-FLAMEN (la), v. BLANDIN.
MONTEFONTAINE, fief (Aisne), 44.
MOUCHET, savant du XVIII° siècle, 165.
MOUCHY-LE-CHATEL (Pierre de Trie, Sgr de), 103.
MOUY (famille de), 107; — (Jacques, baron de), 104, 106.
MOY, v. MOUY; — Moy la Meilleraye (Charles, Sgr de), vice-amiral, 107.
MOYENDRIE, près Coucy, 41.
MUISSON (fief de), 47.
MULLER (le chanoine), cité, 19, 20, 21, 126, 213, etc.
MUSÉE DES PETITS-AUGUSTINS; Musée du Louvre, 7.

N

NANTEUIL LE HAUDOUIN, 64, 67; — (prieuré de), 62; — (maison de), 226 et suiv.; — (Guy II de) 225; — (Guy III de), 225; — (Renaud de), évêque de Beauvais, 92, 94; — (Thibaud, comte de), 225.
NANTEUIL LES MEAUX (S.-et-M.), 64.
NÉRY (la Maison de) aux XIV° et XV° siècles, 225 et suiv.; — (Seigneurie de), 51; — Guillaume de), 232; — (Guy ou Guyot, sire de), 226. 227; — (Jean de), écuyer, 226; — (Jeanne de), 226; — (Louis de), 229 à 232; — (Philippe, Sgr de), 226; — (Philippe de), maître d'hôtel du duc d'Orléans, 228; — (Pierre de), 226; — (Pierre, Sgr de), 228, 229.
NESLE (Alix, femme de Raoul de), 90; — (Guy de), maréchal de France, 90.
NEUFCHELLES, 37; — voir CIRIER (Guillaume le).

NEVERS (Raoul de Beauvais, évêque de), 91.
NICOLAI (Jean de), Président en la Chambre des Comptes, 8ᵉ d'Ivors, 34.
NICOLAS, baron de Moy, châtelain de Beauvais, 107.
NICOLAS DE BEAUVAIS, horloger en 1608, 21.
NOBLESSE DU VALOIS en 1591 (rôle de la), p. 27 et suiv.
NOBLET (famille), 165; — de Chenelette (Bernard de), 165.
NOGENTEL (Jacques de), 42.
NONETTE (la rivière), 147.
NORMANDIE (la), 184.
NOROY, canton de Villers-Cotterets, 38; — (Guillaume de), 86; — v. Garges (Jean de).
NOUE (le fief de), 64, — seigneurie, v. Leffe; — (Jean de), écuyer, Sgr du Plessis au Bois, 34; — (Wallerand de), écuyer, 47.
NOYELLE-SUR-MER (siège de), en 1369, 98.
NOYERS (Pierre de Beauvais, Sgr de), 102.

O

OFFAY (Philippe d'), écuyer, 114.
OFFÉMONT, seigneurie, 100; — (le sire d'), capitaine de Beauvais, 122.
OGNON, 40.
OISY, fief à Bienville, 45.
ONDEFONTAINE (Martin de Moy, Sgr de), 107.
ORLÉANS (Charles d'), duc de Valois, 58; — (Louis, duc d'), 131, 132; — (Marie de Clèves, duchesse d'), 230, 231, 232; — (Philippe, duc d'), 15.
ORMOY (fief d'), à Nanteuil le Haudoin, 64.
ORMOY-VILERS, 38, 39.
ORQUY, fief, 44.
ORROUY, 40.
OUCHY-LE-CHATEL, vicomté, 30, 40.

P

PAILLART (Charlotte de), 34.
PANIER (Jean), de Pont-Sainte-Maxence, 169, 170.
PARC (Jacqueline du), femme de Louis de Boulainvilliers, 11.
PARIS (tentative de surprise de), 5; — (soumission de), 5.
PARPES (Guillaume de), chevalier, 113.
PASSY-EN-VALOIS, Sgrie (Aisne), 49; — (famille de), 61; — (Guillaume de), 62.
PATONET, v. BLANDIN.

PERCHE (Jaquette du), 230, 231.
PERNANT, seigneurie près Soissons, 42.
PEROY-LES-GOMBRIES, 65; v. FLAVACOURT; — fief situé à Bonneuil, (v. ce nom).
PETIT (Hugues), 214, 219, 220.
PHILIPPE de Beauvais, cousin de Guillaume IV, châtelain, 102, 114; — Philippe de Beauvais, chevalier, à Pontoise, 120, 121, 122; — Philippe, évêque de Beauvais, 87; — Philippe I, roi de France, 82.
PICARDIE (armée de), 5.
PICQUIGNY, 123.
PIE V, pape, 2.
PIERRE, évêque de Beauvais (1119), 83, 85; — Pierre de Beauvais, Sgr de Noyers, 102; — Pierre, clerc à Beauvais (XIIIᵉ siècle), 165 et suiv.; — Pierre, prieur de Bray-sur-Aunette, 203 et suiv.
PIERREFONDS (Châtellenie de), 30, 41.
PIERREFUITTE, fief à Gillocourt, 37.
PIGNAU (LE), près Pezenas, 3.
PINART DE CUMBLISY (Claude), marquis de Louvois, 48.
PISSELEU, canton de Villers-Cotterets, 39; — (le Sgr de), chevalier, 113; — (Godefroy I de), évêque de Beauvais, 84.
PLESSIS (Jean du), 215, 221.
PLESSIS-AU-BOIS (LE), commune de Vaueiennes, 13, 34.
PLESSIS-BELLEVILLE (LE), 62.
PLESSIS-CHATELAIN (LE), 51.
PLESSIS-CHOISEL (Jean du), 215.
PLESSIS-HULEU (LE) Aisne, 48.
PLESSIS-LES-OULCHY (LE), 48.
PLESSIS-VIVIER (LE), canton de Villers-Cotterets, 40; — voir MAZANCOURT (Jean de).
PLEUSY, 41.
POITIERS (bataille de), 101, 102.
PONT-D'AUTEAU ou d'Auteux, auj. Pont-Authou, en Normandie, 184, 185.
PONT BAIGNART (LE), 189.
PONT-SAINTE-MAXENCE (Garnier de) cité, 167; — (Jean Panier, de) copiste du XVᵉ siècle, 169, 170.
POTIER (Augustin), évêque de Beauvais, rachète la Châtellenie, 108.
POULLE (Louis), écuyer, 119.
POULLY, seigneurie, v. VAUDETAR.
PORTE (Lambert de la), maire de Senlis, 212, 216.
PORTUGAL (Alphonse de), 216.
POUCIN (Sceau de Pierre), chantre de Senlis au XIVᵉ siècle, 69 et suiv.; — (Jean), chambellan du Roi en 1279, 74.
POYET (N.), architecte, 22.

TABLE ANALYTIQUE 245

Précy (Pierre de), 228.
Pré-Haut (le), commune d'Hodenc-en-Bray, 94.
Prévôté foraine de Crépy-en-Valois (quittance de la gravure du sceau de la), 127 et suiv.
Provins, 204.
Puisaye, Sgrie; v. Anjou.
Puisières, près Bethisy, 51.
Puisieux (M. Alfred de), 211.
Puits (nouveau) creusé près du Beffroi de Senlis, en 1528, p. 21.

Q

Quatrechamps (famille), 44.
Quatresols, v. Coubertin.
Quercy, 2.
Quesnes (Karados des), chevalier, 118.
Quiéret (Hétol), écuyer, 119.
Quincampoix (Walles de), chevalier, 113, 114.

R

Radzivill (le prince Constantin), propriétaire d'Ermenonville, 16.
Ragnier (Hémon), 228.
Raoul de Beauvais, 81, 82.
Raray (marquis de), 41.
Ravaillac, 0.
Ravenel (Madeleine de), 47.
Ravigny, Sgrie, (Aisne), 46.
Rayneval (Jeanne de), dame de Liviller, femme de Guillaume IV, châtelain, 99, 100; — (Raoul de), son père, grand panetier de France, 99.
Rèdes (le sieur de), 35.
Regnier, chanoine de Beauvais, 171.
Reims (archevêque de), 0.
Remauvois (Marguerite de Beauvais, dame de), sœur de Guillaume IV châtelain, femme de Pierre II d'Aumont, 97.
Renaud, frère de Guillaume II, châtelain de Beauvais, 90; — second fils de Guillaume II, 101; frère de Guillaume III, châtelain, 95; — Renaud de Beauvais, chevalier croisé, 86, 87.
Rennard (famille), 50.
Renty (Baptiste de), 41, 42; — (Gilles de), 42; — (Hugues de), 42; — (Nicole de), 40.
Ressons-le-Long, (Aisne), 42.
Reusens (Mgr F.), ses « Éléments d'Archéologie chrétienne », cités, 143.
Rhuys, 51, 52.
Richemont (famille de), 54.
Rieux, Sgrie, 210; — (le Sgr de), 124.
Rigauville (Charlotte de), 42.
Rigobert, père de Saint Germer, 173.
Rigollot (Docteur), ses « Monnaies inconnues des Évêques des Innocents, etc. », cités, 149, 152.
Risle (la), rivière, 184, 185.
Rochelambert (Gaspard de), 61.
Rocquerolles, v. Ronquerolles.
Rôle de la Noblesse du duché de Valois en 1591, p. 27 et suiv.
Rollon, chef des Normands, 184, 198.
Romain (Charles de), s' de Betz, etc. 33.
Romainville-les-Paris (fief de), 66.
Romorantin, ville, 9.
Ronquerolles, fief à Chelles (cant. d'Attichy), 42.
Roncherolles (Pierre de), Sgr de Pont-St-Pierre, 107.
Rozoy-en-Mulcien, 38.
Rosni (M. de), cité, 144, 146.
Rossignol (M.), cité, 156, 158.
Rothois, Sgrie, 85.
Rou, voir Rollon.
Rouage (droit de), ou Rodage, 66.
Rouvroy (Jean le Borgne de), chevalier, 117; — (Raoul de), écuyer, 116, 118, 119.
Roye (Marguerite de), dame de Germigny, femme de Colart, châtelain de Beauvais, 96; — (Barthelemy de), chancelier, 90; — (Pierre de), 100.
Rozoy, Sgrie, 210.
Rues de Senlis (Rapport du Conseil municipal sur les), cité, 23.

S

Saglio, v. Daremberg.
Sailly (famille de), 44.
Sains (Robert de), chevalier, 113.
Saint Barthélemy de Beauvais (Eudes, fondateur de la Collégiale de), 81.
Saint Belin (le sieur de), 44.
Saint Blaise (château), à Lévignen, 60.
Saint-Denis (bataille de), 3; — attaque de, 4.
Saint-Denis le Thibout, Sgrie, 100.
Saint-Fargeau, Sgrie, v. Anjou.
Saint Faubourg (chantre de), 74.
Saint-Georges, fief à Yvors, 37.
Saint-Germain, fief, 40, 52.
Saint Germer (Vie versifiée de), par Pierre, clerc à Beauvais (XIIIe siècle), 165 et suivantes; — (abbaye de), 81, 165 et suiv.; — Eustache, abbé de), 168, 172; — (Garnier, abbé de), 82.
Saint-Honoré (la porte), à Paris, 5.
Saintines, Sgrie, 52.
Saint Jean (rue) à Senlis, 19.
Saint-Just (Robert de), prévôt de Crépy, 130.

SAINT-JUST-EN-CHAUSSÉE, Sgrie, 100.
SAINT JOSSE (abbaye de), diocèse d'Amiens, auj. Pas-de-Calais, 169.
SAINT-LUCIEN, abbaye, 85, 99.
SAINT-OUEN, 180 à 184, 188, 192 à 196.
SAINT-PHAL (le sieur de), 42.
SAINT-PIERRE-AIGLE (Aisne), 48.
SAINT-PORT, Sgrie, près Corbeil, 3.
SAINT-POL (Yolande, comtesse de), 170.
SAINT-QUENTIN (Eléonore de), 47.
SAINT-QUENTIN-LES-BEAUVAIS (Godefroy, prieur de), 83, 85.
SAINT-REMI (monastère de), 179; — (Thibaud de), écuyer, 115.
SAINT-REMY-BLANCY, Sgrie, (Aisne), 46.
SAINT-RIEUL DE SENLIS (Chapitre de), 138.
SAINT SANSON, 187.
SAINT VICTOR, martyr, 205, 206.
SAINT VICTOR DE PARIS (abbaye), 205, 206.
SAINT VINCENT (famille de), à Senlis, 213; — (Eudes de), 213, 218 à 220; — (Renaud de), ma... de Senlis, 213.
SAINTE-ASSISE, Sgrie, près Corbeil, 3.
SAINTE-BAZEILLE sur Garonne, 3.
SALLE (fief de la), à Sizy, 41.
SALLENOIRE (Pierre de), 123.
SANGLE (Jeanne de la), dame de Glaignes, 37.
SANGUIN du Meudon (Madeleine), 107.
SAPPONAY, Sgrie, (Aisne), 43.
SARCUS (domaine de), 162.
SARQUIEX (Jean de) ou Sorqueux (?), 91.
SARRED (Girard de), lieutenant-général de Querçy, 2; — (Pierre de), secrétaire du duc d'Anjou, 2; — (Comtesse de), femme de Raimond de Vic. 2.
SART (maison du), 49; — (Guillaume du), écuyer, 61; — (Robert du), écuyer, Sgr de la Tournelle et de Grantchamp, député de la Noblesse du Valois aux États de Blois en 1588-89; 30, 31, 33, 40.
SARTON (Wallon de), chevalier picard, 153.
SATONET, v. PATONET.
SAVENAY, fief, (Aisne), 51.
SAVIGNIES, Sgrie, 160; — (pole de), 161.
SELLIER (Girart ou Guiart le), 212, 218.
SENLIS (évêque de), 138, 167; — (chantre de) 71 et suiv.; — (commune de), 212, 218; — (maires de), 212, 213; — (bailli de), 42.
SENNEVIÈRES, comm. de Chèvreville, 62.

SERMOISE (famille de), 44.
SILLY, Sgrie, v. BAR-BAUGY.
SILLY-LA-POTERIE, Sgrie (Aisne), 50.
SIMON, historien de Beauvais, cité, 83.
SIZY, 41.
SOUILLART DE BÉRY (fief), 61.
SOYECOURT (Louis de), seigneur de Mouy en Beauvoisis, capitaine de Beauvais, 106, 122.
SUISSES (Ligues) et Grisons, 3.
SURESNES (Conférence de), 3.

T

TAILLEFONTAINE (Aisne), 45.
TARDES (Françoise de), femme de Nicolas de Moy, 107.
TARTIENS, canton de Vic-sur-Aisne, 41.
TAUX (Aisne), 43.
TERRIDES (le Sgr de), de la maison de Lomagne, 1.
TEULET (M. Alexandre), cité, 88.
THÉMÉRICOURT (Bernard de), 228.
THERNONNE, 125.
THIBAULT (M.) dessine les tombes de Montlévêque, 137.
THIBAUT LE TRICHEUR, comte de Blois et de Beauvais, 80.
THIBAUT (Charles), lieutenant particulier du Duché de Valois, 33.
THIERRY, châtelain de Beauvais (en 986), 81.
THOIX (Somme), château, 123.
THOIS (Habaco de), écuyer, 119.
THOU (le Président de), 4.
THOUERY (Gaucher de); 105; — Marguerite, sa fille, 105.
THURY-EN-VALOIS, Sgrie, 49.
TIVERNY (Simon de), chevalier, 215, 222.
TOURNELLE (LA), fief, 40; v. SART (Robert du).
TOURNOI ou NANS en 1372, 95.
TORNE (Saint-Pierre de Boille à), 230.
TRÉCNY, (le sieur de), 50.
TRESMES, (duc de), 62.
TRIE (Marguerite de), femme de Renaud de Beauvais, 2e fils de Guillaume II, chatelain, 101; — (Renaud de), chevalier, 122; — fief de Trie, à Boissy-Fresnoy, 61.
TROESNE (fief de Chastellon, à), Aisne, 37, 49, 50.
TRONJOUY, Sgrie, 101.
TROUSSOY (le bois de), 35.
TROUSSURES (chapelle de), 85.
TRUIL-QUI-FILE (Hôtel de la), à Senlis, 19.
TRUMELAT (famille de), 50.
TRUMILLY, 65.
TUCÉ, Sgrie, v. ANJOU.

TUILERIE (le Sgr. de la), 3.

U

UISY, voir OISY.
ULVAL, v. CHOQUEUSE.
URBAIN II, pape, 63.
URSINS (famille Juvénal des), 59.

V

VACUEIL, seigneurie, 91.
VAIR (Guillaume du), garde des sceaux, 3.
VALENÇAY, Sgr, v. ESTAMPES.
VALOENCEUSE, 213, 219, 220.
VALIQUERVILLE (Fiaix de), écuyer, 119.
VALLEMONT, Sgrie, 90, 98, 112, 113.
VALLON (Claude de), 45
VALOIS (le), 130; — (limites du), en 1591, 30; — (les Francs fiefs du duché de), à la fin du XVIIᵉ siècle, 55; — (Rôle de la Noblesse du), en 1591, 27 et suiv.
VALLOIS (fief de), voir ROMAIN (Charles de).
VARANS (François de), sieur de Javolle, 40.
VARINFROY, p. 36.
VASSAN (famille de), 63.
VATIN (le Président), cité, 23.
VAUCEURTON, fief à Peigneux, 39.
VAUCIENNES, 60. — V. PLESSIS-AU-BOIS (le).
VAUTORREIL (le sieur de), 61.
VAUPETAR (Louis de), chevalier, sʳ de Pouilly, de Boissy en Gombrie et de Bournonville, 36.
VAULNIER, chroniqueur senlisien, cité, 21, 26.
VAULX (Gulart de), 80; — (Jeanne de), 43; — (Simon de), écuyer, 45; le sieur de), 50.
VAUX, seigneurie, à Vierzy, 42.
VAUX-SAINT-NICOLAS, près Soissons, 42.
VAUMOISE, 40.
VENETTE, 44; — (Jean de), cité, 171.
VER (Rifflard de), 100.
VENDERONNE, Sgrie, 215, 216, 221.
VENNEUIL sur OISE, 215, 222.
VENNOIS (M.), cité, 23.
VERRINES, comm. de Néry, 51.
VENTUS (le Sgr de), 229.
VÉTUS (Jean) maître des requêtes, 3.
VEXIN (le), 189.
VEZ, v. ALLEGRAIN.
VIC (Catherine de), fille de Charles, 15; — (Catherine de), femme de Elzear Barbin, baron de Broyes-en-Champagne, 14.
VIC (Charles de), abbé de N. D. de Gourdou et de Froimont, 9; — (Charles de), fils de Méry I, 11; — (Charles, comte de), Sgr de Marans, 14-16.
VIC (Charlotte de), femme de Léonard le Génevois, baron de Bleigny, 10; — (Charlotte de Vic), prieure de Crépy, 14, 15.
VIC (Denise de), femme du Sgr de Lassenay, puis du Sgr de la Tuilerie, 3; — (Denise de), femme de François de Grené, Sgr de Courcelles, 10; — (Denise de), fille de Méry I, 12.
VIC (Diane-Claire de), femme de Pierre Gamain, puis de Jean Sevin, Sgr de Bizay, 10; — (Diane de), femme de Jean de Sevin, 12.
VIC (Dominique de), premier vicomte d'Ermenonville; sa vie, 3 à 8; son testament, 8; — (Dominique de), abbé du Bec-Hellouin, archevêque d'Auch, 9, 10, 12; — (Dominique II de), dit le comte de Vic, quatrième vicomte d'Ermenonville et Sgr d'Autrêches, 12, 13; — Dominique de Vic, fils du précédent. 14
VIC (Eléonore de), prieure de Saint Michel de Crépy-en-Valois, 10; — (Elisabeth de), fille de Charles, 15.
VIC (François de), homme d'armes des ordonnances, 1; — (François de), fils de Gédéon I, 12; — (François de), fils de Dominique II, 14.
VIC (Gédéon I de), troisième vicomte d'Ermenonville, 8, 9, 10, 11, 12; — (Gédéon ou Dominique de), fils du précédent, 12; — (Gédéon de), fils de Charles, 15, 16; — (Geneviève-Eugénie de), femme de Claude de Vieil-Castel, 14; — (Honorée-Marie de), religieuse à Crépy, 14.
VIC (Méry de), archidiacre d'Auch, 2; — (Méry de), fils de Raimond, garde des sceaux, deuxième vicomte d'Ermenonville, baron de Piennes, 3, 8 à 12; — (Méry de), fils de Méry I, 9, 12, — (Méry II de), comte de Piennes, 9, 10, 13, 14; — (Méry de), abbé de Saint-Cyran, fils de Gédéon I, 12, 14; — (Merle de Vic, prieure de Saint Michel de Crépy, 10; — (Marie de), fille de Gédéon I, 12.
VIC (Raimond de), médecin à Gimont en Languedoc, 1; — ses missions, 2; — seigneur de Camardel et de Tavers, 3.
VIDAMES (les), 80; — de Gerberoy, 80.

VIDAMÉ de Gerberoy (le), 80.
VIEIL-CASTEL (Claude-Charles de), comte de Montalant, 14; — (Louise-Eugénie de), femme de Claude-Louis Lombard, 15.
VIEILLES EGUILLERIES (fief des), à Morienval, 65.
VIEILMAISON (Blandin de), 43.
VIERZY (Aisne), 42.
VIEUXPONT (famille de), 52.
VIÉVILLE (Jacques de la), écuyer, 119.
VILLARCEAU, fief à la Croix Saint Ouen, 44.
VILLANNIER, Sgrie, 45.
VILLARCY, Sgrie, 45, 46.
VILLEFOSSE (M. Héron de), cité, 145.
VILLENEUVE (Robert de), prévôt de Crépy, 130.
VILLERS (Hue de), écuyer, 119; — (Walles de), chevalier, 113, 119.
VILLERS-COTTERETS, 130; — (capitaine de), 230; — (grenetier de), 232.
VILLERS-EN-PRAIÈRE, Sgrie (Aisne), 47.
VILLERS-LE-HÉLON, 43.
VILLERS-SAINT-GENEST, Sgrie, 59, 64.

VILLERS-SAINT-PAUL, Sgrie, 215, 216; — (Gaucher de), 215; — (Jean de), 215, 216, 222; — (Simon de), 212 à 216, 218 à 222.
VILLERS-SAINS-SÉPULCRE (Fondation du prieuré de), 81.
VILLIERS (Anne de), écuyer, sr de Grimaucourt, 35.
VILLIERS-ADAM, Sgrie, v. LAMY.
VILLEVIEILLE (Dom) son « Trésor Généalogique, » 9, 81, 82, 88, etc.
VILLY-SUR-OURCQ, 48.
VIVIERS, cant. de Villers-Cotterets, 41, 130.
VOUCHY, Sgrie, 43.

W

WARDES, lieu de naissance de Saint Germer, 173.
WOLBOCK (maison de), 47.

Y

YAUE CRASSE (Guillaume), garde scel de Crépy, 130, 132, 134.
YVAT, pour Ivors ou Yvors.
YVORS, 37.

TABLE DES GRAVURES

	Pages
Dominique de Vic, vicomte d'Ermenonville, planche...	1
Beffroi de Senlis, avant la restauration du XVIII° siècle, essai de restitution du comte L. de Clercq.........	25
Beffroi de Senlis, postérieurement à la restauration du XVIII° siècle.........................	24
Bray-sur-Aunette (sceau du Prieuré de) (XIV° siècle)..	204
Colart, châtelain de Beauvais (sceau de) (1348)	96
Guillaume IV, châtelain de Beauvais (sceau de) (1369).	97
Id. Id. (autre sceau de) (1380).	98
Guillaume (sceau de), chantre de Senlis (1212).........	75
Néry (sceau de Gui, sire de) (XIV° siècle)	227
Id. (sceau de Pierre, seigneur de) (1414)............	229
Philippe, châtelain de Beauvais (sceau de) (1392)......	101
Pouoin (sceau de Pierre), chantre de Senlis (XIV° siècle).	72
Tombes du cimetière de Montlévêque... 141, 149, 155 et 157	

TABLE GÉNÉRALE

		Pages
I.	Les de Vic, vicomtes d'Ermenonville..........	1
II.	Le Beffroi de Senlis; essai de restitution......	19
III.	Rôle de la Noblesse du Duché de Valois en 1591.	29
IV.	Les Francs-Fiefs du Valois à la fin du XVIIe siècle	55
V.	Sceau de Pierre Poucin, chantre de Senlis au XIVe siècle...........................	7:
VI.	Les Châtelains de Beauvais...................	7!
VII.	Quittance de la gravure du sceau de la Prévôté foraine de Crépy-en-Valois en 1401.	1
VIII.	Anciennes tombes découvertes à Montlévêque.	1
IX.	Vie versifiée de Saint Germer, par Pierre, clerc à Beauvais, au commencement du XIIIe siècle.	1
X.	Un sceau du prieuré de Bray-sur-Aunette......	2
XI.	Fragment d'un cartulaire senlisien du XIIIe siècle.	2
XII.	La Maison de Néry aux XIVe et XVe siècles....	
	Table analytique............................	
	Table des Gravures..........................	
	Table générale..............................	

www.ingramcontent.com/pod-product-compliance
Lightning Source LLC
Chambersburg PA
CBHW070644170426
43200CB00010B/2122